Schwalbe/Schwalbe

Persönlichkeit – Karriere – Geschäftserfolg

Persönlichkeit
Karriere
Geschäftserfolg

von

Dipl.-Psychologin Bärbel Schwalbe

und

Dr. Heinz Schwalbe

4., durchgesehene und erweiterte Auflage

WRS VERLAG WIRTSCHAFT, RECHT UND STEUERN

CIP-Titelaufnahme der Deutschen Bibliothek

Schwalbe, Bärbel:
Persönlichkeit, Karriere, Geschäftserfolg / von
Bärbel Schwalbe u. Heinz Schwalbe. – 4., durchges.
u. erw. Aufl. – Planegg/München: WRS, Verlag
Wirtschaft, Recht u. Steuern, 1990
  (WRS-Reihe für den Chef)
  ISBN 3-8092-0626-1

NE: Schwalbe, Heinz:

ISBN 3-8092-0626-1
1. Auflage 1986 (ISBN 3-8092-0300-9)   Bestell-Nr. 00.16
2., durchgesehene Auflage 1987 (ISBN 3-8092-0328-9)
3., durchgesehene Auflage 1987 (ISBN 3-8092-0398-X)
4., durchgesehene und erweiterte Auflage 1990

© 1990, WRS Verlag Wirtschaft, Recht und Steuern, GmbH & Co., Fachverlag,
8033 Planegg/München, Fraunhoferstr. 5, Postfach 13 63, Tel. (089) 8 57 79 44

Satz + Druck: Bosch-Druck, Festplatzstraße 6, 8300 Landshut

Vorwort zur 4. Auflage

Drei Auflagen dieses Buches sind unverändert erschienen, und wenn diese Auflage eine wesentliche Ergänzung enthält, dann hat das einen verständlichen Grund: Dem Thema Geschäftserfolg kommt wachsende Bedeutung zu.

Auch bisher zielte der Inhalt des Buches auf die Realisierung von Geschäftserfolgen, denn vom persönlichen Verhalten über die Motivation, die Führungsfähigkeit oder die erfolgreiche Artikulation richtet sich ja vieles auch auf Geschäftserfolge und nicht nur auf persönliche Karrieren.

Der Konkurrenzkampf ist inzwischen allerdings nicht schwächer geworden. Andererseits bieten sich heute Chancen, denen man viel bewußter entgegensehen sollte, und bei deren Nutzung systematisches Vorgehen eine große Rolle spielen könnte. Dieser Trend kann sich in Zukunft noch verstärken. Grund genug also, um zu rationellen Überlegungen anzuregen, die zielloses Vorgehen und hektische Betriebsamkeit vermeiden helfen und Risiken eindämmen können.

Selbstverständlich ist es ratsam, zu den neuen Empfehlungen alles das zu addieren, was schon im bisherigen Text als nützlich erschien, wenn es darum ging, erfolgreich zu sein.

Spreitenbach, im Januar 1990

Bärbel und Heinz Schwalbe

Vorwort zur ersten Auflage

Als wir uns entschlossen, dieses Buch zu schreiben, konnten wir auf vielfältige Erfahrungen zurückgreifen, die nicht nur aus jahrelanger Lehrtätigkeit und Selbständigkeit resultieren. Seit 1980 betreuen wir nämlich auch die Teilnehmer des „99 Tage Trainings", und dieser Kurs zählt wohl zu den populärsten, wenn es um Persönlichkeitsentfaltung geht. Später kamen die Teilnehmer der Kurse „Führung und Zusammenarbeit" und „Erfolgreich verkaufen" hinzu. Inzwischen sind es einige Tausend geworden, mit denen wir in Kontakt traten, und selbstverständlich waren wir auch an der Gestaltung dieser Kurse – wie an manchen anderen – maßgebend beteiligt.

Diese Erfahrung reichte uns jedoch nicht aus, um das hier behandelte Thema abgerundet darzustellen, denn wir waren davon überzeugt, daß neben unserem Wissen anderes wertvolle Wissen existiert, das herangezogen werden muß, wenn man über *Persönlichkeit, Karriere und Geschäftserfolg* kompetent schreiben will. Darum ist der Inhalt dieses Buches ausgiebig durch Quellenangaben dokumentiert, und sowohl bewährte als auch aktuellste Erkenntnisse wurden herangezogen, wenn es darum ging, nützliche Anregungen einzubringen, die auf Fremderfahrungen zurückgehen.

Verzichtet haben wir auf alles, was nicht in den Bereich des real Erfaßbaren gehört. Darum wird es keine mystisch verbrämten Empfehlungen geben, keine Anlehnung an religiöse Glaubensgrundsätze oder okkulte Überzeugungen, die zuweilen in Verbindung mit dem Thema Persönlichkeitsentwicklung auftauchen.

Es ging vorwiegend um die praktische Seite des abgesteckten Bereichs, vor allem um Anregungen, Beispiele und Anstöße. Es kam darauf an zu zeigen, daß es hier um ein weites Gebiet geht, in das man wohl eintreten, aber das man nie total durchdringen kann, weil es so vielfältig ist, immer neue Ansatzpunkte sichtbar macht, aber auch immer neue Möglichkeiten eröffnet. Dabei mitzuhelfen, die persönlichen Möglichkeiten des Interessierten transparenter zu machen, kann wohl als Ziel dieses Buches bezeichnet werden.

Spreitenbach, im Frühjahr 1986

Bärbel und Heinz Schwalbe

Inhaltsverzeichnis

EINLEITUNG

Betrachten Sie bitte alles, was Sie auf den nun folgenden Seiten lesen werden, als ganz persönliche Angelegenheit. Es geht nämlich zuerst einmal um Sie, und Sie sollen durch das, was Sie lesen, profitieren.

Es wird Ihnen gewiß aufgefallen sein, daß während der vergangenen Jahre sehr oft von *Selbstverwirklichung* die Rede war. Dabei hat mancher vergessen, daß Selbstverwirklichung auch sehr eng mit *Selbstkontrolle* verbunden ist.

,,Eine wirksame Selbstkontrolle ausüben zu können, ist kein Geschenk des Himmels. Dazu gehört ein Erkennen der eigenen Persönlichkeit und ihrer Schwächen, eine Steigerung der Kritikfähigkeit an sich selbst und damit die Fähigkeit, das eigene Fehlverhalten zu erkennen und zu korrigieren." 1)

Kein Wunder, daß man an anderer Stelle mit der Feststellung konfrontiert wird: ,,Der erste Schritt zur Karriere liegt in der objektiven Selbstbeurteilung." 2)

Auch dort, wo man von *Elitebildung* spricht, wird klar, daß ohne Substanz kein Anspruch möglich ist, denn ,,im Charakter, Leistungsfähigkeit, Einsatz, den Ansprüchen an das eigene Verhalten, nicht zuletzt in Verläßlichkeit und Treue, sollten Angehörige der Eliten den Durchschnitt der Mitmenschen überragen." 3)

Dies alles weist schon darauf hin, daß es zuerst einmal darum geht, die *Führung der eigenen Person* zu verbessern, wenn man Erfolg haben will. ,,Führung der eigenen Person hat zweifelsohne auch sehr viel mit dem Einsatz und der Entwicklung persönlicher Stärken zu tun." 4) Auch darum wird es in diesem Buch gehen. Doch da andererseits auch vom Erfolg die Rede ist, sollten Sie zuerst herauszufinden versuchen, was Erfolg für Sie bedeutet.

1 WAS IST EIGENTLICH ERFOLG?

„Wir sind gewohnt, Erfolge als Ereignis zu sehen, das einer sozialen und gesellschaftlichen Wertung unterliegt. Die Gesellschaft stellt fest, ob das Ergebnis des Bemühens einzelner, Gruppen oder Organisationen, als Erfolg zu verbuchen ist. Sie ist ebenso schnell bei der Hand, jemandem Erfolglosigkeit zu bescheinigen, ihn zu einem Pechvogel zu stempeln, der immer wieder nur Mißerfolge erleidet." 5)

Damit könnte man sich schon zufrieden geben. Trotzdem ist es ratsam, weiter zu denken, denn Erfolge werden nicht nur im Spiegel der öffentlichen Meinung und nicht nur durch Anerkennung anderer sichtbar. Erfolg kann man sich auch ganz persönlich bescheinigen. Und noch eines: Über Erfolg läßt sich streiten. Was jemand als Erfolg ansieht, kann anderen sogar als Mißerfolg erscheinen. Erfolg ist eine Sache des *Maßstabes,* eine Sache der *Erwartungen* und nicht zuletzt eine Sache der *Zielsetzung.*

Nichts ist so erfolgreich wie Erfolg, sagt man, und bei Nicolo Machiavelli kann man in Principe XVIII nachlesen: „Man beurteilt die Taten der meisten Menschen, und insbesondere der Fürsten, die keine Richter über sich haben, nach dem Erfolg." Oder wie es im Volksmund schlicht heißt: „Erfolg heiligt die Mittel." Klingt das nicht geradezu gefährlich?

Lassen Sie uns noch einen Augenblick bei Machiavelli verweilen, denn es ist noch gar nicht so lange her und kommt auch heute noch vor, daß Machiavellis Prinzipien – sogar in speziellen Seminaren – als unfehlbares Erfolgsrezept angeboten werden. Das mußte natürlich Kritik hervorrufen. Vor allem stellte man heraus, daß Machiavelli selbst überhaupt nicht erfolgreich war, ja sogar über den Spitznamen ‚Ser Nihilo‘ verfügte, der soviel wie ‚Herr gar nichts‘ bedeutete. „Schlimmer noch, ‚Ser Nihilo‘ ist ein ‚Uomo Sfortunato‘, ein geborener Verlierer, ein Pechvogel und Zauderer, der wenig Gespür beweist für das, was er später in seinen Schriften als ‚Qualita dei tempi‘ bezeichnet, für das, was politisch in der Luft liegt." 6)

In derselben Quelle kann man allerdings auch nachlesen, daß Machiavelli mit 29 Jahren zum Vorsteher der zweiten Staatskanzlei der Stadtrepublik Florenz ernannt wurde. Zuvor war er in führender Stellung in Rom tätig und mit 24 Jahren wurde er bereits Prokurist des berühmten Bankiers Berto Berti. Ist das etwa nichts? Könnte man das nicht schon als steile *Karriere* betrachten? Natürlich hatte Machiavelli auch Mißerfolge, aber das zeigt doch nur, daß kein Baum in den Himmel wächst.

Wer Erfolg sucht, der muß damit rechnen, daß er auch den Schattenseiten des Lebens begegnet, muß wissen, daß es *keine Erfolgsrezepte* mit Garantie gibt und darf nicht glauben, daß es nur ein wenig Glück braucht, um ohne eigenes Dazutun erfolgreich zu werden. Dabei ist noch maßgebend, was man sich selbst unter Erfolg vorstellt.

Es gibt Unternehmer, die halten sich für erfolgreich, wenn sie Riesengewinne erzielen. Andere halten es für einen großen Erfolg, wenn sie ihre Firma gerade noch an einer Pleite vorbeigeführt haben. Viele sehen ihren Erfolg darin, ihren erwirtschafteten Gewinn sicher und betriebsfremd anzulegen, andere stecken jede erwirtschaftete Mark wieder ins Unternehmen und sehen ihren Erfolg in Unternehmenswachstum und Unternehmenssicherung. Während bestimmte Unternehmer es als Erfolg betrachten, immer wieder Arbeitsplätze wegrationalisieren zu können, halten sich andere für erfolgreich, weil es ihnen gelingt, Arbeitsplätze zu erhalten oder zu schaffen. Erfolg ist also auch eine Sache der eigenen *Mentalität,* der eigenen *Wertschätzung,* der eigenen *Freuden* und *Ängste.* Und all das kann noch dem Wertewandel unterliegen.

Denken Sie doch einmal an die traditionellen Arbeitstugenden wie Pflichterfüllung, Fleiß, Pünktlichkeit, Präzision usw., die jahrzehntelang Maßstäbe setzten. Sie sind nicht mehr ohne Konkurrenz, denn heute spricht man auch von sogenannten postmateriellen Werten wie unabhängig sein oder das Leben genießen 7). Sie können sich bestimmt vorstellen, daß Ihre Erfolgsbewertung dadurch beeinflußt wird, ob Sie die traditionellen Werte hochhalten oder schlicht darauf pfeifen. Andererseits müssen Sie aber auch daran denken, daß Ihre Haltung in dieser Sache Ihren Erfolg beeinflussen kann.

Auch Zeitumstände und Trends können Erfolge relativieren. Während zeitweilig nur der berufliche Aufstieg zu zählen scheint, sieht man es in Krisenzeiten schon als Erfolg an, wenn man denselben Arbeitsplatz behält. Andererseits gibt es aber auch Erfolge, die regelrecht meßbar sind. So z.B. im Sport.

Auf der Ziellinie kann heute fast immer entschieden werden, wer das Rennen gemacht hat. Zwar trennen den erfolgreichen Sieger vom nächsten bisweilen nur hundertstel Sekunden, doch der Erfolg ist ihm gewiß. Nun könnte man ja sagen, daß es wenig ausmache, ob man zehn Zentimeter eher im Ziel ist oder nicht, und eigentlich wäre es auch sehr vernünftig, so zu denken, aber man sollte auch die andere Seite betrachten. Hundertstel Sekunden entscheiden oft genug über riesige Werbeaufträge, Sponsorengelder usw., doch hier offenbart sich auch am deutlichsten, daß Erfolge nicht einfach so daherkommen. Vor den Erfolg haben die Götter den Schweiß gesetzt. Diese Binsenwahrheit sollte man nicht übersehen, wenn man Erfolge anstrebt. Es sei denn, man sieht seinen Erfolg darin, bescheiden, aber möglichst unbehelligt mit wenig Aufwand über die Runden zu kommen.

13

Was ist eigentlich Erfolg?

Wenn letzteres nicht Ihr Ziel ist, sollten Sie darüber nachdenken, für welche Erfolge Sie bereit wären, *etwas zu leisten.* Übersehen sollten Sie dabei nicht, daß auch der *Grad der Anstrengung,* des *Einsatzes* oder der *Investition* das Ausmaß des Erfolges bestimmen können. Auch die Entwicklung Ihrer *Fähigkeiten* kann eine Rolle spielen und nicht zuletzt der *Motivationsgrad.*

Wer vom Erfolg spricht, sollte aber auch die *Realitäten* sehen. Wunschträumen nachzujagen, kann am Ende sehr frustrierend sein. Die eigenen Möglichkeiten erweitern kann hingegen fast jeder, wenn er sich darum bemüht. Man schafft es nicht immer mit dem ersten Versuch, aber man wächst mit seinem Bemühen, wenn man nicht aufgibt. Dabei kann man auch von der Erfahrung anderer profitieren, und wenn es um die Stärkung der eigenen Persönlichkeit geht, kann man sich auch an den Erkenntnissen der *Persönlichkeitspsychologie* orientieren.

2 UNSERE PERSÖNLICHKEIT ALS VIELSCHICHTIGES GEBILDE

Wenn wir in der Umgangssprache das Wort Persönlichkeit gebrauchen, so verbinden wir damit meist die Vorstellung, hier handele es sich um eine besonders profilierte, angesehene, evtl. sogar autoritäre Person, die es „zu etwas gebracht" hat, etwas Großartiges darstellt, sich kraft ihrer Persönlichkeit durchzusetzen vermag usw.

Schon in der Antike aber, in der das Wort ‚persona' seinen Ursprung in der Bedeutung ‚Maske' hat, war der Sinn dieses Begriffs ein umfassenderer: es war der *ganze* Mensch gemeint, wozu Körper, Gestalt und Geist gehörten, und zwar in ihrer *einzigartigen* Ausprägung. Wie sich das in moderner Sicht darstellt, werden Sie in den folgenden Abschnitten noch hören.

Wichtig ist es aber, daß Sie sich von vornherein klar vor Augen halten, daß der Begriff der Persönlichkeit aus der Sicht der Psychologie grundsätzlich *keine Wertung* enthält, d.h. daß Persönlichkeit nicht schon von vornherein etwas mit Stärke, großer Durchsetzungskraft usw. zu tun hat. Persönlichkeit im psychologischen Sinn ist vielmehr die einzigartige Zusammensetzung, d.h. *die ganz besondere Anordnung von Wesenszügen.* *Jeder* Mensch hat also eine Persönlichkeit, die man beobachten und beschreiben, schließlich natürlich auch bewerten kann. Aus der Beschreibung der Persönlichkeit, z.B. mit Hilfe von *Wesenszügen* bzw. Eigenschaften, ergibt sich dann das *Persönlichkeitsbild* oder die *Persönlichkeitsstruktur.*

Diesen Begriff der Persönlichkeitsstruktur sollten wir noch ein wenig näher beleuchten: Sie können sich beispielsweise vorstellen, daß sich aus einer Anzahl ganz spezieller *Handlungen,* wie sie eine Person in typischer Weise durchführt, bestimmte *Gewohnheiten* bilden und diese bestimmten Gewohnheiten wiederum zu bestimmten Wesenszügen zusammengefaßt werden können. So beschreibt z.B. der amerikanische Psychologe J.P. Guilford den Aufbau der Persönlichkeit 8). Aus dieser Beschreibung wird auch deutlich, daß die dominierenden Wesenszüge einer Persönlichkeit dann einen Menschen charakterisieren können.

Sie erkennen also schon, daß es sich bei der Persönlichkeit um ein *vielschichtiges Gebilde* handelt. Sie können sich aber auch vorstellen, daß sich z.B. bestimmte Gewohnheiten günstig oder ungünstig auf den Berufserfolg auswirken können. Wenn Sie bei Ihrem Bemühen, Ihre Persönlichkeit zu entfalten und zu beeinflussen, die Vielschichtigkeit berücksichtigen, so werden Sie erfolgreicher sein, denn Sie wissen dann, daß die Beeinflussung einzelner Persönlichkeitsbereiche bei den speziellen Handlungsweisen und den daraus entstehenden Gewohnheiten ansetzen müssen.

2.1 Persönlichkeitspsychologie heute

Die heutige Persönlichkeitspsychologie geht im Prinzip auf dem schon in der Antike vorgezeichneten Weg weiter. Schon in diesen Anfängen der Betrachtung der Persönlichkeit hatte man ja die *Einzigartigkeit* des einzelnen Menschen betont und gleichzeitig versucht, eine integrierende, d.h. das Ganze zusammenhaltende und -führende Kraft zu benennen bzw. zu bestimmen. Schon bei Aristoteles (384–322 v.Chr.) finden wir den Begriff der *Seele,* allerdings geteilt in die 3 Schichten Vital-Seele, Animal-Seele und Geist-Seele. Diese Betrachtung können wir als den Vorläufer der Theorie ansehen, die später Sigmund Freud über die Persönlichkeitsstruktur aufstellte, denn auch er sprach von 3 Schichten.

Es gibt also noch bis in die jüngste Zeit hinein solche Anschauungen, hineinreichend bis in die 60er Jahre. Die neueste Entwicklung der Persönlichkeitspsychologie geht jedoch dahin, daß die Psychologen vermehrt die Frage nach einer *zentralen Instanz* stellen, die für die Steuerung und insbesondere *Vereinheitlichung* aller Persönlichkeitsbereiche und -prozesse zuständig ist. Dabei versucht man den Begriff ‚Seele' in zunehmendem Maße zu vermeiden, da er historisch – insbesondere aus der Zeit der Romantik – vorbelastet ist und auch zuviele Anklänge an theologische Inhalte hat. Man kann die Seele auch nicht „beobachten", sondern nur ihre Existenz aus dem inneren wie äußeren Verhalten schließen 9). Fest steht trotzdem, daß die moderne Persönlichkeitspsychologie ihr besonderes Augenmerk auf eben die genannte zentrale Instanz richtet, wenn sie sich auch scheut, dafür den Begriff Seele zu verwenden. Für die Erforschung dieser Instanz setzt sie spezielle *experimentelle* und *statistische* Methoden ein.

Das Hauptziel der Persönlichkeitsforschung ist es dabei, *Besonderheiten* von Menschen und Gruppen herauszufinden. Diese Besonderheiten bestehen in bestimmten *Grundmerkmalen,* welche die Persönlichkeit bestimmen, d.h. welche geeignet sind, die Persönlichkeit eines jeden Menschen möglichst umfassend zu beschreiben. Diese Grundmerkmale sind die bereits erwähnten Wesenszüge. Und ihre ganz besondere Anordnung und Ausprägung machen dann die Persönlichkeit aus.

2.2 Wichtige Wesenszüge

In der Persönlichkeitspsychologie gibt es sehr umfangreiche Zusammenstellungen derjenigen Wesenszüge, die für das Persönlichkeitsbild wichtig sind. Diese Zusammenstellungen haben auch unterschiedlichen Allgemeinheitsgrad. Wir wollen uns hier an eine Einteilung halten, die recht allgemein und anschaulich zugleich die verschiedenen Persönlichkeitsmerkmale beschreibt:

● „individuelle Fähigkeiten (z.B. Intelligenz, Handgeschick),
● psychische Verhaltensweisen und Dispositionen (z.B. Zuwendung zur Außenwelt, Angstneigung),
● Entwicklungsstand (z.B. Kindheit, Jugend, Reifezeit, hohes Alter),
● körperliche Konstitution und Geschlecht,
● soziale Befindlichkeit (z.B. Zugehörigkeit zu einer sozialen Schicht)." 10)

Wenn Sie diese fünf Punkte einmal in bezug auf den Zusammenhang der Persönlichkeit mit dem Geschäfts- und Berufserfolg sehen, so wird Ihnen klar werden, daß insbesondere die *individuellen Fähigkeiten,* die *psychischen Verhaltensweisen und Dispositionen* und die *soziale Befindlichkeit* eine wesentliche Rolle spielen. Und wichtig ist in diesem Zusammenhang die Tatsache, daß Sie die beiden ersten Bereiche, die individuellen Fähigkeiten und die psychischen Verhaltensweisen *beeinflussen* können, d.h. Sie können sich in diesen Persönlichkeitsbereichen weiterentwickeln, indem Sie selber etwas daran tun und daran arbeiten.

Das bedeutet konkret, daß Sie z.B. Geschicklichkeit, logisches Denken und Allgemeinwissen – um nur einige wenige zu nennen – durch Übung und Training verbessern, Sie können aber auch Ihre psychischen Verhaltensweisen beeinflussen, wenn Sie sich ihrer bewußt sind. Denken Sie hier einmal daran, daß zu diesem Bereich von Wesenszügen die *Interessen, Einstellungen* und die *Bedürfnisse* gehören. Man bezeichnet diese als die *dynamischen* oder *motivierenden* Wesenszüge. Es ist einleuchtend, daß Sie Ihre Interessen, Einstellungen und Bedürfnisse darauf ausrichten sollten, Ihre gesteckten Ziele zu erreichen. Und das trifft natürlich auf den privaten wie auf den beruflichen Bereich zu.

Zwischen den psychischen Verhaltensweisen und Dispositionen und der sozialen Befindlichkeit besteht ein enger Zusammenhang. Ist man sich dessen bewußt, kann das ein Vorteil sein, kann klärend wirken bei der Erkenntnis der eigenen Persönlichkeit. Man hat z.B. herausgefunden, daß Menschen mit einer starken *Motivation zur Leistung* häufiger aus der Mittelschicht kommen als aus den unteren oder oberen Sozialschichten. „Sie sind besonders leistungs- und wettbewerbsorientiert und streben nach sozialem Aufstieg. Sie haben ein besseres Gedächtnis für unerledigte Aufgaben . . . " 11). Das soll aber nicht heißen, daß Sie den Willen zur Leistung nicht dennoch entwickeln könnten, auch wenn Sie nicht zur Mittelschicht gehören. Und Sie wissen ja, daß Sie besonders den Bereich der dynamischen Wesenszüge stark beeinflussen und steuern können. Sie müssen hier nur *bewußt* vorgehen.

Überlegen Sie das auch noch einmal anhand einer Zusammenstellung von sogenannten *primären*, also wesentlichen, bestimmenden *Wesenszügen*, die Guilford herausgefunden hat:

- Selbstvertrauen
- Geselligkeit
- Durchsetzungsgrad
- Gemütsruhe
- Objektivität 12)

Jeder dieser fünf primären Wesenszüge kann von allen weiter oben genannten Persönlichkeitsmerkmals-Bereichen beeinflußt werden. So hängt z.b. das Selbstvertrauen ebenso von der körperlichen Konstitution und dem Entwicklungsstand ab wie von den individuellen Fähigkeiten und den psychischen Verhaltensweisen und Dispositionen (Veranlagungen), und nicht zuletzt auch von der sozialen Befindlichkeit. Das gleiche gilt z.b. für den Durchsetzungsgrad, nur mit anderen Gewichtungen. Ebenso kann man die anderen primären Wesenszüge analysieren.

Es wird hier auch deutlich, daß sich eine positive Ausprägung dieser primären Wesenszüge auch positiv auf Berufs- und Geschäftserfolg auswirkt. Natürlich wird jede Persönlichkeit unterschiedliche Ausprägungen dieser Wesenszüge aufweisen, und sie lassen sich sicher auch untereinander kompensieren. Sie sind jedoch jeder für sich so wichtig, daß man darauf achten sollte, daß jeder von ihnen einen gewissen Ausprägungsgrad erreicht und keiner vernachlässigt werden sollte.

2.3 Verhalten und Erleben

Da die Betrachtung des Individuums und damit auch seiner Persönlichkeit und seines Verhaltens und Erlebens im Mittelpunkt der Psychologie steht, sollten wir uns auch kurz mit einer Definition der Psychologie befassen. Hier bietet sich eine kurze, klare Definition an, die von E.R. Hilgard, einem amerikanischen Psychologen, stammt: Psychologie ist die *Wissenschaft vom Verhalten und Erleben* des Menschen 13). Und die besondere Art und Weise des Verhaltens und des Erlebens machen das charakteristische Persönlichkeitsbild aus. Ebenso beeinflussen sich Verhalten und Erleben gegenseitig: wie wir die Dinge um uns herum erleben und wie wir uns daraufhin verhalten, das charakterisiert uns. Und nicht nur die *Dinge* um uns herum sind hier entscheidend, sondern natürlich auch die *Menschen,* mit denen wir umgehen und deren Verhalten.

Wichtig für den Psychologen, aber auch für jeden von uns ist dabei die Tatsache, daß sich das Verhalten *beobachten* läßt. Aus dieser Beobachtung kann man dann – unter Umständen mit Hilfe von psychologischen Befragungen, Tests und Deutungen z.b. von Assoziationen und Träumen – auf das Erleben schließen. Schon das aufmerksame und bewußte Zuhören beim Gespräch z.b. kann Ihnen auch als ,,Laien" Aufschluß geben über die inneren Vorgänge Ihres Gesprächspartners.

Im Zusammenhang mit dem Erleben haben besonders die schon erwähnten dynamischen Wesenszüge Bedürfnisse, Interessen und Einstellungen Bedeutung. Sie *motivieren* uns zum Handeln, denn Motive sind Antriebserlebnisse. Hier erkennen Sie wiederum die gegenseitige Beeinflussung von Verhalten und Erleben. Sie sollten daneben auch noch bedenken, daß auch die *Gefühle* und die *Wahrnehmung* und ebenso das *Lernen* und *Denken* eine entscheidende Rolle für Verhalten und Erleben spielen.

2.4 Anlage und Umwelt

Wenn wir gerade die Bedeutung des *Lernens* für Verhalten und Erleben und damit auch für die Bildung der Persönlichkeit betont haben, so sollten wir in diesem Zusammenhang darauf hinweisen, daß in der Psychologie eine langwährende Diskussion darüber geführt wird, ob die Persönlichkeit entscheidender durch ihre *Erbanlagen* oder eher durch die *Umwelteinflüsse* gebildet und bestimmt wird. Wir können uns in diesem Rahmen nicht mit den Argumenten der einen oder anderen Seite befassen, Sie sollten aber eine Tatsache berücksichtigen: Die *Umwelteinflüsse und das Lernen* haben sicher einen großen Anteil an der Bildung der Persönlichkeit.

Das wird Ihnen besonders deutlich, wenn Sie die Eltern-Kind-Beziehung betrachten. Jeder von uns trägt einerseits die Erbfaktoren seiner Eltern in sich, andererseits gestalten die Eltern aber auch die Umwelt, in der die Kinder heranwachsen und sich bilden 14).

Deutlich wird dieser Umwelteinfluß auch, wenn wir uns überlegen, daß jeder von uns in seinem Leben viele verschiedene *Rollen* spielt. Hier haben wir es mit der sozialpsychologischen Betrachtung der Persönlichkeit zu tun, denn jeder versucht auf irgendeine Art und Weise, seine Persönlichkeit so zu entfalten, daß diese Persönlichkeit für diejenigen Menschen, mit denen er Kontakt hat, *annehmbar* ist. Auch von dieser Seite her wird also die Persönlichkeit in ihrem Verhalten und Erleben stark beeinflußt.

Unsere Persönlichkeit als vielschichtiges Gebilde

Unsere Umwelt ist also mitbestimmend, wenn es um unsere Persönlichkeit geht, zumal wir unsere Persönlichkeit nicht gegen unsere Umwelt ausrichten sollten. Das heißt aber, mehr als einer Rolle gerecht zu werden, die wir im Leben spielen müssen. Rollenkonflikte schließt das nicht aus. Und noch eines: jede Rolle will gelernt sein.

3 KENNEN SIE SICH SELBST?

Sie wissen jetzt, daß Sie sich mit einer Sache befassen, die greifbar ist, also lohnt es sich, weiterzugehen. Zuvor jedoch erinnern Sie sich noch einmal an den Persönlichkeitsbegriff. Nun, Ihnen ist bestimmt klar, was es mit der Persönlichkeit auf sich hat, aber um ganz sicher zu gehen, wiederholen wir hier: ,,Eine Persönlichkeit ist ein Mensch, der dabei ist, er selbst zu werden. Persönlichkeit hat man also nicht, man wird sie immer nur.'' 15) Dazu muß man einschränkend sagen, daß man zu jeder Zeit eine Persönlichkeit ist, aber diese Persönlichkeit kann sich auch zu jeder Zeit in der Entwicklung befinden. Für Sie erhebt sich also die Frage, welchen *Persönlichkeitsstand* Sie erreicht haben. Das herauszufinden ist sehr schwierig, und der erste Schritt in diese Richtung bedeutet: ,,Sie müssen sich selbst besser kennenlernen.''

Damit können Sie sofort beginnen, indem Sie sich ganz bestimmte *Fragen* stellen und versuchen, diese Fragen zu beantworten. Den Fragenkatalog könnten Sie selbst zusammenstellen, aber man findet in der gängigen Literatur auch recht nützliche Listen, die man als Start oder als Anregung benutzen kann:

- ,,Nörgele ich?
- Kritisiere ich unbedacht?
- Rede ich über negative Dinge?
- Spreche ich überwiegend über materielle Dinge?
- Habe ich triebhafte Verhaltensweisen?
- Kenne ich Reizwörter oder Schlüsselreize, bei denen bei mir die Sicherung durchbrennt?
- Fühle ich Ängste, Befürchtungen oder permanente Belastungen?
- Mache ich oft abwertende oder pessimistische Äußerungen?
- Habe ich zweifelhafte Redewendungen?
- Trage ich Schuldgefühle mit mir herum, die noch nicht aufgearbeitet sind?
- Habe ich ein bestimmtes materielles Lebensziel, dem mein jetziger Lebensstil folgt?
- Bin ich öfter krank oder fühle ich mich gelegentlich depressiv oder lustlos?'' 16)

Der Autor dieses Fragenkatalogs nennt ihn: ,,Checkliste für das wahre Selbst'', und er ist überzeugt davon, daß die Lebenskraft dahin strömt, wohin sich die Aufmerksamkeit richtet. Wie dem auch sei, fest steht jedenfalls, daß Sie sich bereits besser kennen, wenn Sie in der Lage sind, die vorangegangenen Fragen zu beantworten.

Es gibt natürlich viel banalere Fragen, deren Beantwortung sich lohnt. Kennen Sie z.B. zu jeder Zeit Ihr genaues Gewicht? Was wissen Sie über Ihren tatsächlichen

Kennen Sie sich selbst?

Gesundheitszustand? Sind Sie sich klar über Ihre ständigen Gewohnheiten? Oder sind Ihnen Ihre Talente und Stärken tatsächlich bekannt? Wahrscheinlich sollten Sie sich systematisch damit befassen, und mit dem nächsten Abschnitt können Sie bereits beginnen.

3.1 Talente und Stärken

„Jeder Mensch stellt zwar ein an sich unverwechselbares Wesen dar. Viele Menschen machen aber aus ihrer Individualität zu wenig. Sie gestalten sie nicht so aus wie es möglich und nötig wäre." 17) Das mag auch daran liegen, daß sich viele Menschen ihrer Talente und Stärken gar nicht bewußt sind. Das soll Ihnen nicht passieren. Darum „denken Sie einmal darüber nach, wie oft Ihnen etwas gelungen ist, was gar nicht so selbstverständlich war. Warum hatten Sie Erfolg? Weil Sie sich eingesetzt haben, weil Sie gut vorbereitet waren, weil Sie interessiert herangingen, Umsicht walten ließen, keine Flüchtigkeit aufkam, Gedanken nicht abschweiften und sich alles auf das konzentrierte, um das es ging." 18) Nun, stimmt Ihre eigene Praxis damit überein? Sind Sie tatsächlich einsatzfreudig? Bereiten Sie sich gut vor, wenn Sie vor einer Aufgabe stehen? Gehen Sie interessiert an Ihre Aufgaben heran? Konzentrieren Sie sich, ohne Ihre Gedanken abschweifen zu lassen und schließen Sie Flüchtigkeit aus? Wenn ja, dann verfügen Sie über ganz wichtige Stärken, auf die Sie sich auch weiterhin verlassen sollten.

Jetzt sollten Sie sich fragen, ob Ihre bedeutendsten Fähigkeiten auf *geistigem* oder *körperlichem* Gebiet liegen. Vielleicht sind Sie Hochleistungssportler oder vielleicht hätten Sie einer werden können, wenn Sie bestimmte Talente und physische Gegebenheiten besser genutzt hätten.

Haben Sie schon einmal herauszufinden versucht, ob Sie *musisch* begabt sind, *kreativ, ideenreich?* Oder sind Sie ein exakter Rechner mit erstaunlicher *Kombinationsgabe?* Und was ist es im Grunde genommen, das Sie immer wieder mit Ihren Aufgaben fertig werden läßt? Versuchen Sie, das exakt herauszufinden. Am besten, Sie legen sich eine Liste an, in der alle Ihre Talente und Stärken erscheinen. *Klassifizieren* Sie Ihre Stärken und Talente, und dann stellen Sie sich vor allem die Frage, was ausbaufähig ist und was auszubauen sich lohnen würde. Doch darüber hinaus sollten Sie an eines denken: „Jeder Mensch verfügt neben seinen bekannten Fähigkeiten noch über ihm unbekannte Kräfte, die plötzlich zutagetreten oder die er zu entwickeln versucht und mit Erfolg anwenden kann." 19)

3.2 Fehler und Schwächen

Während Talente und Stärken unser Fortkommen fördern können, wenn wir sie richtig einsetzen, wirken Fehler und Schwächen *hemmend,* vor allen Dingen dann, wenn wir nicht versuchen, sie zu korrigieren. Dabei braucht es sich nicht um offenbare Fehler und Schwächen handeln, auf die wir stoßen oder gestoßen werden, sondern um *Widerstände in uns selbst,* die unserer größten Selbstentfaltung im Wege stehen. Kirschner z.b. stellt sechs Widerstände besonders heraus:

„1. Wir wälzen die Verantwortung für uns auf andere ab, statt sie selbst zu tragen.
2. Wir glauben anderen mehr als uns selbst, weil wir nicht selbst erkennen, was für uns richtig ist.
3. Die Heuchelei aus Gefälligkeit läßt unsere Gefühle immer mehr verkümmern.
4. Es fehlt uns die Bereitschaft, unser Recht auf Glück und Selbstentfaltung zu verteidigen.
5. Wir lassen die stärkste Kraft verkümmern, mit der wir uns aus der Abhängigkeit befreien können: die Phantasie.
6. Die Unfähigkeit, das Wichtige zu tun und auf Unwichtiges leichten Herzens zu verzichten." 20)

Haken Sie einmal beim letzten Punkt ein. Machen auch Sie diesen Fehler? Wenn ja, dann sollten Sie ihn dringend korrigieren, denn gerade in bezug auf Berufs- und Geschäftserfolg kann sich dieser Fehler verheerend auswirken.

Um Ihre Fehler und Schwächen in den Griff zu bekommen, sollten Sie ähnlich vorgehen wie bei der Analyse Ihrer Talente und Stärken. Auch hier ist das *Auflisten* eine gute Hilfe. Ebenso die Klassifizierung, die Sie jedoch folgendermaßen vornehmen sollten: Sie stellen sich zu jeder festgestellten Schwäche oder zu jedem permanent wiederkehrenden Fehler drei Fragen:

1. Bin ich dieser Fehler oder Schwächen wegen sehr besorgt?
2. Mache ich mir wegen dieser Fehler oder Schwächen kaum Sorgen?
3. Brauche ich mir wegen dieser Fehler und Schwächen überhaupt keine Sorgen zu machen?

Diese Fragen lassen sich nicht immer sofort beantworten, denn man muß sich ja auch mit den *Konsequenzen* auseinandersetzen, die bestimmte Fehler oder Schwächen zur Folge haben können, und dabei spielt die *Erfahrung* wieder eine wichtige Rolle. Stellt sich aber spontan heraus, daß man wegen bestimmter Fehler und Schwächen besorgt sein sollte, dann haben sie Priorität, wenn es darum geht, Abhilfe zu schaffen.

23

Kennen Sie sich selbst?

Es ist wichtig, die Sache so zu sehen, denn man kann sich nicht mit einemmal völlig umkrempeln, und wenn es einfach wäre, mit Fehlern und Schwächen fertigzuwerden, dann wäre man damit wahrscheinlich gar nicht behaftet. Zu den Schwächen, die man mit besonderer Aufmerksamkeit behandeln sollte, zählen vor allem die, die man nicht selbst entdeckte, sondern diejenigen, die durch das Urteil *anderer* zutage traten.

Es gibt natürlich auch viele Schwächen, mit denen man leben kann oder leben muß. Manche körperlichen Gebrechen lassen sich nicht aus der Welt schaffen, und man kann nichts anderes tun als herauszufinden, wie man damit am besten fertig wird. Unangenehme Angewohnheiten kann man sich hingegen mit der Zeit abgewöhnen. Und wenn man z.b. von anderen darauf gestoßen wird, daß man in seiner Umgebung als unfreundlich gilt, dann sollte man froh sein, auf eine Schwäche aufmerksam gemacht worden zu sein, die man ohne allzu große Mühe beheben kann. Und das sollte sich wohl auszahlen, denn *Freundlichkeit* gehört wohl zu den wirksamsten erfolgfördernden Eigenschaften. Vielleicht haben Sie bereits diese Erfahrung gemacht, und Ihre Erfahrungen sollten Sie verwerten.

3.3 Fähigkeiten und Erfahrungen

Fähigkeiten und Erfahrungen können in engem Zusammenhang stehen, besonders dann, wenn Sie gewillt sind, aus Erfahrungen zu *lernen*. Falls Sie ein *vergangenheitsbetonter* Typ sind, kann man sogar sagen: ,,Ihre Stärke liegt in der souveränen Verfügung über Ihren größtenteils unbewußt aufgebauten Erfahrungsschatz. So sind Ihnen auch Hast, Eile, spontane Entscheidungen oder drastische Veränderungen ein Greuel. Ihnen liegt es eher, Aufgaben mit Ihrem sicheren Gespür zu lösen, als mit logischen Argumenten zu arbeiten.'' 21)

Nun, ob man ein vergangenheitsorientierter Mensch ist oder nicht, Erfahrungen sollte man schätzen. Man sollte sich auch nicht darauf verlassen – wie es eben anklang – daß sich ein Erfahrungsschatz größtenteils unbewußt aufbaut. Besser ist es, sich zu bemühen, Erfahrungen tatsächlich *wahrzunehmen*, sie in *Verbindung* zu setzen mit bereits Erlebtem und Konsequenzen für die Zukunft zu ziehen. Es gibt sogar Erfahrungen, die man – möglichst sofort – *schriftlich* festhalten sollte.

Sie kennen gewiß den Satz: ,,Das soll mir nicht noch einmal passieren.'' Und dann geschieht es doch, vielleicht sogar immer wieder. Wenn es so ist, dann ist das ein Zeichen dafür, daß Sie Erfahrungen nicht nutzen. Lehrgeld sollte man aber nur einmal bezahlen.

Erfahrungen spielen nicht nur eine Rolle, wenn es um Fertigkeiten geht. Sie können *jede Lebenslage* beeinflussen. Darum wäre es auch nützlich, wenn Sie – und das möglichst schriftlich – eine *Erfahrungsbilanz* zögen. Dabei sollte es vor allem um solche Erfahrungen gehen, die im Zusammenhang mit Ihren Zielen nützlich sein könnten. Und vergessen Sie nicht, danach zu fragen, ob Ihnen Ihre Erfahrungen geholfen haben, Ihre Fähigkeiten zu entwickeln. So werden Sie herausfinden, was Ihr Erfahrungsschatz wirklich wert ist, und das wird Sie davon abhalten, Ihre Erfahrungen zu überschätzen, denn das könnte in manchen Situationen gefährlich werden oder Schaden bringen.

3.4 Erfolg und Mißerfolg

Mit dem Thema Erfolg und Mißerfolg müssen Sie sich schon aus dem Grunde befassen, weil das Ihr leistungsbezogenes Handeln beeinflussen kann. Es gibt Menschen, die von der *Hoffnung auf Erfolg* getragen und andere, die von der *Furcht vor Mißerfolg* niedergeschmettert werden.

,,Die Erfolgsmotivierten lassen sich mehr von einer realistischen Einschätzung ihrer Erfolgschancen leiten. Sie wählen daher eher ein mittleres Anspruchsniveau und verlassen sich lieber auf die eigene Tüchtigkeit und einen optimalen Kräfteeinsatz und nicht allzusehr auf glückliche äußere Umstände." 22) Mißerfolgsorientierte hingegen wählen ein extrem hohes oder extrem niedriges Anspruchsniveau. Ein Unterbrechen der Leistungsbemühungen und Rückzüge sind typisch. Wer sich überhöhte Leistungsziele steckt, wird auch immer wieder gegen Rückschläge ankämpfen müssen.

All das darf aber nicht dazu verleiten anzunehmen, daß enorme Motivation in jedem Falle positiv zu betrachten ist. ,,Hochmotivierte sehen eher einen Zusammenhang zwischen Anstrengung und Ergebnis. Wenn sie nun ihr eigenes Bemühen als Instrument für die Aufgabenerfüllung betrachten, arbeiten sie auch härter in Leistungssituationen. Was nun die Aufgabenschwierigkeit anbetrifft, so werden die Motivierten Anstrengungen bei sehr leichten Aufgaben als unnötig betrachten, bei sehr schwierigen Aufgaben als eine Verschwendung von Energie." 23) Daß dadurch nicht eine unbedingt erfolgsfördernde Haltung herauskommt, liegt auf der Hand. Eine Einstellungskorrektur wäre wünschenswert.

Wie steht es nun mit Ihnen? Sind Sie eher erfolgsmotiviert oder fürchten Sie sich vor Mißerfolgen? Was Sie auch herausfinden, gehen Sie der Sache nach. Prüfen Sie, *warum* Sie Erfolge hatten und warum sich Mißerfolge einstellten, denn ganz allein davon, ob man erfolgsmotiviert ist, hängen Erfolge nicht ab. Und Furcht vor

Mißerfolgen kann man kompensieren. Gute Vorbereitung und guter Wille können manches bewirken.

3.5 Wünsche, Träume, Sehnsüchte

Wenn jemand sagt, er sei wunschlos glücklich, dann ist das aus einem bestimmten Grunde unglaubwürdig. Denn wie kann jemand wunschlos glücklich sein? Keine Wünsche mehr haben, das kann ja auch heißen, dem Leben uninteressiert, passiv oder überdrüssig gegenüberzustehen. Kann man wirklich glücklich sein, wenn die Fähigkeit, sich etwas zu wünschen, verlorengegangen ist?

Haben Sie noch Wünsche? Hoffentlich! Aber wissen Sie auch, daß Wünsche nicht von selbst in Erfüllung gehen? Das läßt sich an einem sehr einfachen Beispiel erklären. Wenn Sie nämlich den Wunsch haben, die Pracht eines Sonnenaufgangs zu erleben, dann müssen Sie sehr früh aufstehen, und wenn Sie ein verwöhnter Langschläfer sind, dann wird Ihnen das nicht leicht fallen.

An diesem Beispiel werden Sie auch erkennen, daß es große und kleine Wünsche gibt, und die Erfüllbarkeit hängt meistens von dem *Aufwand* ab, der nötig ist, Wünsche zu *realisieren*.

Sind ihre Wünsche realisierbar? Das können Sie prüfen. Nehmen Sie ein Blatt zur Hand und schreiben Sie spontan zehn Ihrer Wünsche auf. Dann denken Sie darüber nach, wie Sie diese Wünsche realisieren könnten, und vielleicht ist es Ihr sehnlichster Wunsch, der am schwersten zu erfüllen ist.

Seit wann hegen Sie Ihren sehnlichsten Wunsch? Und was haben Sie unternommen, um ihn erfüllen zu können? Warum ist die Wunscherfüllung bisher gescheitert und was denken Sie weiterhin zu unternehmen, um sich diesen Wunsch erfüllen zu können?

Wenn Sie nichts unternehmen, dann wird dieser Wunsch nur ein Traum bleiben. Dabei ist es gar nicht verwerflich, Träume zu haben. Nicht nur Träume, die unseren Schlaf begleiten, sondern Wachträume, die uns am hellen Tag überkommen oder dann, wenn wir nicht einschlafen können.

,,Stellen Sie sich vor, Sie wären in einem Blockhaus in Kanada. Draußen liegt hoher Schnee, und in der Ferne heulen Wölfe. Aber drinnen brennt ein Feuer, das Sie vor der Kälte schützt und eine Tür aus festen Bohlen schützt Sie vor den Wölfen. Sie liegen sicher, warm und bequem auf ein paar Wolldecken auf dem Boden und schauen in die knisternden Flammen." 24)

Gibt Ihnen das nicht das Gefühl von Geborgenheit? Regt es Ihre *Phantasie* nicht weiter an? Aber weckt es nicht auch Sehnsüchte, die vielleicht stärker sind als alle Ihre Wünsche? Tauchen nicht plötzlich ferne Ziele auf?

Wachträume haben schon manches Leben verändert, und unser Leben wäre viel ärmer, wenn wir sie nicht hätten, aber wir müssen uns entscheiden, ob wir mit unseren Träumen und Sehnsüchten leben wollen oder ob wir alles einsetzen, um sie wahr zu machen.

3.6 Wie wurden Sie, was Sie sind?

Das ist keine einfache Frage, und um sie zu beantworten, genügt es nicht, einen Lebenslauf zu schreiben. Mancher wird diese Frage überhaupt nicht beantworten können, andere hoffen auf die Psychoanalyse, um letzten Aufschluß zu finden.

Was können Sie also tun? Sie könnten z.b. damit beginnen zu fragen, was in Ihrem Leben die *größte Bedeutung* hatte. Vielleicht gibt es konkurrierende Faktoren, aber was Sie auch herausfinden, versuchen Sie zu ergründen, *warum* es so ist. Fragen Sie sich auch, ob die Gründe realistisch sind oder ob Emotionen mitspielen. Aber fragen Sie sich auch, ob es wirklich nur die großen Dinge sind, die in Ihrem Leben Bedeutung hatten.

Stellen Sie auch die Frage danach, wovon Sie in Ihrem Leben am meisten *begeistert* waren. Andererseits sollten Sie sich auch mit Ihren größten *Enttäuschungen* befassen. Vielleicht stoßen Sie sogar auf Zusammenhänge zwischen Begeisterung und Enttäuschung.

Begeisterung erfordert oft Engagement, und wer sich stark engagiert, muß auch mit Frustration rechnen, wenn nicht alles nach seinen Vorstellungen oder sogar konträr verläuft.

Sind es die Höhen und Tiefen, die Ihr Leben bestimmten oder war es ganz einfach der stets gleichbleibende Alltagstrott, aus dem Sie nicht auszubrechen wagten?

Hat es einschneidende Ereignisse gegeben? Hatten Sie Vorbilder? Waren es Widersacher oder Förderer, die Ihr Leben beeinflußten oder sind Sie ein Einzelgänger, der sich resolut oder tastend durch die Zeit bewegt?

27

Es gibt noch viele Fragen, die Sie sich stellen könnten, und eine davon ist die nach der Herkunft.

3.7 Erfolg und Herkunft

Mancher mag zu dem Schluß gekommen sein, daß seine Herkunft auch weitgehend sein Leben bestimmt hat, und das mag in vielen Fällen zutreffen. Daß Herkunft und Erfolg oder Herkunft und Aufstieg nicht immer zusammenhängen, ist jedoch bewiesen.

Es gibt zwar immer wieder Äußerungen, die darauf verweisen, daß man ohne die richtige Abstammung und daraus resultierenden Beziehungen in der Wirtschaft nichts werden kann. ,,An dieser vorgefaßten Meinung ist kein Gramm wahr – eher das Gegenteil: Die sogenannte ,Unter'- und ,Mittelschicht' ist das größte Führungsreservoir. Bei 48 %, also rund der Hälfte aller Geschäftsführer und Vorstände, ist der Vater mittlerer Angestellter, Beamter oder Selbständiger. Zusammen mit den Managern aus Arbeiterfamilien (11 %) bringt diese Gruppe fast 60 % der Top-Manager hervor." 25)

Das soll nicht davon abhalten zuzugeben, daß es weit leichter ist, mit ererbtem Besitz neue Möglichkeiten zu erschließen, doch daß es andererseits auch belastend sein kann, Erbe zu sein. Mancher hat das Erbe der Väter nicht sehr glücklich verwalten oder mehren können. Hingegen haben andere, die aus dem Nichts kamen, Imperien aufgebaut.

Welcher Herkunft Sie auch sind, nutzen Sie alles, was Ihnen daraus an *Werten* verblieben ist oder verbleiben wird, und damit sind nicht nur materielle Werte gemeint, denn auf die allein kommt es gewiß nicht an.

3.8 Selbstvertrauen als Erfolgsgrundlage

Während Sie beim Lesen oder in den Lesepausen über sich nachdachten, ist Ihnen gewiß manches klar geworden, was vorher nicht so deutlich oder nicht gegenwärtig war. Vielleicht haben Sie schon jetzt das Gefühl, daß Sie eigentlich mehr aus sich machen könnten. Doch bevor es in dieser Hinsicht zu weiteren Erörterungen kommen kann, müssen Sie sich unbedingt fragen, wie es mit Ihrem Selbstvertrauen steht.

Wenn Sie ein hohes Maß an Selbstvertrauen besitzen, dann ist alles in Ordnung, dann haben Sie bereits einen Vorteil, wenn es darum geht, neue Erfolge zu erringen. Ist es aber nicht so, dann sollten Sie darüber nachdenken, wie Sie Ihr Selbstvertrauen aufbessern könnten.

Fest steht jedenfalls, daß Ihnen viele *Fähigkeiten* gegeben sind, die Sie nutzen können, um Ihr Leben zu meistern. Sie wissen auch ganz genau, was Sie *wollen,* und das ist wichtig. Sie können auch ganz gut einschätzen, wozu Sie *imstande* sind. Aber gehen Sie auch das Risiko ein, alle Ihre Fähigkeiten einzusetzen, im vollen Vertrauen darauf, daß Sie sich auf Ihre Fähigkeiten verlassen können? Warum zögern Sie manchmal, wenn es darum geht, Entscheidungen zu treffen? Denken Sie lieber daran, wieviele gute und vernünftige Entscheidungen Sie bereits getroffen haben.

Warum lassen Sie sich vom Druck anerkannter *Verhaltensklischees* immer wieder zu Handlungen zwingen oder von Aktivitäten zurückhalten? „Es liegt an der selbstzerfleischenden Einstellung, anderen viel mehr Einfluß auf uns einzuräumen als uns selbst." 26)

Sie sind Sie! Das müssen Sie sich einhämmern, und das wird bereits Ihr Selbstvertrauen stärken. Doch welche Erfolge Sie auch anstreben, und was Sie auch auf den folgenden Seiten lesen werden, denken Sie dabei an eines: „Leben Sie so, wie Sie es für richtig halten. Das Gefühl, sich selbst untreu zu sein, hat auf Ihren Geist andauernde niederdrückende, abstumpfende Auswirkungen." 27)

4 SIE UND DIE ANDEREN

Niemand lebt allein, auch wenn mancher sich zuweilen oder gar über längere Zeit isoliert fühlt. Unsere Gesellschaft ist nun einmal so konzipiert, daß sie nur durch *zwischenmenschliche Beziehungen* richtig funktionieren kann. Dabei kommt es nicht nur darauf an, daß alle glänzend miteinander auskommen. Gegenseitiges Anspornen ist ebenso wichtig, und selbst große *Spannungsfelder,* wie sie sich z.b. zwischen den Polen Wirtschaftlichkeit und Menschlichkeit bilden, sind notwendig, und jeder kann dazu beitragen, daß sie wirksam bleiben. ,,Das Spannungsfeld zwischen Wirtschaftlichkeit und Menschlichkeit kann seine Kraft nur behalten, wenn wir der einseitigen Überforderung von Wirtschaft und Wirtschaftlichkeit Einhalt gebieten und uns zu unserer eigenen Verantwortung für die Menschlichkeit unseres Handelns bekennen – jeder an seinem Platz." 28)

Sie und die anderen, das ist das Kapitel über zwischenmenschliche Beziehungen, und da für lange wissenschaftliche Erörterungen hier kein Raum ist, soll die praktische Seite dominieren. In diesem Sinne sollten Sie auch die folgenden 25 Punkte aufnehmen, die als genereller Wegweiser gedacht sind:

,,1. *Wer sich und andere besser kennt, kann sich besser ins Leben einfügen.*
2. *Menschenkenntnis verbessert die guten Beziehungen zu den Mitmenschen.*
3. *Erfolgsmenschen sind deshalb so erfolgreich, weil sie gut mit Menschen umgehen und sie beeinflussen können.*
4. *Jeder hat das Recht auf Bewunderung, Beifall, Wohlstand, Liebe usw. Auch Sie. Sie dürfen nur nicht vergessen, daß andere dasselbe Recht haben.*
5. *Befreunden Sie sich mit Ihren Problemen und befreunden Sie sich mit den Problemen anderer. Finden Sie sich nicht damit ab, daß es diese Probleme gibt. Versuchen Sie, Ihre Probleme zu lösen und anderen bei der Problemlösung zu helfen.*
6. *Sie fühlen sich glücklich, wenn Sie verstanden werden. Andere fühlen sich glücklich, daß sie verstanden werden. Oft müssen Sie sich verständlich machen, müssen sich um Verständnis bemühen. Denken Sie daran, daß es anderen auch schwerfallen könnte, um Verständnis zu werben.*
7. *Viele Lebensprobleme werden vom menschlichen Triebleben beeinflußt. Das ist nicht unbedingt negativ, wenn anderen dadurch kein Schaden entsteht.*
8. *Wer über innere Freiheit verfügt, kann sich auch nach außen hin frei geben.*
9. *Nicht, was man sagt oder was man sich vornimmt, ist entscheidend. Die Umwelt beurteilt eher, was man wirklich tut.*
10. *Wer im Leben nicht geprüft wird, hat keine Gelegenheit, seine Kräfte zu messen. Wenn Sie andere nicht prüfen, wissen Sie nicht, wie stark sie sind.*

30

11. Leben und Bewegung sind so eng miteinander verbunden, daß sinnvolle Aktivität das Lebensgefühl enorm steigern kann, vor allem, wenn es sich um gemeinsame Aktivitäten handelt.

12. Lebenskünstler sind keine Narren oder Heilige, sondern nur Leute, die es verstehen, alles Böse ins Gute und alles Negative ins Positive zu verwandeln.

13. Ideen fallen nicht vom Himmel, aber man kann sie allein und gemeinsam suchen.

14. Die Kraft des positiven Denkens kann beflügeln und andere mitreißen.

15. Durch Zwang und Gewalt, Grobheit und Drohung kann man andere wohl beeinflussen, aber man erzielt nur Scheinerfolge.

16. Wer das Wesen anderer nicht versteht, sollte sich fragen, ob seltsames Auftreten oder befremdliches Benehmen nicht auf das psychologische Schutzbedürfnis zurückzuführen sind.

17. Man braucht nicht ständig an seine eigenen Fehler zu denken, aber erst recht nicht an die Fehler anderer.

18. Seine Rechte kann man viel besser anderen gegenüber vertreten, wenn man auch seine Pflichten kennt und immer bereit ist, etwas mehr zu tun als andere.

19. Gesunder Humor eignet sich ausgezeichnet, um Schattenseiten des Lebens aufzuhellen und andere fröhlich zu stimmen.

20. Angst vor Fehlern ist gefährlich, denn man muß sie erst entdecken, um sie verbessern zu können.

21. Übertriebene Sorgen kosten oft mehr Kraft als das Übel, das die Sorgen verursacht.

22. Man soll aus moralischen Mücken keine moralischen Elefanten machen, besonders dann nicht, wenn es um die Moral anderer geht.

23. Wenn jemand glaubt, er sei für den Erfolg geboren, dann ist das so lange wahr, solange er zu beweisen versucht, daß es so ist.

24. Ohne unsere Einflußnahme ist unsere Umwelt weder für noch gegen uns. Wir selbst fällen die Entscheidung, ob sie für oder gegen uns ist.

25. Jeder baut sich seine eigene Welt auf, aber dabei muß er bedenken, daß auch alle anderen an ihrer eigenen Welt arbeiten.“ 29)

Versuchen Sie, diese Gedanken zu erweitern, denn das wird Ihnen beim Umgang mit Menschen helfen. Und vergessen Sie nicht, daß sich zwischenmenschliche Beziehungen nicht nur in der Arbeitswelt abspielen. ,,Wenn man das berücksichtigt, was große Soziologen wie Leopold von Wiese zum Thema ,Mensch und Mitmensch‘ gesagt und geschrieben haben, dann wird man sich auch davon überzeugen lassen, daß Human Relations über Betrieb und Unternehmung weit hinausgehen müssen.“ 30) Auch wenn dieser Gedanke hier nur angerissen werden kann, soll er Ihnen doch noch einmal deutlich machen, daß Sie nicht allein sind und daß es nicht nur auf Sie ankommen wird, wenn Sie erfolgreich sein wollen.

4.1 Kennen Sie Ihr persönliches Umfeld?

Die meisten Kontakte mit anderen werden sich in Ihrem persönlichen Umfeld ergeben. Es gibt keine genau gezogenen Grenzen. Bei den meisten Menschen ist das persönliche Umfeld eher mit der *näheren Umgebung* als mit der breiten Öffentlichkeit zu vergleichen. Nur bei Politikern, Show-Stars usw. mag das anders sein.

Konzentrieren Sie sich also zuerst einmal auf Ihre nähere Umgebung und denken Sie dabei von vornherein an folgendes: ,,Bei den Beziehungen zur näheren Umgebung ist der persönliche Einfluß ausschlaggebend." 31) Sie *beeinflussen* Ihre nähere Umgebung, aber auch Sie *werden* von Ihrer näheren Umgebung *beeinflußt.* Dabei ist noch zu sagen, daß sich in unserer hochtechnisierten Zeit das persönliche Umfeld ständig *erweitert.* Denken Sie nur an das Telefon, an schnelle Verkehrsverbindungen und an das Auto, das schnellen, individuellen Transport auch auf größeren Distanzen ermöglicht, und das fast für jedermann.

Versuchen Sie doch einmal, kurz aufzulisten, mit wem Sie es immer wieder zu tun haben. Das wird einen nützlichen Überblick bringen, und dabei werden Sie auch herausfinden, daß Ihre Familie, Ihre Freunde und Ihre Bekannten eine ganz besondere Rolle spielen.

4.1.1 Familie, Freunde, Bekannte

Wahrscheinlich haben auch Sie schon die Einlassung gehört: ,,Wenn meine Familie nicht gewesen wäre, dann hätte ich wahrscheinlich eine tolle Karriere gemacht." Damit ist gemeint, die Sorge um die Familie, die *familiären Pflichten,* die Unterhaltspflicht und andere Dinge haben den Weg nach oben versperrt. Andererseits haben Sie aber auch bestimmt beobachten können, daß Familien keineswegs hinderlich wirkten. Im Gegenteil. Mancher wurde schon von seiner Familie *unterstützt,* um eine Durststrecke auf dem Weg nach oben überwinden zu können. Und wie viele junge Ehefrauen haben gearbeitet, um das Studium des Mannes finanzieren zu können, das auch dann nicht abgebrochen wurde, als sich Kinder einstellten.

Wie steht es mit Ihrer Familie? Wäre sie bereit, etwas für Sie zu tun? Würde sie verzichten können, wenn Sie über eine Durststrecke gehen müßten, um danach ein besseres Auskommen zu finden? Wäre man bereit, den Wohnort zu wechseln, wenn das notwendig würde? Was würde man sagen, wenn Sie Risiken eingehen müßten? Wie würde man sich verhalten, wenn Sie Ihre Arbeit vorübergehend aufgeben müßten, um sich intensiv auf eine andere Karriere vorzubereiten? Ist Ihre Familie für oder gegen Sie? Oder ist sie allem gegenüber, was Sie unternehmen, gleichgültig? Oder haben Sie gewisse Spielräume – solange es allen gut geht? Das alles sollten Sie abklären.

Ebenso wichtig ist es herauszufinden, ob Sie sich auf Ihre Freunde verlassen können. Was sind das eigentlich: Freunde? Wenn es mehr als Bekannte sind, dann muß das doch einen Grund haben? Reichen diese Gründe wirklich aus, um einen Teil Ihrer kostbaren Zeit Ihren Freunden zu widmen? Oder sind es gerade Ihre Freunde, die Ihnen kostbare Zeit stehlen, Sie ablenken, nicht daran interessiert sind, daß Sie aufsteigen und Ihnen auch überhaupt nicht helfen können, wenn es um Ihren persönlichen Erfolg geht?

Freundschaft *verbindet* nicht nur. Freundschaft *verpflichtet* auch. ,,Ein nicht zu unterschätzender Faktor bei der Erhaltung von Freundschaften ist Zuverlässigkeit.‘‘ 32) Sind Sie *zuverlässig?* Sind Ihre Freunde zuverlässig? Wenn Sie das bis jetzt nicht wissen, dann ist es bestimmt Zeit, ernsthaft darüber nachzudenken.

Es kommt nicht darauf an, daß man viele Freunde hat, sondern *gute* Freunde, und man sollte nicht gleich jeden flüchtigen Bekannten Freund nennen. Andererseits gibt es viele Wege, die von der Bekanntschaft zur Freundschaft führen. Von welchen Ihrer Bekannten könnten Sie sich vorstellen, daß sie zu Freunden werden? Gibt es *gute alte Bekannte,* oder sind Ihre Bekanntschaften kurzlebig? Warum? Schätzen Sie es, viele Bekannte zu haben? Wenn ja, warum? Natürlich sind Kontakte immer gut, aber schließlich muß man sich manchmal fragen, *was sie wert sind.*

4.1.2 Geschäftspartner, Mitarbeiter, Kollegen

Wenn Sie *Geschäftspartner* haben, dann sollten Sie sich über Ihre Position in dieser Partnerschaft klar werden. Manchmal gibt es mehrere Geschäftspartner oder mehrere Geschäftsführer. ,,Wenn man von den Mitgliedern einer solchen Geschäftsführung hört: ,Wir diskutieren so lange, bis wir zu einer Einigung kommen, und dies ist bis jetzt immer der Fall gewesen‘, so muß man wissen, daß diese Übereinstimmung vielfach nur vorgetäuscht ist. Die Geschäftsführer wurden geeinigt. Dies aufgrund der überragenden Position ihres Vorsitzenden.‘‘ 33)

Wie steht es mit Ihnen? Wie weit können Sie sich *durchsetzen, andere überzeugen, begeistern, mitreißen?* Oder ist es Ihnen wohler, wenn Ihre Geschäftspartner das Ruder in die Hand nehmen? Geben Sie sich darauf eine ehrliche Antwort!

Sie und die anderen

Und wie steht es mit Ihren *Mitarbeitern?* Sind Sie wirklich davon überzeugt, daß Sie ihnen nicht gleichgültig gegenüberstehen können?

„Die direkte Beziehung zu Menschen, die klare Erläuterung von Werten, Plänen und Zielen, die auf der Basis von Information und Kommunikation beruhende Argumentations- und Überzeugungskraft und die Motivation der Mitarbeiter zu eigenverantwortlichem Handeln beseitigen die Bürokratisierung von Führungsaufgaben und das Hin- und Herschieben von Verantwortung, die sich bislang in den verschiedenen Hierarchiestufen der Unternehmen breitgemacht und bei Führungskräften zu Anpassung – moderater Managertyp – statt zu Aktivität und Kreativität geführt hat." 34)

Können Sie dem zustimmen? Und wie sehen Sie sich *selbst* als Mitarbeiter? Ganz gleich, in welcher Position Sie sind: Sie sollten bedenken, daß man von einem Mitarbeiter, der Erfolge anstrebt, mehr als normale Pflichterfüllung erwartet. Heute geht man sogar so weit, von Mitarbeitern *sachkundige Beratung* zu erwarten. „Ein Mitarbeiter, der aus fachlichen Gründen nicht dazu in der Lage ist, die mit seiner Position verbundene Beratungspflicht ordnungsgemäß wahrzunehmen, ist nicht der richtige Mitarbeiter." 35) Das gilt für Sie als Mitarbeiter ebenso wie für Ihre Mitarbeiter.

4.1.3 Gegner und Widersacher

‚Viel Feind, viel Ehr‘, diese Floskel aus kriegerischen Zeiten sollte man besser vergessen, denn es ist keineswegs eine Ehre, viele Feinde zu haben. Zudem schadet es, Feinde zu haben. Nun, Gegner und Widersacher sind nicht mit Feinden gleichzusetzen. Feindselig sollte man niemandem gegenüberstehen, und Gegner und Widersacher sollte man nicht als Feinde sehen.

Denken Sie doch einmal an Ihre eigenen Gegner und Widersacher. *Wie* ist es zu der Gegnerschaft gekommen? *Warum* haben Sie Widersacher? Liegt es an den *anderen* oder liegt es an *Ihnen* oder sind die Gegnerschaften aus bestimmten *Sachzwängen* heraus entstanden? Hat *Politik* dabei eine Rolle gespielt? *Geschäftskonkurrenz* etwa oder *persönliche Rivalität?*

Was haben Sie herausgefunden? Sind es wirklich unerbittliche Gegner, mit denen Sie zu kämpfen haben oder handelt es sich eher um ganz lächerliche Gegnerschaften, die überhaupt nicht zu sein brauchten?

Keiner kann Ihnen verwehren, wenn Sie sich fest hinter Ihre eigene Sache stellen. Natürlich sollte sich niemand vornehmen, alles rücksichtslos aus dem Weg zu räumen, was ihm entgegensteht, doch es ist keineswegs anstößig, für eine gute und gerechte Sache *fair und entschlossen* zu kämpfen. Man darf nur nicht vergessen, daß es zu vielen grundsätzlichen und auch alltäglichen Fragen verschiedene Meinungen gibt.

Die *Meinung des anderen* achten, auch wenn sie zu der eigenen Meinung im krassen Gegensatz steht, ist nicht immer leicht, aber daran sollte man sich gewöhnen. Anzuschließen braucht man sich der anderen Meinung deshalb noch nicht.

Toleranz wirkt freundschaftsfördernd. *Rechthaberei* hingegen kann Freundschaften zerstören. Wer das beherzigt, wird vielleicht mehr als einmal erleben können, daß sich Gegnerschaften ins Gegenteil verkehren, und damit ist meistens viel gewonnen, wenn es um den eigenen Erfolg geht.

4.2 Die Kunst, mit anderen umzugehen

Wenn auch das eigene Ich in diesem Buch einen besonderen Platz hat, so geht es am Ende doch nicht nur um den bewußten Umgang mit sich selbst. Wie wichtig das ist, erklärt schon folgendes: ,,Wenn man z.B. mit anderen redet, muß man stets darauf achten, daß man wirklich zu ihnen spricht und nicht zu sich selbst. Wenn Sie sich streng beobachten, merken Sie, daß dies tatsächlich vorkommt. Die anderen interessieren sich aber nicht dafür, was man sich selber oder im eigenen Interesse zu sagen hat. Sie interessieren sich vor allem für das, was ihnen selbst gilt.'' 36)

Dies weist schon darauf hin, daß die Kunst, mit anderen umzugehen, erfordert, die eigene Person zeitweilig in den Hintergrund zu stellen.

Was oft vergessen wird, wenn von der Kunst, mit anderen umzugehen, gesprochen wird, ist die Tatsache, daß es von großem Vorteil sein kann, mit bestimmten Leuten möglichst wenig oder überhaupt keinen Umgang zu pflegen. Mancher Umgang schadet dem eigenen Image, aber das ist nicht der einzige Grund, um sich von bestimmten Leuten fernzuhalten.

,,Es gibt Personen und Gruppen, die man nach Möglichkeit meiden sollte. So gibt es Menschen, die es meisterhaft verstehen, anderen die Zeit zu stehlen oder andere nur für ihre eigenen Zwecke einzuspannen. Warum wendet man sich von solchen Leuten nicht ab? Ist es Mangel an eigener Aktivität oder ist es Schüchternheit, die daran hindert, neue Kontakte zu suchen?'' 37)

Sie und die anderen

Wenn man einerseits bestimmte Kontakte meiden soll, so ergibt sich eben andererseits die Notwendigkeit, *neue Kontakte* zu suchen. Gelegenheit dazu gibt es genug. Wir ergreifen sie nur zu selten. Was meinen Sie? Wenn Sie z.b. ein Restaurant betreten, suchen Sie dann nach einem freien Tisch oder suchen Sie einen, an dem schon Leute sitzen, aber auch noch für Sie ein Plätzchen frei wäre? Suchen Sie bei einer Eisenbahnfahrt nach einem freien Abteil oder steigen Sie dort ein, wo schon jemand sitzt, um sich während der Fahrt zu unterhalten? Manchmal bedarf es nur ein paar freundlicher Worte, um neue Kontakte zu knüpfen.

4.2.1 Andere besser verstehen

Gute Kontakte findet man auch, indem man sich bemüht, andere besser zu verstehen. Das beginnt gar nicht mit dem eigentlichen Verständnis, wie man vermuten könnte, sondern mit dem rein *akustischen* Verstehen, und das heißt: *Zuhören* können, und zwar aufmerksam und interessiert.

„Nach Aussage von Fachleuten verlieren wir täglich Millionen schon dadurch, daß täglich hunderttausende von Briefen neu geschrieben oder Telefonate wiederholt werden müssen, weil einfach nicht richtig zugehört wurde." 38) Nachlässiges Zuhören ist aber nicht nur eine teure Angelegenheit, sondern muß auch als Unhöflichkeit betrachtet werden. Klarmachen müssen wir uns allerdings, daß nicht alles verstanden wird, was man hört. Deshalb müssen wir Zuhören als Vorgang sehen, der folgendermaßen verläuft: Wahrnehmen – Zuordnen – Bewerten – Antworten.

Zuhören ist eine Sache, die über das persönliche Gespräch hinausgeht, aber ob Sie sich privat, geschäftlich oder dienstlich unterhalten: Sie sollten Ihre *Aufmerksamkeit zeigen.* Interessierte Zwischenfragen – ohne dem anderen ins Wort zu fallen – verstehende Gesten und treffende Bemerkungen können Ihr Bemühen, ein guter Zuhörer zu sein, demonstrieren.

Hören Sie nicht nur, daß andere sprechen. Achten Sie auch auf ihre *Meinung.* Versuchen Sie, die Dinge, die Sie hören und erfahren, auch mit den Augen *anderer* zu sehen. Bringen Sie den Sorgen, Wünschen und Anschauungen anderer *Sympathie* entgegen, wenn es eben geht. Sie vergeben sich auch nichts, wenn Sie Vorschläge anderer oder ihre Ideen bewundern und dies auch zum Ausdruck bringen. Und scheuen Sie sich nicht, auch von Ihren eigenen Unzulänglichkeiten zu sprechen, wenn bereits ein gewisses Vertrauensverhältnis besteht. So sieht man Sie menschlich, so bringt man auch Ihnen Vertrauen entgegen, und das macht es oft auch unkomplizierter, einen Tadel auszusprechen, wenn es sein muß. Was das bedeutet, wenn es darum geht, andere zu motivieren, können Sie sich bestimmt vorstellen.

4.2.2 Rücksicht und Höflichkeit

Wer vorwärtskommen will, muß die Ellenbogen gebrauchen. Das ist die landläufige Meinung und das kann man auch nicht ganz verneinen. Doch als rücksichtslos zu gelten, hat meistens negative Wirkung, und so sollte man den Ellenbogengebrauch nicht übertreiben. Im Gegenteil, man sollte darum bemüht sein, ein Image zu entwickeln, das eher gute Leistungen, die zum Aufstieg geführt haben, deutlich macht. Rücksicht Schwächeren gegenüber kann man sich ohnehin leisten. Trotzdem werden Sie immer wieder Leuten begegnen, die scheinbar ihre Freude daran finden, rücksichtslos gegen alle vorzugehen, von denen sie selbst keine Gefährdung zu erwarten haben. Der bekannte Radfahrertyp gehört dazu. Nun muß man sogar zugeben, daß mancher seiner Rücksichtslosigkeit wegen gewisse Erfolge erzielen konnte, doch froh wird er seines Lebens deshalb nicht gerade geworden sein.

Rücksichtnahme heißt allerdings nicht, über alle Fehler hinwegzusehen. Oft ist es besser, bei der *Fehlerkorrektur* zu helfen, als Fehler nicht zu beachten. Wenn man dabei höflich verfährt, ist es umso besser. Höflichkeit ist ohnehin eine Tugend, die erfolgsfördernd wirken kann.

Liest man ältere Literatur, dann kann man den Eindruck gewinnen, daß man früher noch mehr von Höflichkeit hielt und ihr noch mehr Wirkung zuschrieb. So kann man etwa Bemerkungen wie die folgende finden: „Eine edle Höflichkeit repräsentiert ein Vermögen. Wer sie besitzt, braucht nicht reich zu sein, denn sie ist überall sein Paß; ihm öffnen sich alle Pforten und er kann ohne Bezahlung eintreten; er kann alles genießen, ohne kaufen und besitzen zu müssen, denn er ist überall willkommen wie die liebe Sonne. Und mit Recht! Er trägt ja überall Licht, Sonnenschein und Freude hin; er entwaffnet Eifersucht und Neid, denn er ist ja allen gleich freundlich gesinnt; und werden Bienen je einen mit Honig beschmierten Menschen stechen?" 39)

Nun, uns erscheint das heute reichlich pathetisch. Andererseits kann man die Wirkung natürlicher Höflichkeit kaum treffender und anschaulicher kennzeichnen.

Und noch eines ist wichtig: Höflichkeit *kostet wenig.* Meistens sogar nichts, und im Vergleich zum Aufwand ist die Wirkung ungeheuer.

Als guter Beobachter werden Sie natürlich herausgefunden haben, daß es eine *zweckdienliche* und eine wirklich *herzliche* Höflichkeit gibt. Wahre Höflichkeit, die uneigennützig gemeint ist, zahlt sich aber auch aus.

Höflichkeit geht auf viele kleine Wünsche anderer ein, erweist viele kleine Gefälligkeiten, und nicht zuletzt deshalb hat sie eine unwiderstehliche *Anziehungskraft.* Das kann sich auch auswirken, wenn es um neue Kontakte geht.

4.2.3 Kontaktfreude und Beziehungspflege

Wer Erfolge erzielen will, sollte *gute Verbindungen* nutzen, aber Verbindungen hat nicht jeder. „Wie steht es mit Ihren Verbindungen? Wissen Sie, wer für Sie etwas tun könnte und wissen Sie auch, für wen Sie etwas tun könnten? Machen Sie sich eine Liste, denn auch in diesem Zusammenhang sollte man sich eine Übersicht schaffen." 40)

Nun, wie ist Ihre Liste ausgefallen? Selbst, wenn es sich um eine sehr lange Liste handelt, sollten Sie nicht aufhören, nach *nützlichen Kontakten* zu suchen. Ist die Liste kurz, dann erst recht. Warum könnte die Liste aber kurz sein? Sind es vielleicht Hemmungen, die Ihre Kontaktfreude dämpfen? Dem kann abgeholfen werden, und Hemmungen an sich sind noch kein ernstes Hindernis.

Eigentlich steckt in jedem der Wunsch nach Kontakt, nach Kommunikation, Selbstdarstellung, Anerkennung oder wenigstens Resonanz. Jeder möchte sich anderen mitteilen oder mit anderen aktiv sein. Oft ist es aber einfach *Schüchternheit,* die dem entgegensteht.

Wer schüchtern ist, sollte sich zuerst klarmachen, daß die meisten Menschen Stärken und Schwächen haben, also kein Grund vorliegt, sich zu verbergen, seinen eigenen Fähigkeiten nicht zu trauen, anderen scheu gegenüberzustehen. Schüchterne Menschen bringen anderen oft sehr viel Wohlwollen entgegen, vergessen aber, daß auch ihnen Wohlwollen entgegengebracht wird. Also warum schüchtern sein? Zu fürchten ist nichts. Was sollte denn schon passieren? Ein Kontaktversuch, der danebengeht, ist immer noch besser als einer, den man erst gar nicht wagte. Man weiß nämlich, woran man ist.

Mancher hat *Angst,* Kontakt zu Vorgesetzten, Chefs, Behörden usw. aufzunehmen, doch wer Erfolg haben will, muß diese Angst ablegen, denn mitunter wird es sich als notwendig erweisen, zu ganz wichtigen Leuten vorzudringen.

Wichtige Personen können nicht nur nützlich sein. „Der Kontakt zu Personen, die wirklich etwas zu sagen haben, hat noch einen Vorteil. Sie neigen nicht so schnell dazu, ihr Geltungsbedürfnis hervorzukehren. Auch wenn Sie eine Stufe zu hoch geraten sind, kann das noch Vorteile haben, denn wenn Sie von einem hohen Entscheidungsträger an einen ihm unterstellten Mitarbeiter verwiesen werden, wirkt das manchmal wie eine Empfehlung. Die Gefahr liegt allerdings darin, daß sich der Mitarbeiter übergangen fühlt." 41)

Es genügt natürlich nicht, Kontakte zu suchen und zu finden. Kontakte muß man auch pflegen. Das gilt aber nicht nur für Einzelpersonen. *Beziehungspflege* kann ebenso wichtig sein, wenn es sich um Beziehungen zu Gruppen, Firmen, Verbänden oder um öffentliche Beziehungen handelt. Allerdings kann man davon ausgehen, daß Beziehungspflege auch dann mit Personen zusammenhängt, wenn es um Beziehungen zu Organisationen oder Körperschaften geht.

Beziehungen pflegen heißt zuerst einmal, *Kontakte nicht einschlafen lassen.* Wenn Sie darüber nachdenken, zu wie vielen Personen Sie gute Kontakte hatten, die eingeschlafen sind, dann werden Sie sich die Frage stellen, warum das so ist. Vielleicht lag es an Ihrer Trägheit, vielleicht haben Sie den Kontakt aber auch bewußt abgebrochen, weil er Ihnen nicht sinnvoll erschien. Andererseits kann aber auch von der anderen Seite keine Resonanz mehr gekommen sein.

Beziehungspflege erfordert *Aufmerksamkeit.* Man muß sich schon etwas Mühe machen, wenn man gute Beziehungen pflegen will. Auch hier sind es wieder die kleinen Aufmerksamkeiten, die zählen, aber unmotiviert und übertrieben sollte man niemandem auf die Nerven fallen. Das sollte man auch beherzigen, wenn man sich dazu entschließt, gute Beziehungen zu nutzen. Denn wer eine Beziehung ungebührlich strapaziert, sollte sich nicht wundern, wenn dadurch die gute Beziehung leidet.

4.2.4 Erfolgreicher Umgang mit Kunden

Gute Beziehungen zu Kunden sind besonders beachtenswert, denn sie dienen nicht nur dem guten Verkaufsergebnis, sondern auch dem persönlichen Erfolg. Ein entscheidender Maßstab im Zusammenhang mit Kundenbeziehungen ist das *Verkaufsgespräch.* Und weil von einem Verkaufsgespräch viel abhängt, sollte man es nicht unbesonnen führen. Wenn Sie sich also auf ein Verkaufsgespräch vorbereiten, dann sollten Sie z.B. folgendes im Auge behalten:

● Hauptziel und Ausweich- oder Mindestziel
● Bedürfnisse und Ziele des Kunden
● Wahrscheinliches Verhalten des Kunden
● Argumente zur Zielerreichung
● Mögliche Gegenreaktionen und Antworten
● Verhandlungsspielraum und Taktiken
● Visuelle Hilfen. 42)

Manche Verkäufer fertigen *Argumentenlisten* an, um immer die besten Argumente zur Hand zu haben, andere legen für jedes Verkaufsgespräch ein besonderes Vorgehen fest oder bestimmen wenigstens eine *Generallinie,* an die sie sich bei allen Verkaufsgesprächen halten und die etwa folgendes beinhalten könnte:

Sie und die anderen

- Es ist besser, weniger zu sagen als zuviel
- Die wichtigsten Aussagen klar und prägnant präsentieren
- Kurze Sätze sind leichter verständlich als lange
- Es muß dem Kunden leichtgemacht werden zuzuhören. 43).

Nicht vergessen sollte man auch, daß Verkaufsgespräche nicht nur aus Informationen bestehen, sondern auch aus beeinflussenden Faktoren, die oft den *Emotionalbereich* ansprechen müssen. ,,Den Kunden überzeugen zu wollen, ohne seine Wünsche, seinen Bedarf oder seine Probleme zu kennen, ist ziemlich hoffnungslos. Darum sollte die Überzeugungsphase erst beginnen, wenn die Richtung bekannt ist, in die sie zielen muß. Erkennen muß man auch, daß nicht nur Worte überzeugen.'' 44) Auch das *Angebot* muß überzeugen und nicht zuletzt die *Persönlichkeit* des Verkäufers.

,,Sie müssen davon überzeugt sein, daß Ihre Argumente Unsicherheiten beseitigen sollen.'' 45) Dabei dürfen Sie jedoch nicht außer acht lassen, daß Ihre Kunden den Wert Ihrer Argumente einschätzen und daß es weniger auf die Menge als auf den *Wert* Ihrer Informationen ankommt 46).

Wenn jemand glaubt, bleibender Erfolg beim Umgang mit Kunden könnte dadurch erzielt werden, daß man Kunden zu ihrem Glück zwingen muß, dann wird die Praxis ihn eines anderen belehren. Auch aggressive Verkäufer sollten erkennen, daß es keinen Sinn hat, den Kunden kompromißlos zu überfahren. ,,Ausgehend von der Zielvorstellung, daß der Kunde durch den Verkäufer so beeinflußt werden soll, daß er sich von sich aus dem Angebot zuwendet, können wir feststellen, daß es zunächst auf eine bestimmte Zielrigorosität (Domination) auf der Seite des Verkäufers ankommt, andererseits aber ist es notwendig, auch den Kunden mit seinen bestimmten Bedürfnissen und Neigungen nicht zu frustrieren, sondern sich darstellen zu lassen, damit keine unbewußten Kaufsperren entstehen. Letztere Bereitschaft des Verkäufers, auf die Neigungen des Kunden einzugehen, könnten wir auf der Seite der integrativen Verhaltensformen finden. Wenn infolgedessen sowohl dominante als auch integrative Verhaltensformen bei einer optimalen Beziehung zwischen Verkäufer und Kunden vorhanden sein müssen, kommt es darauf an, Domination und Integration ihrer Stärke nach und in ihrem Verhältnis zahlenmäßig auszudrücken.'' 47) Der optimale Quotient aus *integrativen* und *dominativen* Einstellungen beträgt übrigens 1,9, was bedeutet, daß nicht ganz doppelt so viele integrative wie dominative Einstellungen bei der Kundenbeeinflussung deutlich werden sollten, was für den erfolgreichen Umgang mit Kunden von großer Bedeutung ist.

5 SELBSTMANAGEMENT

Wenn heute von Selbstmanagement gesprochen wird, weiß man, was gemeint ist. Trotzdem soll hier eine kurze Erläuterung des Begriffs gegeben werden, denn wie so viele Amerikanismen könnte auch dieser Begriff hier und dort zur Verunsicherung beitragen. „Statt ‚Selbstmanagement' bietet sich der Begriff ‚Selbststeuerung' an. Sicher, er hat einen etwas technischen Beigeschmack, doch den Vorteil besserer Verständlichkeit." 48) Es handelt sich also um *Zielsetzung, Planung, Zeiteinteilung, Arbeitstechnik, Ordnen, Organisieren* und *Kontrollieren,* und das vor allem im Zusammenhang mit eigenen Verhaltensweisen, Tätigkeiten und Gewohnheiten. Das macht es auch verständlich, daß man hier und dort mit der Meinung konfrontiert wird, im Mittelpunkt des Selbstmanagement stehe die *Verhaltensänderung.* Dem kann man weitgehend zustimmen. Es geht aber nicht um die persönliche Verhaltensänderung allein, sondern auch noch um die Veränderung des persönlichen *Umfeldes,* sofern diese Veränderung das Selbstmanagement unterstützen kann. Dabei ist z.B. an die Organisation des Arbeitsplatzes oder an bestimmte Organisationsmittel zu denken, andererseits aber auch an die Eliminierung störender Faktoren, die nicht unbedingt aus dem eigenen Verhalten herrühren müssen, also z.B. störender Einfluß von Drittpersonen.

5.1 Chancen suchen, Ziele setzen

Selbstmanagement ist Willenssache, bedeutet manchmal Umstellung, oft sogar auch Anstrengung, bevor Erleichterung eintritt und Effizienz zu erkennen ist. Da fragt man sich natürlich, ob Selbstmanagement in jedem Falle einen Sinn hat oder ob, wie in anderen Fällen auch, hier Aufwand und Vorteil in vernünftiger Relation stehen sollten.

Natürlich könnte man seinen gesamten Lebenswandel reformieren, doch leider würde man erst später feststellen, ob es Zweck hatte oder nicht. Darum empfiehlt es sich, so vorzugehen, als arbeite man an einem Mosaik. Demzufolge sollte man zuerst nach einer *Chance suchen,* sollte herausfinden, wo sich eine *Möglichkeit* ergibt, etwas zum eigenen Vorteil zu erreichen, wenn man sich entsprechend einsetzt. Nun sollte man genau definieren, *was* man erreichen will. Daraus kann man dann konkrete Ziele ableiten, und im Hinblick auf diese Ziele sollte man die Frage stellen, welche *Verhaltensänderungen* und *organisatorischen Konstellationen* notwendig sind, um diese Ziele in nützlicher Frist zu erreichen.

Wenn Sie so vorgehen, werden Sie jeweils nur die mit dem *Ziel* zusammenhängenden Verhaltensweisen ändern müssen. Bei anderen Zielen können es andere Verhaltensweisen sein, die geändert werden müssen. Teilweise werden Sie aber auch schon geändertes Verhalten einsetzen können. So werden Sie von Ziel zu Ziel effizienter agieren, denn Sie haben, während Sie dem jeweiligen Ziel zustrebten, auch bewerten können, ob sich die jeweilige Verhaltensänderung lohnte, weiter beibehalten werden sollte oder sogar vervollkommnet, wenn es darum geht, neue Ziele zu erreichen. Das ist sicherer und nicht so mühsam, als wenn man in einem bestimmten Augenblick *alles* ändern wollte, was ja auch schon aus zeitlichen Gründen kaum möglich wäre.

Wer sich Ziele setzt, sollte sich auch über die *Zielqualität* klar sein, und bei der Beurteilung der Zielqualität erhebt sich auch die Frage, ob es sich überhaupt lohnt, das Ziel im Augenblick anzustreben.

5.1.1 Setzen Sie Prioritäten

Die Fähigkeit, Prioritäten zu setzen, ist nicht nur wichtig, wenn es um die Frage geht, *welche* Ziele man *zuerst* ansteuern soll. Prioritäten sollten Sie bereits festlegen, wenn Sie die *allgemeine Richtung* Ihres Fortkommens bestimmen. Sie müssen herausfinden, was *wirklich* wichtig für Sie ist, was Sie wirklich interessiert und was Ihren Anlagen am besten entspricht. Lassen Sie sich nicht auf Zweitrangiges ein, auch wenn das, was Priorität haben sollte, mehr Aufwand, mehr Geduld und mehr persönlichen Einsatz erfordert.

Prioritäten setzt man allerdings nicht nur, wenn es um hohe Ziele geht. Fast täglich muß man entscheiden, was zuerst getan werden muß und was später erledigt werden kann, und immer geht es dabei darum, das Wichtige von weniger Wichtigem zu trennen. Vor allem darf man *nichts dem Zufall überlassen* und sich vor Entscheidungen drücken.

Prioritäten setzen, das kann man aber nur, wenn man *sachkundig* ist, wenn man auch die Auswirkungen beurteilen kann, die von Klassifizierungen oder Rangordnungen ausgehen. Wo aber Sachkunde fehlt, sollte erst der Mangel an Sachkunde beseitigt werden, denn wer Prioritäten setzt, sollte auch kompetent sein.

5.1.2 Zielplanung

Welche Ziele man setzt, das sollte geplant sein, ebenso planen sollte man aber, wie man die gesetzten Ziele erreichen kann. In beiden Fällen sollte man allerdings wissen, wie zweckmäßig geplant wird.

Planen ist *Willensbildung*. Planen muß sein, und trotzdem hat es im Zusammenhang mit der eigenen Person einen negativen Beigeschmack. Leute, die sich total verplanen, gelten als nicht besonders menschlich, aber das sollte nicht davon abhalten, Zielplanung im vernünftigen Sinne zu betreiben.

Planen, das heißt vor allem *vorausdenken* und verlangt vor allem *systematisches* Vorgehen. Planen ist alles andere als Improvisation. Planen verlangt *analytisches Denken*.

Darum sollten Sie bei Ihrer Planung mit einer Übersicht aller möglichen Bedingungen und Einflüsse beginnen, die Ihren Plan betreffen könnten. Die von Ihnen festgestellten Bedingungen und Einflüsse sollten Sie dann in zweckmäßiger Weise kombinieren und herauszufinden versuchen, wie sie sich im Sinne des Zieles günstig beeinflussen lassen. Sie sollten versuchen, die verschiedenen Kombinationen zu *bewerten* und die beste herausfinden.

Planen darf nicht bürokratisieren. Das wäre bei Überplanung der Fall, denn da gibt es zu viele Details. So etwas kann aus Übereifer und Unerfahrenheit passieren, aber das ist nicht so schlimm wie Unterplanung.

Unterplanung kann Improvisation zur Folge haben, und das bedeutet Unsicherheit, wenn nicht gerade ein Improvisationskünstler am Werke ist. Auch das gibt es, aber gewöhnlich besteht eher die Gefahr des Chaos.

Selbstverständlich kann es *Plantoleranzen* geben, aber die muß man in Engpaßbereichen kleinhalten, und die Toleranzen sollten klein sein, wenn es um Nahziele geht und sie dürfen erst bei Fernzielen größer werden.

Wenig Zweck hat Planung, wenn sie nicht *kontrolliert* wird, keinen Zweck hat sie, wenn man sie nicht ausführt und nach allen Planungsbemühungen ‚weiterwurstelt‘ wie ehedem.

5.1.3 Nicht auf Zufallschancen hoffen

Der schicksalschwere Ausdruck: „Ich warte, bis meine Stunde gekommen ist", wird weit weniger gebraucht, wenn damit das Ableben gemeint ist, sondern eher dann, wenn jemand kundtun will, daß er nur auf einen günstigen Moment warte, um richtig zuschlagen oder seine Schäfchen ins Trockene bringen zu können. Meistens wird aus solchen großsprecherischen Ankündigungen nichts, denn sie werden meistens von solchen Leuten in die Welt gesetzt, die selbst in der günstigsten Stunde nicht wissen würden, was sie anfangen sollten, um Erfolg zu haben. Es sind dieselben Leute, die am Ende ein Leben lang auf ihre große Chance gewartet haben. Sie haben dem Zufall alle Chancen überlassen und wahrscheinlich immer mit dem Irrtum gelebt, daß es fähigen Leuten wie ihnen einfach zustehe, irgendwann und auf irgendeine Weise Erfolg zu haben. Sie äußerten die Gewißheit ihrer erfolgreichen Zukunft ungeniert und überzeugt. Bei der Antwort auf die Frage, wie es aber zu dem Erfolg kommen könnte, spielte dann das Wort ‚irgendwie‘ eine Schlüsselrolle. Irgendwie heißt aber, daß man nicht weiß, wie. Das heißt auch, daß man niemals geplant, keine Ahnung und nicht einmal den festen Willen hat, Erfolg zu haben, wenn man dafür etwas tun muß. So sieht das aus. Achten Sie deshalb in Zukunft auf das Wörtchen ‚irgendwie‘.

5.2 Ihre Zeit, Ihr kostbarster Besitz

Zeitempfinden ist weitgehend subjektiv, dennoch kann man auf *generelle Zeitbetrachtungen* nicht verzichten. ,,Wir alle wissen es, doch viele verdrängen es: die uns zur Verfügung stehende Lebenszeit ist begrenzt. Sollte nicht diese unabänderliche Tatsache allein schon Grund genug sein, jedes unserer 70, 80 oder noch mehr Lebensjahre persönlich so wertvoll zu gestalten, daß wir zu jeder Jahreswende behaupten können: dieses Jahr zu leben hat sich gelohnt; es hat mich meiner Selbstverwirklichung und meinen Zielen näher gebracht.‘‘ 49)

Wenn Sie sich jetzt die Frage stellen, wie Sie die Zeit eines vollen Jahres verbringen, dann werden Sie keine genaue Antwort finden. Auch über die Zeit einer Woche oder eines Monats genaue Auskunft zu geben, ist schwierig, wenn man nicht darauf vorbereitet ist. Wenn man aber z.B. über die *Zeit einer Woche* nachdenkt, wird die Beurteilung schon einfacher. Versuchen Sie es doch!

Gehen Sie zuerst davon aus, daß die Woche noch immer 7 Tage hat. Da jeder Tag 24 Stunden hat, besteht eine Woche aus 168 Stunden. Schlafen Sie nächtlich 8 Stunden, dann werden Sie von den 168 Stunden bereits 56 verbrauchen. Es bleiben also 112 Stunden übrig. Davon sollten Sie mindestens 40 Arbeitsstunden abziehen, dann verbleiben 72 Stunden. Das alles sind Nettozeiten. Sie müssen also noch über Arbeitswege, Überstunden und Pausen nachdenken. Dann sollten Sie berücksichtigen, daß auch die Mahlzeiten zu Buche schlagen. Auch Zeit für Körperpflege sollten Sie einsetzen und ebenso die Zeit, die Sie benötigen, um sich anzukleiden. Dazu müssen Sie herausfinden, welches Zeitvolumen Ihre Hobbies wöchentlich in Anspruch nehmen und auch den Zeitaufwand, den eventuelle Verpflichtungen erfordern, müssen Sie festhalten.

Wenn Sie auf diese Weise Ihren ganz persönlichen Zeitverbrauch analysieren, dann werden Sie – wie die meisten Menschen – am Ende feststellen, daß einige Stunden übrig bleiben, von denen Sie nicht wissen, wo sie geblieben sind. Das ist der Ansatzpunkt, den Sie brauchen, um *Zeitverschwendung* zu bekämpfen.

5.2.1 Zeitverschwendung bekämpfen

Sie waren doch bei Ihrer Zeitanalyse gewissenhaft, und doch ist Ihnen nicht klar, wie es *Leerzeiten* geben konnte, Stunden, die einfach verronnen sind, ohne sie erfassen zu können. Wahrscheinlich liegt das daran, daß der Block der Leerzeiten sich täglich nur in kleinen Zeitabschnitten zeigt, in Minuten etwa, die zwischen zwei Aktivitäten liegen, an die Sie sich erinnern konnten, aber viele Minuten ergeben Stunden, und das sollte Sie hoffen lassen, Ihren Zeiteinsatz erheblich verbessern zu können. Bevor Sie damit beginnen, sollten Sie sich aber noch mit einigen Punkten befassen, die nützlich sein könnten, wenn Sie Ihren Zeithaushalt in Ordnung bringen wollen:

„ *1. Verwenden Sie Ihre Zeit grundsätzlich für Dinge, die Ihnen persönlich am wichtigsten erscheinen.*

2. Teilen Sie Ihre Zeit nach einem Plan ein, aber so, daß Sie auch Unvorhergesehenes berücksichtigen können.

3. Lassen Sie sich nicht von der Zeit hetzen. Versuchen Sie also nicht, aus einer Zeitspanne mehr herauszuholen als nötig ist.

4. Steht Ihnen für eine Aufgabe verhältnismäßig viel Zeit zur Verfügung, dann lösen Sie diese Aufgabe trotzdem so schnell, wie sie bei gewissenhaftem Einsatz zu lösen ist. Legen Sie die gewonnene Zeit nutzbringend an oder entspannen Sie sich.

5. Meiden Sie Leute, die Ihnen Zeit stehlen oder auf Ihre Kosten Zeit und Geld gewinnen wollen.

6. Versuchen Sie, weniger wichtige Routinehandlungen so weit wie möglich zu vereinfachen, um Zeit freizusetzen.

7. Legen Sie sich in bestimmten Zeitabständen Rechenschaft über Ihren Zeiteinsatz ab.

8. Nutzen Sie auch kleine und kleinste Zeiteinheiten.

9. Schieben Sie Arbeiten nicht auf, machen Sie sich von Unbehagen frei, indem Sie unangenehme Arbeiten sofort erledigen.

10. Gründlicher als gründlich kann niemand sein. Leute, die behaupten, alles besonders gründlich zu machen, wollen bisweilen damit nur ihre Langsamkeit rechtfertigen.

11. Sagen Sie nie, daß es sich erst gar nicht lohne, anzufangen. Es lohnt sich immer, denn Sie wissen ja, daß man auch die kleinsten Zeiteinheiten nutzen soll.

12. Schöpferische Pausen sind unbedingt notwendig, planloses Nichtstun ist mit gestohlener Zeit gleichzusetzen." 50)

Wenn Sie diese Empfehlungen in Ihre Überlegungen einbeziehen, werden Sie Ihren Zeithaushalt eher *praktisch* einteilen, ganz gleich, wo Sie auch anfangen. Sie werden auch wissen, daß es wenig Sinn hat, sich zum Sklaven der eigenen Zeit zu machen. Wenn Sie schon Zeitplanung betreiben, dann geht es doch lediglich darum, Zeitverschwendung zu vermeiden und die Ihnen zur Verfügung stehende Zeit vernünftig zu nutzen.

5.2.2 Zeit einplanen – Zeit gewinnen

Zeitgewinn im wörtlichen Sinne gibt es gar nicht, denn die Zeit selbst verrinnt, Sekunde um Sekunde, ohne daß wir darauf Einfluß nehmen können. Das ist Ihnen klar. Es muß also um etwas anderes gehen, wenn hier von Zeitgewinn die Rede ist. Es geht z.b. darum, zu verhindern, daß Ihnen immer wieder wertvolle Zeit *entgleitet,* aber es geht auch darum, daß Sie versuchen, aus Ihrer Zeit *mehr zu machen.* Dabei gibt es verschiedene Ansätze, die ganz verschieden sein können. Greifen wir deshalb ein populäres Beispiel heraus.

Denken Sie einmal an Ihre *Termine,* die ja auch mit der Zeitplanung zusammenhängen. Wollen Sie Ihre Termine in ein effizientes Ordnungssystem bringen, dann sollten Sie zuerst feststellen, ob bei Ihnen *regelmäßige, unregelmäßige, kurzfristige* oder *langfristige* Termine anfallen. Der tägliche Arbeitsbeginn ist z.b. ein regelmäßiger Termin. An diesem Beispiel erkennen Sie schon, daß man die regelmäßigen Termine, die schnell wiederkehren, sehr leicht in den Griff bekommen kann. Da kann also kein Problem liegen. Aber regelmäßige Termine, die nicht so oft wiederkehren, könnten schon Schwierigkeiten machen. Oder haben Sie noch nie einen Geburtstag übersehen, an den Sie besser hätten denken sollen?

Notieren Sie also alle wöchentlich, monatlich und jährlich *wiederkehrenden* Termine. Dann setzen Sie auch die *unregelmäßigen* Termine für ein Jahr – so weit sie Ihnen bekannt sind – ein. Dazu braucht man nur einen einfachen Terminkalender. Heute sind ohnehin meistens Taschenkalender in Gebrauch, die über eine Tages- und Stundeneinteilung verfügen. Wenn Sie Ihre Aufstellung verfolgen und den vermutlichen Zeitaufwand addieren, wissen Sie – wenn auch eher über den Daumen gepeilt – welche Zeit Ihre Termine in Anspruch nehmen. Sie können aber auch Kollisionen vermeiden und besondere Termine aufeinander abstimmen.

Ähnlich können Sie auch mit anderen Faktoren des Zeithaushaltes verfahren, aber bevor Sie damit fortfahren, sollten Sie sich die Frage stellen, ob Sie der Mensch dazu sind, einem Zeitplan zu folgen, ohne Abweichung, tagtäglich, nur auf Zeitgewinn aus. Aber denken sie daran, daß bewußtes Haushalten mit der eigenen Zeit auch zum *bewußteren, intensiveren Leben* führen und durchaus Spaß machen kann.

Sollten Sie sich für das Zeitmanagement entscheiden, dann sollten Sie sich zuerst noch einige Fragen stellen. Mußten Sie sich vor dem letzten Urlaub ungeheuer plagen, um beruhigt Urlaub nehmen zu können? Haben Sie wieder alles selbst gemacht, obwohl Ihre Kollegen oder Mitarbeiter Ihnen viele Arbeiten hätten abnehmen können oder eigentlich sogar hätten tun müssen, weil sie zu deren und nicht zu Ihren Aufgaben zählen? Wie oft haben Sie nach Dingen gesucht, die eigentlich griffbereit sein sollten? Wie oft haben Sie auf andere gewartet, die Ihnen schon immer als unpünktlich bekannt waren? Mußten Sie Ihre Hobbies einschränken? Fühlten Sie sich gestreßt? Glauben Sie, daß alles, was Sie gemacht haben, wirklich notwendig war? Wozu sind Sie beim besten Willen nicht gekommen? Gehen Sie diesen Fragen nach, dann werden Sie erkennen, daß es für Ihre Zeitplanung ein weites Feld gibt.

5.3 Ordnen und organisieren

Ordnung ist das halbe Leben. Diese Volksweisheit kennen Sie ja, und auch die enge Verbindung von Ordnung und Organisation wird Ihnen klar sein. Organisieren, das ist Gestalten nach Ordnungsprinzipien, also eine eher kreative als bürokratische Angelegenheit, aber während die Organisationsplanung eine weitgehend schöpferische Angelegenheit ist, erfordert das Verhalten innerhalb des durch die Organisation gesetzten Rahmens sehr viel Disziplin. Das zu wissen ist wichtig, denn Organisation hat nur Zweck, wenn sie in der *Praxis* realisiert wird.

Natürlich muß man motiviert sein, wenn man sein eigenes Leben organisieren will, doch das sollte gelingen, wenn wir uns gründlich klarmachen, daß jede Sekunde unseres Lebens unersetzlich ist und die Verantwortung für jede Sekunde eigentlich bei uns liegt.

Für den Einstieg hier noch einige Hinweise, die an das vorangegangene Thema anknüpfen und die zeigen, wie man bei der Organisation eines Tages vorgehen kann:

„1. Aufgaben zusammenstellen
 2. Länge der Tätigkeiten schätzen
 3. Pufferzeiten für Unvorhergesehenes reservieren
 4. Entscheidungen über Prioritäten, Kürzungen und Delegation treffen
 5. Notizen ins Zeitplanbuch oder Tagesvormerker übertragen." 51)

Aus dieser kurzen Anweisung geht auch hervor, daß es nützlich ist, ein *Zeitplanbuch* anzulegen, aber das sollte in zweifacher Weise geschehen. Auch hier reicht meistens ein übersichtlicher Taschenkalender aus.

Wenn Sie weiter damit fortfahren, sich selbst organisieren zu wollen, dann sollten Sie allerdings nicht planlos fortschreiten. Nützlich wäre es bestimmt, wenn Sie sich zuerst folgende Fragen stellten, deren Beantwortung wegweisend sein könnte:

„1. Was soll organisiert werden?
 2. Warum soll organisiert werden?
 3. Wie soll organisiert werden?
 4. Wann soll organisiert werden?" 52)

Beginnen Sie bei der Organisation mit einfachen Dingen. Wenn Sie Bücher oder Schallplatten besitzen, bietet sich z.B. Gelegenheit zu einer kleinen Organisationsübung. Denn wer eine kleine Kartei über seine Bücher oder Schallplatten zusammenstellt, wird auch in der Lage sein, andere Gegebenheiten in ein Ordnungssystem zu bringen.

5.3.1 Persönliche Ordnungssysteme

Sie sehen, es geht nicht nur ums Time-Management, obwohl man klar sehen muß, daß Ordnungssysteme letzten Endes auch der Zeitersparnis dienen. Es geht aber auch um den persönlichen *Arbeitsstil*. Auch in dieser Hinsicht sollten Sie einige Hinweise in Ihre Überlegungen einbeziehen:

„– Auf die Arbeitsfläche gehört immer nur ein Vorgang
 – Ein stets aufgeräumter Schreibtisch fördert die Konzentration
 – Lösen von liebgewordenen Gewohnheiten und Selbstdisziplinieren
 – Nicht springen
 – Klare Unterscheidung von wesentlichen und weniger wesentlichen Aufgaben
 – Nicht: Was möchte ich als nächstes tun? Sondern: Was ist jetzt das Wichtigste?
 – Vorgehen nach geplanten Prioritäten
 – Schaffung einer überschaubaren Arbeitszeitstruktur
 – Alles, was gerade nicht bearbeitet wird: Aus den Augen, aber nicht aus dem Sinn
 – Dazu ist notwendig: Sichtbarmachung aller anstehenden Erledigungen nicht durch Herumliegenlassen, sondern durch einen Terminkalender (Zeitplanbuch), eine Wiedervorlagemappe und sinnvolles Arbeits-Ablagesystem
 – Und letztlich: Laufende Selbstkontrolle und Absprache mit Ihrer Sekretärin, die auch hierbei Ihre Assistentin sein kann." 53)

Nun verfügt man nicht immer über eine Sekretärin, doch auch andere Mitarbeiter können eingeschaltet werden, wenn es um *ordentliche Arbeitsabläufe* und um *Ordnung* schlechthin geht. Ordnung ist eine tragende Säule persönlicher Arbeitstechnik. Darum sollte man sie ständig im Auge behalten. „Die Erfahrung sagt und beweist uns immer wieder, daß sich kleine Unordnungen, die nie repariert werden, irgendwann einmal zu einer großen Unordnung auszuwachsen pflegen, die aus der Welt zu schaffen dann viel schwieriger ist." 54)

5.3.2 Persönliche Arbeitstechnik

Wenn man den Begriff Technik als Prozeß der *Auseinandersetzung mit Arbeitsaufgaben* sieht, „so kann unter persönlicher Arbeitstechnik das Handlungspotential verstanden werden, das die Auseinandersetzung mit Arbeitsaufgaben und ihren technisch-organisatorischen Determinanten im Prozeß des Arbeitens ermöglicht." 55)

Arbeitstechnik hat einen *sachlichen* und einen *menschlichen* Bereich. Nicht nur, weil persönliche Arbeitstechnik auch außerhalb des Arbeitsplatzes wirksam werden kann, sondern weil eine Sachaufgabe und ihre Lösung auch heute noch nicht ohne menschliche Aktivität zu bewältigen ist. Selbst automatisierte Systeme sind am Ende ohne menschliche Aktivität nutzlos oder sie hätten erst gar nicht erstellt werden können. Dem kann widersprochen werden, denn die Zahl derer, die den Wirkungsgrad der Elektronik maßlos überschätzen, ist nicht klein.

Glücklicherweise brauchen wir das Thema nicht global zu sehen, denn der persönliche Bereich soll ja im Vordergrund stehen. Darum können wir sofort zu einer wichtigen Sache kommen: „Durch gute Vorbereitung kann man viel Zeit sparen. Man braucht nicht erst lange zu suchen oder zusammenzutragen, zu fragen oder zu überlegen, sondern man kann gleich mit der Arbeit beginnen, sobald ihr Zeitpunkt gekommen ist." 56) Das hört sich sehr simpel an, ist aber von großer Bedeutung, wenn es darum geht, *effizienter* zu arbeiten. Schlimmer als unvorbereitet zu starten ist es aber, unliebsame Arbeiten vor sich herzuschieben. Aber dann, wenn die Arbeit unbedingt erledigt werden muß, gerät man in Panik. Die Arbeit wird unter Zeitdruck in Angriff genommen, und manchmal muß man alles aus sich herausholen, um überhaupt fertig zu werden. So gerät man in Streß und in Terminschwierigkeiten, dabei sollten *Pünktlichkeit* und *Termintreue* wichtige Ziele der persönlichen Arbeitstechnik sein.

„Termintreue wird immer geschätzt. Darum sollten Sie sich bemühen, Termine einzuhalten. Falls dies einmal nicht geht, dann sagen Sie es rechtzeitig. Auch gute

Ausreden glaubt man Ihnen kaum. Kalkulieren Sie stets einen Sicherheitsspielraum ein und planen Sie bei größeren Projekten schriftlich." 57) Natürlich erfordern Notizen etwas mehr Aufwand, der Mehraufwand lohnt sich schon der Sicherheit wegen.

Mittelpunkt aller Bemühungen um eine bessere persönliche Arbeitstechnik sollte aber die reale Einschätzung der eigenen *Situation* sein. Darum sollten Sie unverzüglich mit einer klaren Einschätzung beginnen, und das können Sie schon hier, indem Sie die folgenden Fragen beantworten:

„– Ich muß alles selbst machen
- Ich habe keine qualifizierten Mitarbeiter
- Meine Mitarbeiter sind überlastet
- Der Aktenberg ‚Unerledigtes‘ wird höher, weil trotz 16-Stunden-Tag mehr Aufgaben hinzukommen, als weggearbeitet werden können
- Ein ungestörtes kreatives Arbeiten ist nicht möglich, da Mitarbeiter und Kunden laufend meine Anwesenheit für Entscheidungen verlangen
- Eine Planung ist nicht möglich, da Unvorhergesehenes oft höchste Dringlichkeit hat." 58)

Nun, haben sie Ihr Votum abgegeben? Wie oft haben Sie ‚nein‘ angekreuzt? Wenn das mehr als dreimal war, dann sieht es mit Ihrer Arbeitstechnik nicht einmal schlecht aus. War es aber weniger, dann müssen Sie etwas unternehmen und sich selbst vor allem viel strenger *kontrollieren*.

5.4 Selbstkontrolle – Erfolgskontrolle

Kommen wir noch einmal auf Ihr Ergebnis bei der Beantwortung der vorangegangenen Fragen zurück. Wenn Sie mit dem Ergebnis nicht zufrieden sind, dann sollten Sie umgehend eine Kontrolle durchführen, die sich auf folgende Fragen stützt:

„– Auf welche Tätigkeiten, die mehr als dreißig Minuten in der Woche beanspruchen, können Sie verzichten?
- Welche Aufgaben, die eine Stunde oder mehr beanspruchen, sind in der halben Zeit oder schneller zu schaffen?
- Welche Tätigkeiten, die dreißig Minuten oder mehr in der Woche beanspruchen, können komplett an Untergebene delegiert werden?" 59)

So, wenn Sie diese Fragen beantwortet haben, können Sie sich entscheiden. Bestimmt wird es etwas geben, worauf man verzichten kann. Manches könnte gewiß schneller gemacht werden, und delegieren ließe sich einiges. Versuchen Sie es. Und dann führen Sie eine *Erfolgskontrolle* durch.

Erfolgskontrollen kann man allerdings nur durchführen, wenn sich die Erfolge auch deutlich ermitteln lassen. So bereitet z.B. die sehr wichtige Werbeerfolgskontrolle Schwierigkeiten, weil sich meistens nur schwer feststellen läßt, welcher Teil des Erfolges der Werbung und welcher anderen Absatzbemühungen zugeschrieben werden muß 60). Mit vielen anderen Dingen geht es ebenso. Das sollte aber nicht dazu verleiten, wenn Abgrenzungsschwierigkeiten vorliegen, ganz auf Kontrollen zu verzichten.

Erfolgskontrollen sollte man nicht scheuen, auch nicht, wenn man das Ergebnis fürchtet, denn ohne Kontrolle gibt es keine *Korrektur*.

Noch eines sollte man sich durch den Kopf gehen lassen: Selbstkontrolle ist nicht die einzige Kontrollart, der man sich im Leben unterwerfen muß. Wir müssen auch mit *Fremdkontrollen* rechnen. Davon kann sich keiner freisprechen. Fremdkontrollen gibt es immer. Denken Sie doch nur an die Radarfalle. Auch der könnten Sie durch Selbstkontrolle entgehen, wenn Sie die von Ihnen gefahrene Geschwindigkeit mittels Tachometer selbst kontrollierten. Das wäre besser, und besser wäre es auch, wenn Sie Ihre Erfolge *objektiv* prüften, denn dann würde es Ihnen auch nicht an Argumenten fehlen, wenn Ihnen jemand Ihre Erfolge streitig machen will.

6 PERSÖNLICHKEITSENTFALTUNG

Der Begriff Persönlichkeitsentfaltung ist heute etwas in den Hintergrund getreten, weil man zu viel von Selbstverwirklichung spricht und er beinhaltet eigentlich auch etwas anderes. Während man im Zusammenhang mit der Selbstverwirklichung oft davon ausgeht, es käme nur darauf an, bereits Vorhandenem die Freiheit zu geben, ungehindert hervorzutreten, wird meistens dann, wenn man von Persönlichkeitsentfaltung spricht, nicht übersehen, daß dabei auch *Selbstbeeinflussung* mit im Spiel sein muß.

Als Selbstbeeinflussung „bezeichnet man das gewollte Streben nach Änderung eines uns unerwünschten oder nach Schaffung eines uns erwünschten Zustandes unserer eigenen Persönlichkeit. Insbesondere aber kennzeichnen wir mit diesem Wort die selbstgesteuerte Beeinflussung des eigenen Wollens." 61)

Wer sich selbst beeinflussen möchte, muß es *wirklich* wollen, aber wie es aus dem Zitat deutlich wird, sollte die Beeinflussung *gesteuert* sein. Steuerung von außen, also durch Drittpersonen, durch ein Institut oder durch einen Kurs wäre gewiß einfacher, doch es kommt ja gerade darauf an, selbst soviel Kraft aufzubringen, um die Beeinflussung zu steuern. Wer das fertig bringt, dem sollte es auch gelingen, seine Persönlichkeit zu fördern und zu entfalten, was im ersten Ansatz bereits durch die Förderung der eigenen *Fähigkeiten* gelingen kann.

Nun, wer sich selbst entfalten will, um dadurch Erfolg und Anerkennung zu ernten, wird manches dafür tun müssen. Je höher man hinaus will, desto größer wird die Anstrengung sein müssen, und wer einen *bevorzugten Platz* einnehmen will oder sich gar zu denen rechnen möchte, die man als *Elite* bezeichnet, wird nicht nur Anstrengungen hinnehmen, um die Fähigkeiten ins Optimum zu bringen, sondern auch den hohen Grad seiner Fähigkeiten propagieren müssen, um die nötige Aufmerksamkeit zu finden.

Fragen wir uns doch, ob das heute alles nötig ist. „Eine Zeit, die aus der Gleichberechtigung die integrale Chancengleichheit abzuleiten sucht, eine Zeit, in der extreme Idealisten und real denkende Extremisten die Illusion der gesellschaftlichen und wirtschaftlichen Egalität neu heraufbeschwören möchten, läßt wenig Raum für einen Begriff der Elite und scheint die Realität einer Elite geradezu auszuschließen." 62) Und doch müssen wir immer wieder erkennen, daß es ganz bestimmte Kreise sind – auch wenn sie sich nicht als Elite deklarieren – die bestimmend wirken, die Einfluß haben, die zu Rate gezogen werden, Erfolg vorweisen können, angesehen sind usw., und das nicht nur in Demokratien, sondern auch überall dort, wo Vereinheitlichungsbestrebungen zur Ideologie gehören.

So hoch braucht man allerdings gar nicht zu greifen, um herauszustellen, daß Persönlichkeitsentfaltung notwendig ist. Man muß doch nur den Kampf um den täglichen Arbeitsplatz betrachten, das Werben um eine bessere Position, die Mühe, die es kostet, eine neue Beschäftigung zu finden, wenn man seine Arbeit verloren hat. Da muß man gut gerüstet sein, darf nicht stehen bleiben, und neben vielen fachlichen Komponenten, die aufgebessert werden müssen, sind es die generellen Anlagen und Fähigkeiten, denen man ständig seine Aufmerksamkeit widmen muß.

Es gibt aber noch einen ganz anderen Grund, der dafür spricht, die Mühen, die Persönlichkeitsentfaltung mit sich bringt, auf sich zu nehmen: Persönlichkeitsentfaltung macht *Freude.*

Wie gesagt, ein idealer Weg wäre es, die Persönlichkeitsentfaltung durch Selbstbeeinflussung hervorzurufen, doch das wird nicht jedem vollkommen gelingen. Man kann sich aber helfen lassen. So wird z.B. ein *Selbstentwicklungskonzept durch Fördergespräche* empfohlen. ,,Wesentliche Teile dieses Konzepts sind herausfordernde Projektaufgaben und Fördergespräche. Unter Projektaufgabe wird dabei eine sachliche oder personale Entwicklungsaufgabe verstanden, die über das bisherige Aufgabengebiet des Förderkandidaten hinausgeht und die ihn vor Anforderungen stellt, welche den von ihm in Zukunft zu bewältigenden Aufgaben entsprechen." 63) Es wäre wirklich gut, wenn sich viele Unternehmen zu solchen Maßnahmen entschließen würden, doch daran mangelt es noch. Darum müssen Sie vor allem selbst nach Vervollkommnung, etwa durch *Selbsttraining* oder *Kurse,* suchen. Lassen Sie sich durch das Folgende anregen.

6.1 Gefühl und Verstand

Jeder läßt sich von Gefühlen und von seinem Verstand leiten. Beides ist notwendig, alles andere wäre nicht menschlich. Man sollte weder ein Sklave seiner Gefühle noch Sklave seines Verstandes sein, und ein ausgewogenes Verhältnis zwischen Gefühl und Verstand wäre wünschenswert, aber die Anlagen eines jeden einzelnen können zu verschiedenen Ergebnissen führen. Da Berufs- und Geschäftserfolg aber von überbordenden Gefühlen ebenso negativ beeinträchtigt werden können wie von Verstandeskälte, sollte man einerseits versuchen, im rechten Augenblick seine Gefühle unter Kontrolle zu bringen, andererseits aber auch berücksichtigen, daß nicht alles zum Besten *nur* mit dem Verstand zu regeln ist.

Im Spannungsfeld zwischen Verstand und Gefühl spielt unser *Denken* eine große Rolle, und gerade in diesem Spannungsfeld kann man dem Denken nicht freien Lauf lassen, doch das ist gar nicht so einfach, denn so trainierte Denker, wie wir manchmal annehmen, sind wir gar nicht.

„In den langen Jahren unserer Ausbildung haben wir uns hauptsächlich mit Wissen befaßt. Fakten kamen zu Fakten, und wenig Zeit, wenn überhaupt, wurde der Technik des Denkens gewidmet. Die Fertigkeit im Denken wurde als ein Beiprodukt gesehen, das der Aufmerksamkeit den verschiedenen Lernfächern gegenüber folgte. Aber ist das wirklich so? Und wenn es so ist, ist es nicht ein verschwenderischer Prozeß?" 64)

Dabei hat man sich immer schon mit dem Denken befaßt und schon vor Jahr und Tag herausgefunden, daß es sich um einen recht komplizierten Vorgang handelt: „Das Denken ist keine ursprüngliche (wie das Empfinden und Anschauen durch den äußeren oder einen inneren Sinn), sondern eine abgeleitete Tätigkeit und setzt ein entweder (sensualistisch) durch den äußeren oder (intuitiv) durch einen inneren Sinn dargebotenes Material, die unverbundenen Einzelvorstellungen (Empfindungen und Anschauungen) voraus." 65) Unser Denken braucht also als Bausteine *Empfindungen* und *Anschauungen,* es ist also schon beeinflußt, wenn wir diese Bausteine kombinieren. Darum geht es nicht nur um die beste Kombination, sondern auch um die Qualität der Bausteine, um die Art der Empfindungen und Anschauungen, die in den Denkprozeß eingebracht werden. Das ist besonders dann von Bedeutung, wenn es um *positives Denken* geht.

Wie kurz der Weg zum positiven Denken sein kann, läßt sich an einem sehr einfachen Beispiel erklären. Wenn Sie sich z.B. frustriert fühlen und Ihr Vertrauen in Ihre Fähigkeit zu gewinnen schwindet, dann sollten Sie sich einfach hinsetzen, ein Stück Papier nehmen und dann nicht etwa aufschreiben, was gegen Sie spricht, sondern das, *was für Sie spricht.* Wenn wir nur ständig an die Mächte denken, die gegen uns sind, dann bauen wir sie auf und machen aus ihnen eine Macht, die sie in Wirklichkeit gar nicht darstellen, und sie werden eine Kraft annehmen, die ihnen normalerweise gar nicht gegeben ist. Aber wenn Sie im Gegenteil daran denken und sich sogar visuell vorstellen, welche Möglichkeiten und Fähigkeiten Ihnen gegeben sind, und wenn Sie sich das ganz klar machen, dann werden Sie auch aus schwierigen Situationen herauskommen 66). Das ist nicht mit dem Blick durch die rosa Brille zu vergleichen, denn hier geht es vor allem um Ihr *Selbstvertrauen* und darum, daß Sie *fest* an sich und Ihre Fähigkeiten glauben.

Es geht aber nicht nur um positives Denken, sondern auch um *analytisches Denken.* Heute spricht man auch von vernetztem Denken, gemeint ist damit, nicht stur in eine Richtung zu denken und alle Auswirkungen und Einflüsse, alle Nebenwirkungen oder Störfaktoren, alle Entwicklungen oder Reaktionen unberücksichtigt zu lassen, sondern *umsichtig, registrierend, vergleichend, abschätzend, analysierend* und auch *korrigierend* zu denken. Daß diese Art des Denkens eine Menge *Informationen* erfordert und daß auch *Aktualitäten* eine Rolle spielen können, liegt auf der Hand, ebenso aber auch Erfahrungen, die schon weit zurückliegen und die man hervorholen muß.

Das alles erfordert Verstand. Trotzdem können Sie sich nicht nur auf Ihren Verstand verlassen, denn „der Verstand kann Sie ‚ganz logisch' in die Irre führen." 67) Also müssen Sie sich auch auf Ihr *Gefühl* verlassen können, ein feines Gespür entwickeln, und das wird unterstützt, wenn Sie Vergangenes nicht unberücksichtigt lassen.

6.2 Lesen und lernen

Bereits, als der Rundfunk aufkam und besonders zu dem Zeitpunkt, als sich das Fernsehen durchsetzte, gab es Vermutungen, daß man weniger lesen würde. Heute werden aber mehr Bücher und andere Publikationen gedruckt als je zuvor. Die Frage ist nur, ob sie tatsächlich *gelesen* werden. Vor allem müßte man auch fragen, *was* gelesen wird.

Was lesen Sie? Was haben Sie während des letzten Monats gelesen, was während des letzten Jahres? Lesen Sie Bücher oder lesen Sie nur Zeitungen und Zeitschriften? Lesen Sie nur das, was Sie fachlich interessiert oder auch schöngeistige Literatur? Sie sollten tatsächlich genau wissen, was Sie lesen, und dann sollten Sie darüber nachdenken, ob es wirklich das ist, was Sie lesen sollten.

Lesen bildet, sagt man, aber lesen macht auch *Freude*. Es wäre vermessen, generell anzugeben, was man lesen sollte, aber Versuche, die in diese Richtung zielen, wurden gemacht. In der Schweiz gibt es z.B. eine Diogenes-Bibliothek der 100 Bücher. Der britische ‚Observer' hat eine Leseliste herausgegeben und ebenso der italienische ‚Espresso'. In Deutschland hat es die Wochenzeitung ‚Die Zeit' versucht. Vor einigen Jahren präsentierte sie die Zeit-Bibliothek der 100 Bücher. Nicht als Lebenshilfe gedacht, sondern um die Kunst des Lesens zu fördern. Natürlich konnte man es auch mit dieser getroffenen Auswahl nicht allen recht machen, aber bemerkenswert ist, was in einer Diskussion dazu ein Schüler sagte: „Das Lesen ist für mich keine Anstrengung. Es ist für mich eine Freude, Spaß, ein Hobby." 68)

Können Sie das auch sagen? Wenn ja, dann können Sie in dieser Beziehung wirklich zufrieden sein, denn Sie haben eine Neigung zu einer wirklich schönen Sache, die uns viel geben kann. Wenn nicht, dann sollten Sie darüber nachdenken, warum Sie am Lesen keine Freude haben, um dann nach *neuen Leseansätzen* suchen zu können. Jedenfalls steht eines bereits fest: Sie haben dieses Buch bis hierher aufmerksam gelesen, und das zeigt, daß Sie es verstehen, sich durch Bücher zu informieren.

Persönlichkeitsentfaltung

Was Sie lesen sollten, hängt weitgehend davon ab, wie Sie Bücher beurteilen. Natürlich können auch andere Ihnen zeitweilig empfehlen, welche Bücher Sie lesen sollten. Das bezieht sich aber eher auf einzelne Titel. Sie selbst könnten viel besser Ihren Lesestoff bestimmen, wenn Sie sich etwas Mühe bei der Beurteilung machen. Dabei sollen Sie nicht vorgehen wie professionelle Kritiker. Sie könnten sich sogar auf zwei Fragen beschränken:

1. Hat mir das Buch *Freude* gemacht?
2. Welchen *Nutzen* hat mir der Inhalt des Buches gebracht?

Wenn Sie nur eine der beiden Fragen positiv beantworten können, hat sich das Lesen gelohnt, können Sie beide positiv beantworten, dann war es die Art Buch, nach der Sie weitersuchen sollten.

Was die *Lesetechnik* betrifft, so sollte man jedem seine Gewohnheiten lassen. Gewiß, es gibt Schnellesekurse und Bücher, die Schnellesetechniken anschaulich beschreiben. Aber man sollte sich, bevor man einen solchen Kurs macht, die Frage stellen, ob man nicht schon zu schnell liest. Wer Genuß am Lesen hat, wird sich kaum dafür entscheiden, Bücher nur zu überfliegen. Hingegen ist schnelles Überfliegen nützlich, wenn es darum geht, z.B. aus Fachzeitschriften zu selektieren.

Wichtiger als schnelles Lesen ist die *Auswertung* des Gelesenen. Selbstverständlich kann man interessante Stellen in Büchern markieren, wenn es die eigenen Bücher sind. Doch wer Bücher liebt, der wird sich nur schwer dazu entschließen können, darin herumzumalen.

Wer Bücher – und besonders Fachbücher – ernsthaft auswerten will, sollte die wichtigsten *Zitate herausschreiben*. Besonders elegant und praktisch ist es, sich eine *Kartei* anzulegen, nach Stichworten geordnet. Wenn man viel liest, verfügt man bald über einen richtigen Zitatenschatz. Man kann die Zitate allerdings auch in ein Heft übertragen.

Was Fachartikel betrifft, so empfiehlt sich eine andere Methode. Wer nicht viele Fachzeitschriften liest, kann sie aufbewahren und einfach Lesezeichen zwischen die Seiten legen, die interessante Beiträge enthalten. Wer aber viele Zeitschriften und Zeitungen liest, der würde bald in Papier ersticken. Da hilft nichts, als die interessantesten Artikel herauszureißen und den Rest zum Altpapier zu geben. Man achte allerdings darauf, daß die Ausrisse mit der Quellenangabe versehen sind. Sind Zeitschriftentitel und Datum nicht eingedruckt, sollte man sie übertragen.

Natürlich muß es eine Ordnung in der Ablage geben. Sie könnten z.B. *Ordner,* nach Themen gegliedert, anlegen. Wenn Sie sehr flexibel sein müssen, wählen Sie eine billigere Methode, die zudem wandlungsfähig ist. Besorgen Sie sich *Kartons,* am besten A 4 groß. Sie werden sie in fast jeder Kleinoffset-Druckerei bekommen. Beschriften Sie die Kartons an der Stirnseite mit den Titeln, die den Inhaltsgruppen entsprechen. So können Sie die einzelnen Artikel nach Themenbereich einsortieren. Aufeinandergestellt nehmen die Kartons nicht sehr viel Platz weg, doch sie sehen nicht sehr dekorativ aus. Dem kann man ein wenig abhelfen, wenn man die Stirnseiten mit Folie oder farbigem Papier beklebt.

So elegant wie eine Hängeregistratur ist dieses System nicht, aber es ist billiger und man kann sehr effizient damit arbeiten. Das beweist die *Praxis.* Auch bei den Vorarbeiten zu diesem Buch hat es dieses Verfahren gegeben. Neben vielen Büchern wurden auch viele Fachartikel herangezogen. Sie wurden im Laufe der Jahre in 8 Kartons gesammelt, die folgende Titel hatten: Persönlichkeitstraining allgemein, Rationalisierung und Zeitmanagement, Ideen und Kreativität, Kommunikation, Streß und Angst, Fitness und Gesundheit, Führen und Konfliktlösen, Entscheidungstechniken. Nun wurden sie aktiviert, und man kann sie immer wieder aktivieren, ganz gleich, ob man publizieren will oder ob man sich auf ein Seminar oder auf einen Vortrag vorbereiten muß.

Versuchen Sie bitte, ein individuelles System zu finden, das über diese Anregungen hinausgeht, denn Sie sind gewiß in der Lage, in dieser Beziehung Maßarbeit zu leisten.

In Bezug auf das Lesen und das Informieren überhaupt muß an dieser Stelle noch eines klargestellt werden: Sie dürfen keineswegs annehmen, daß es die Masse macht, also z.B. das *Viellesen.* ,,Das Ziel jeder Information, Kenntnis zu vermitteln, wird durch den massenhaften Konsum von Informationen gründlich verfehlt. Mehr noch. Der Mensch wird durch oberflächliche Mitteilungen erheblich geschädigt, bildet sich Kenntnisse ein und verkennt immer mehr die tatsächliche Wirklichkeit." 69)

Man spricht von *Informationsflut.* Wir können nicht mehr alles aufnehmen, was auf uns zustürzt und behalten schon gar nicht. Das erschwert neben anderem den Lernprozeß. Auch programmiertes Lernen, Lernmaschinen oder computerunterstütztes Lernen sind da nur schwache Hilfen. Fest steht, daß wir *selektieren* und uns auf das Wesentliche konzentrieren sollten. Vielleicht sollten wir wieder so lernen, wie wir es als Kinder versucht haben, aber wie oder was lernte man als Kind? Eine kleine Aufzählung *einfacher Lernschritte* wird uns wohl wieder an unsere fernen Kindertage erinnern:

hören, lauschen
konzentrieren, schauen, merken, malen

merken, sprechen, selbständig handeln
betrachten, erkennen, entscheiden
selber tun, Erfahrungen sammeln, Verantwortung übernehmen
Einsicht gewinnen, logisch denken usw. 70)

Müssen wir nicht manches von dem heute noch lernen? Weisen Sie es nicht sofort von der Hand, denn dann hätten Sie einen sehr schwierigen Weg vor sich, weil Sie sich zuerst wieder ganz offen zur Lernbereitschaft bekennen müssen.

Lernbereitschaft, das ist das Wesentliche, denn lebenslanges Lernen ist in unserer schnellebigen Zeit notwendig geworden. Aber man darf nicht nur davon reden, und selbst, wenn man im Augenblick keinen Bedarf sieht, sollte man sich auf morgen, auf das nächste Jahr, auf vieles, was kommen könnte, vorbereiten. Nicht einrosten, nicht zurückstehen oder gar in hoffnungslosen Rückstand geraten, denn das kann man sich heute nicht mehr erlauben.

6.3 Gedächtnisschulung

Gedächtnisschulung beginnt eigentlich in der frühesten Jugend und findet sich oft in *Kinderspielen* wieder. Das Wiedererkennen in Spielen wie ‚Memory' ist ein sehr gutes Training. Wahrscheinlich werden Sie, wenn Sie ein solches Spiel heute mit Kindern betreiben, gar nicht so erfolgreich sein.

Es ist ja bekannt, daß unser Gedächtnis bereits mit dem 25. Lebensjahr seine Höchstleistung überschritten hat. Darum sollten wir unser Gedächtnis trainieren, und wir sollten versuchen, Hilfen zu schaffen, die unser Gedächtnis *unterstützen.*

Es ist heute allgemein bekannt, daß wir 10 % von dem, was wir lesen, behalten, aber 20 % von dem, was wir hören. Von dem, was wir sehen, behalten wir 30 % und von dem, was wir hören *und* sehen 50 %. Von dem, was wir selbst sagen, behalten wir 70 %, aber 90 % behalten wir von dem, was wir *selbst tun.* Nun besagt diese Übersicht nicht, daß wir alles ewig behalten, doch ganz klar geht aus ihr hervor, daß die Chance, etwas zu behalten, um so größer wird, desto konkreter die Aufnahme war. Abstrakte Schriftbilder sind weniger eindrücklich als konkretes Handeln. Darum müssen wir versuchen, abstrakte Inhalte mit Anschaulichem auszubauen. Sie müssen Bilder aufbauen und eine *Assoziationstechnik* entwickeln.

Nehmen wir einmal an, Sie sind vor die Aufgabe gestellt, bestimmte Wortpaare zu behalten. „Wenn es sich um Tätigkeitswörter handelt, dann drücken diese Wörter normalerweise Bewegungen aus. Also brauchen Sie sich lediglich solche Bewegungen vorzustellen. Dazu zwei Beispiele: Bei lachen – fahren stellen Sie sich vor, wie Sie in einem Wagen fahren und dabei laut lachen müssen. Bei singen – gehen sehen Sie ein Bild, wo jemand durch den Wald geht und dabei laut singt." 71 %)

Schwierig ist es oft auch, Namen zu behalten, vor allem, wenn sie – z.b. bei einer Vorstellung – nur einmal genannt werden. Sollten Sie den Namen nicht exakt verstanden haben und nicht sicher sein, daß Sie ihn richtig aussprechen werden, dann bitten Sie um Wiederholung. Das braucht Ihnen nicht peinlich zu sein. Denken Sie daran, daß der Gefragte eher Ihr Interesse an ihm und seinem Namen erkennen kann. Das ist positiv zu werten. Ist Ihnen der Name klar, dann sollten Sie sofort einen Zusammenhang mit der Person schaffen und ihn etwa mit Körperformen, Haartracht, Sprechweise usw. verbinden. Dann sollten Sie den Namen in Ihrem Gedächtnis einige Male repetieren, und wenn Sie mit der betreffenden Person im Gespräch bleiben, sollten Sie den Namen beim Anreden mehrfach gebrauchen.

Aufmerksamkeit ist also nützlich, wenn es um das Behalten geht, aber seltsamerweise kann es auch anders sein. So hat man z.B. in Bezug auf das Zuhören folgendes herausgefunden: „Die erfolgreichen Zuhörer hatten ihre Aufmerksamkeit phasenweise bewußt ein- und ausgeschaltet, um die dargebotene Information zu verarbeiten. Sie hatten zunächst 4–5 der vorgetragenen Punkte angehört, dann abgeschaltet, um sie sich einzuprägen (wobei natürlich verloren ging, was inzwischen gesagt wurde). Paradoxerweise wird also die Effizienz des Zuhörens durch gezieltes Nichtzuhören gesteigert." 72) Allerdings kann man es sich nicht immer erlauben, einfach wegzuhören. Oft läßt sich *selektives Zuhören* allerdings praktizieren. Bei langen Vorträgen z.B., die Teile enthalten, die in Bezug auf die eigenen Interessen nicht relevant sind.

Gedächtnisleistungen können aber auch übertrieben bewertet werden. Das wurde auch im Zusammenhang mit dem Kult deutlich, der mit dem Intelligenz-Quotienten betrieben wurde (IQ). Die Fragwürdigkeit des Verfahrens wird schon an einem Beispiel deutlich, das eigentlich *für* IQ-Tests sprechen sollte. Im 2. Weltkrieg führte die US-Armee IQ-Tests bei der Offiziersauswahl durch. Dabei kam heraus, daß Kandidaten mit einem Intelligenz-Quotienten von 140 zu 90 Prozent einen Offiziersposten bekamen, hingegen Kandidaten mit einem Intelligenz-Quotienten von 110 nur zu weniger als 50 % 73). Nun wird jeder, der selbst einen Kriegseinsatz miterlebt hat, wissen, daß es im Ernstfall nicht vorwiegend auf die Intelligenz ankommt, um als Offizier erfolgreich zu sein, sondern daß andere soldatische Eigenschaften sehr oft in den Vordergrund treten müssen.

Persönlichkeitsentfaltung

Neuerdings steht man dem IQ auch eher *skeptisch* gegenüber. Man geht sogar so weit, folgendes anzunehmen: „Zuviel Intelligenz ist von Nachteil. Leute mit IQ von 140 und darüber können in der Wirtschaft nur selten ganz nach oben kommen. Wahrscheinlich liegt es auch gar nicht einmal in ihrem Interesse, Positionen einzunehmen, die eine gefühlsmäßige Erfassung der Vorgänge erfordern. Was wir brauchen, ist entweder eine Ausgewogenheit von Verstand, Gefühl und Willenskraft, oder eine Intelligenzbremse in Gestalt eines Aufsichtsratsvorsitzers oder eines Kollegen-Gremiums, die den hochfliegenden Plänen Gestalt geben können oder sie verwerfen.

Es wäre also nützlich, wenn die Gedächtnisstützen, die wir uns schaffen, praktisch verwertbar wären. Vieles braucht man gar nicht zu behalten. Man muß nur wissen, *wo man es findet,* um sich zu orientieren. Darum sollte man sich eine *Wissensbank* aufbauen, die z.B. aus geordneten Notizen, aus Zitaten oder auch aus Ausschnitten bestehen könnte. Exakte Vorgaben, die allgemeine Gültigkeit haben, gibt es für die Gliederung nach Themen nicht, die folgende Gliederung gibt aber vielfältige Anregung:

„ *1. Rechtsprechung, Gesetze*
2. Ernährung, Kleidung, Wohnen
3. Psychologie, Menschenkenntnis, Menschenführung, Erziehung
4. Urlaub, Reisen
5. Beruf – evtl. unterteilt nach Ihren beruflichen Hauptaufgaben
6. Pflege und Förderung von Partnern und Freunden
7. Hobbies – nach Bereichen unterteilt
8. Schriftstellerei, gegliedert nach Titeln oder Gebieten, über die Sie schreiben wollen
9. Stimmungspflege
10. Interessante Berufsmöglichkeiten und berufliche Tätigkeiten
11. Persönliche und berufliche Planungsmethoden
12. Verhandeln als Erfolgsfaktor ersten Ranges
13. Wertvolle Adressen (diese können jedoch auch den hier aufgeführten Gliederungspunkten zugeordnet werden)
14. Finanzierung, Finanzplanung, Einkommen/Vermögen, Umgang mit Geld
15. Allgemeine persönliche Wünsche und Erwägungen
16. Bücher, Zeitschriften, Gedrucktes allgemein, Filme, Diaserien usw.; hier werden empfohlene Titel gesammelt (Es kann sich jedoch auch hier als vorteilhaft erweisen, keinen eigenen Ablagetitel zu schaffen, sondern diese Empfehlungen jeweils den Gliederungspunkten dieser Liste zuzuordnen)
17. Liebe, Ehe, Lebenspartnerschaft
18. Ideen für Geschenke und Danksagungen

19. Kontrollnotizen aller Art zur monatlichen Durchsicht: Jede Anregung, die Sie noch nicht richtig zuordnen können, kommt auf Wiedervorlage – bis Ihnen klar ist, wo Sie sie bestmöglich einordnen
20. Körperfitness – Gesundheitspflege
21. Image – wie will ich von wem gesehen werden." 75)

Wenn Sie so etwas anlegen, dann sollten Sie es *individuell* tun, also nicht einfach diese Liste übernehmen, sondern das berücksichtigen, was Sie interessiert oder was im Zusammenhang mit Ihren Aktivitäten wichtig ist.

Die Liste macht auch noch einmal deutlich, daß man gar nicht alles behalten kann. Wir können unser Gedächtnis nur auf wenige Dinge wirklich konzentrieren. Besonders, wenn die Informationen in die Breite gehen, sollten wir auf *Unterlagen* zurückgreifen können.

Es gibt noch viele Dinge im Alltag, die unser Gedächtnis unterstützen können, so der gut geführte *Taschenkalender* oder eine *Agenda,* die auf dem Schreibtisch liegen sollte. Mancher Manager läßt die Agenda auch von seiner Sekretärin führen. Das kann von Vorteil sein, zumal eine gute Sekretärin wie ein zweites Gedächtnis wirkt.

Heute gibt es sogar schon *elektronische Notizbücher,* die ähnlich wie ein Computer arbeiten. Sie dienen sowohl der Terminplanung als auch dem Nachblättern, also dem Suche nach beliebigen Stichworten 76). Natürlich ist ein solcher Apparat aufwendiger als ein einfaches Notizbuch, doch dort, wo es darauf ankommt, sehr schnell auf einen großen Speicher wertvoller Informationen zurückzugreifen, könnte sich der Aufwand lohnen. Der Aufwand wäre hier allerdings nicht nur der Preis, sondern auch die Zeit, die es brauchte, um ein solches Gerät sicher und schnell bedienen zu können.

6.4 Ideen suchen – Ideen finden

Auch ausgeprägte geistige Fähigkeiten lassen sich oft nicht nutzen, wenn es an Ideen mangelt. „Natürlich kann plötzlich eine Idee auftauchen, die ganz fabelhaft ist. Gelegentlich sogar im wahrsten Sinne des Wortes, denn oft erweisen sich solche Ideen als undurchführbar. Manchmal sind solche Ideen aber zu gebrauchen. Meistens sind sie aber nur der erste Ansatz zu weiteren Überlegungen, die dann erst zu der eigentlichen Idee führen. Darum sollte man, wenn sich eine erste Idee einstellt, Fakten sammeln, die mit dieser Idee oder mit dem angestrebten Ziel zusammenhängen. Man sollte diese Fakten bewerten, mit anderen Gedanken und Gegebenheiten in Zusammenhang bringen und so die eigene Phantasie anregen, um die Idee auszubauen." 77)

Kommen wir jetzt aber zu den Fällen, in denen Ideen nicht einfach so auftauchen, und das ist meistens der Fall. Da bleibt nichts anderes übrig als *systematisch* nach Ideen zu suchen.

„Ideen sind oft mit Sachkenntnis verbunden. Das wird auch durch die Tatsache erklärt, daß die meisten Erfindungen aus den entsprechenden Branchen und Firmen kommen und nicht etwa von Hobby-Erfindern. Und noch eines sollte vorab geklärt werden: Wenn es um Ideen geht, dann braucht man sich nicht unbedingt auf die eigene geistige Kapazität zu verlassen. Man sollte vielmehr jede Gelegenheit nutzen, die Ideenfindung von außen her positiv zu beeinflussen." 78)

Man sollte also über die eigenen Gedanken hinausgehen, sollte sich orientieren, sollte Bücher und Fachliteratur hinzuziehen, und dann sollte man auch andere fragen, die es besser wissen könnten, wenn es sich nicht gerade um Konkurrenten handelt. Denken Sie an Lieferanten und Kunden, lernen Sie aus Reklamationen, beobachten Sie die Konkurrenz. Fachmessen, Ausstellungen, Demonstrationen und sogar Schaufensterauslagen können Ideenanstöße bringen und selbstverständlich auch die Erfindermesse. Natürlich ist es auch nützlich, Patentschriften zu lesen, Fachvorträge zu hören oder das Rundfunk- und Fernsehprogramm besonders dann aufmerksam zu verfolgen, wenn der entsprechende Bereich gestreift wird.

Es gibt Publikationen, die dahingehend angelegt sind, Ideen zu vermitteln. Daß sie wirklich mit einer Fülle der verschiedensten Ideen aufwarten, sei hier an ein paar einfachen Beispielen gezeigt:

„Ein Musiklehrer hat es oft schwer, die für den Musikunterricht ihrer Kinder verantwortlichen Eltern zufriedenzustellen. Sie zahlen. Was kriegen sie dafür? Schließlich wollen sie Fortschritt, eine bessere Leistung sehen, respektive hören. Gelegentliche Tonaufnahmen in einem geeigneten Tonstudio wären die Lösung.
Ein Discount-Restaurant ist schwerlich denkbar – oder doch? Hingegen gefiele uns die Idee von Gaststätten zum Kosten und Ausprobieren. Gerade teure Speisen möchte man gerne in kleinen Portionen kennenlernen. Bezahlte Müsterchen (insgesamt sind es 10 kleine Gänge) machten aus einem Restaurant in unserer Nähe eine kleine Wallstätte.
Der Wein war schon immer eine Ideenfundgrube. – Welcher Weinhändler organisiert, dank seiner Beziehungen und Vorgehensweise, gute Kunden zu Privat-Keller-Besichtigungen? Wir kennen einige Kellerbesitzer, die nur darauf warten, Ihre Sammlung vorzuführen.
Heimeinrichter unterlassen es – besonders, wenn sie im Heim der Käufer operieren – die vorhandene Einrichtung fotografisch festzuhalten. Zu unrecht: Mit dem Unterschied von vorher und nachher könnten sie beim Käufer hohe Satisfaktion

erzielen und damit, das Einverständnis des Käufers vorausgesetzt, bei potentiellen Kunden werben." 79)

Das war nur eine kleine Kostprobe aus einer Ausgabe eines speziellen Dienstes, den es seit über zwanzig Jahren gibt, aber auch einfache Fachzeitschriften und sogar die Tagespresse oder auch Publikumszeitschriften stecken voller *Anstöße,* die zu Ideen führen oder vorhandene Ideen reifer machen können.

Es gibt aber noch andere Wege *systematischer* Ideensuche. So etwa die Ideensuche mit Hilfe der Morphologie, die sich des sogenannten *morphologischen Kastens* bedient. Das ist eine Tabelle, in der sich die Einflußfaktoren (menschliche, technische, organisatorische) mit den Realisierungsmöglichkeiten treffen, um daraus die bestmögliche Kombination zu entwickeln.

„Der morphologische Kasten kommt als Denkwerkzeug infrage, im zentralen Schritt des allgemein gültigen morphologischen Problemlösungsschemas. Dieser liefert die theoretische Lösung des Problems. Morphologen gliedern den Lösungsweg so:

1. Sorgfältige Problemstellung
2. Analyse des Problems
3. Die sogenannte Synthese, eine Konstruktion von Alternativlösungen. Hier kann der morphologische Kasten die geeignete Denkform sein.
4. Die sogenannte Evaluation, die Bewertung der alternativen Lösungen
5. Darstellung der besten Lösung." 80)

Genutzt wird auch eine morphologische Tabelle, die eine geordnete Überprüfung intuitiver Ideen erlaubt. Einerseits listet man dort die zu untersuchenden Objekte des Problems auf, andererseits ihre Merkmale. Natürlich bleibt auch bei der morphologischen Methode am Ende abzuklären, ob die gefundene Lösung *tatsächlich* das Problem löst, doch das muß man auch bei anderen Methoden.

Es gibt kaum einen Wirtschaftszweig, der nicht an Problemlösungen und Ideenfindung interessiert ist. Darum wurden z.B. anläßlich des Führungstreffens der BP 1976 Gruppen gebildet, die Aufgaben wie die folgende zu lösen hatten: *,Bedingungen für neue Ideen'.* Wenn Sie die Anregungen zu dieser Gruppenarbeit lesen, werden Sie wissen, worauf es in der *Praxis* ankommt:
Erkennen wir unsere Probleme deutlich, unterteilen und formulieren wir sie nach Problemart und Bearbeitungsebene so, daß wir uns ihnen auch gewachsen fühlen (und nicht von ihnen erschlagen werden)?
Sind wir bei angestrebten Problemlösungen in der Aufgabenformulierung zu allgemein (dann zieht sie nicht) oder zu eng (verordnete Lösungswege schließen mögliche gute Lösungen aus)?

Gibt es eine Beziehung zwischen der Konkretheit und Verständlichkeit, mit der wir anderen Probleme beschreiben und Aufgaben stellen und dem Interesse, das wir an der Mitarbeit dieser anderen haben?

Wie steht es mit unseren Einfällen? Müssen wir kreativere Leute ins Unternehmen einstellen? Können wir unsere eigene Kreativität in Gang bringen, durch Training, durch bestimmte Arbeitsformen (z.b. Gruppen- oder Teamarbeit)?

Welche Rolle spielt die Organisation (organisatorische Einheiten und Ebenen, Instanzen, Vollmachten, Informationsversorgung)?

Wie wichtig ist das ‚Klima‘ für Kreativität (Experimentierfreudigkeit, Veränderungswilligkeit, Fehler machen dürfen, Mitziehen von Kollegen, menschliche und führungsmäßige Arbeitsumgebung)?

Wie steht es mit der Äußerung von Einfällen? Brauchen wir dazu bestimmte Einrichtungen? Haben wir die? Werden geäußerte Einfälle an- und aufgenommen und systematisch weiterentwickelt, bis ihre Verwendbarkeit beurteilt werden kann? Werden Ideen zu schnell als undurchführbar abgestempelt?

Neue Ideen sind oft unbequem. Gehen unsere Erfahrungen dahin, daß neue Ideen eher belohnt oder ‚bestraft‘ werden? Machen Personen, die neue Ideen entwickeln, Karriere? Sind Fehlervermeider erfolgreicher?
Es ist aber nicht nur wichtig, Ideen zu haben. Man muß sie auch anbringen können. Ideen verkaufen sich nicht von selbst. Im Gegenteil, vielen Ideen stehen verstockte *Einwände* gegenüber. Wer seine Idee verwerten will, sollte sich frühzeitig auf Einwände wie die folgenden vorbereiten:

„– Wir haben das vorher nie gemacht
– Es wird nicht funktionieren
– Wir haben nicht die Leute dafür
– Es ist nicht im Budget
– Wir haben es bereits vorher versucht
– Wir sind dafür noch nicht so weit
– In der Theorie ganz gut, aber können Sie das praktisch umsetzen?
– Zu akademisch
– Was werden die Kunden denken?
– Wenn es wirklich gut wäre, hätte das schon jemand vorher gehabt
– Zu modern
– Zu altmodisch
– Lassen Sie uns das ein anderes Mal diskutieren

> – *Sie verstehen unser Problem nicht*
> – *Wir sind dafür zu klein*
> – *Dafür sind wir zu groß*
> – *Wir haben jetzt zu viele Projekte*
> – *Lassen Sie uns erst eine Marktuntersuchung machen usw.* " *81)*

Auf diese oder andere Einwände lassen Sie sich am besten vorher ein paar passende Bemerkungen einfallen, denn Ihnen bietet sich da wohl kaum noch eine echte Chance. Auch bei Sätzen, die recht positiv beginnen, dann jedoch mit einem ‚Aber' eine Wende nehmen, sieht es nicht gut für Sie aus. Darum sollten Sie, bevor Sie eine Idee anbieten, Ihre *Strategie* festlegen. Vor allem sollten Sie sich fragen, *wer* anzusprechen ist und *warum* gerade dort eine Chance für Ihre Idee besteht. Auch *wie* und *was* Sie präsentieren und sagen, sollte Ihnen klar sein. Ebenso sollten Sie sich über *Zeit* und *Ort* Gedanken machen.

Fragen Sie sich z.B.: Warum sollen gerade die meine Idee unterstützen (gut finden, kaufen)? Wie kann ich die Effizienz meiner Idee demonstrieren? Wie muß ich meine Idee verbessern, damit sie wirklich praktisch eingesetzt werden kann? Was mag der beste Moment sein, um die Idee zu präsentieren? Welche Umstände oder Orte könnten für die Präsentation wertvoll sein? An wen sollte man überhaupt herantreten, um die Idee anzubieten?

Diese Fragen können Sie fortsetzen, denn es macht sich bezahlt, vorher über alle Gegebenheiten oder Möglichkeiten nachzudenken. Stellen Sie sich nur vor, Sie bieten Ihre Ideen den falschen Leuten an oder solchen, die nur darauf warten, daß man ihnen neue Ideen zuträgt, um sie dann – modifiziert oder gar verbessert – selbst herauszubringen. Das gibt es tatsächlich, und es sind nicht immer kleine Gauner, die so verfahren.

Schmeißen Sie nicht mit Ihren Ideen herum. Das wirkt inflationär. Ideen sind oft Gold wert, und darum sollte man sie auch wie eine Kostbarkeit anbieten oder wenn es möglich ist, die Verwertung sogar selbst übernehmen.

6.5 Kreativitätstraining

Kreativität ist ein sehr häufig gebrauchtes Wort. Fast jeder weiß auch ungefähr, was sich dahinter verbirgt. Trotzdem lohnt es sich, der Frage nachzugehen, was kreativ ist.

Wenn etwas kreativ genannt werden soll, dann muß es *neu* sein, *ungebräuchlich, ungewöhnlich, unerwartet,* etwas, das nicht einfach statistisch zu erfassen ist, keine alltägliche Erscheinung. Damit allein geben sich aber nicht alle zufrieden. Neu allein genügt nicht, und besonders im wirtschaftlichen Bereich fordert man zusätzlich auch *Nützlichkeit.* Man sagt, viereckige Autoreifen wären tatsächlich etwas Neues, doch wer könnte sie gebrauchen? 82) Im künstlerischen Bereich muß man das etwas anders sehen, doch da es hier um Berufs- und Geschäftserfolg geht, sollten wir uns damit abfinden, daß etwas Kreatives nicht nur neu sein sollte, sondern auch *verwertbar.* Doch darum geht es im Augenblick noch nicht. Zuerst kommt es nämlich darauf an, Wege zu suchen, um Kreativität zu entwickeln.

Kreativitätstraining sollte schon sehr *früh* beginnen: ,,Schon im Kindergarten sollten den Kindern Aufgaben gestellt werden, die die eigene schöpferische Leistung und die Kreativität zur Entfaltung bringen. Das sollte die Schule anschließend den heranreifenden Schülern durch alle Entwicklungsphasen ermöglichen." 83)

Im vergangenen Abschnitt heißt es ,sollte', und dies besagt schon, daß es nicht immer so ist. Das zwingt uns dazu, einiges für unsere Kreativität zu tun. Hilfen gibt es dabei. So z.B. Bücher, die sich etwa ,Kreativitätsschule' 84) nennen, und in denen Übungen zur Förderung des kreativen Denkens und Handelns zu finden sind. Wie weit solche Übungen tatsächlich auf kreative Fähigkeiten wirken, ist nicht leicht zu prüfen. Daß sie die *geistige Beweglichkeit* fördern, kann aber gewiß angenommen werden.

Wenn etwas gefördert werden sollte, was die Kreativität betrifft, dann ist es die *Phantasie,* und ein Minimum davon sollte wohl jeder haben, das zu fördern sich lohnt.

Regen Sie Ihre Phantasie an, indem Sie Ihre *Sinne* gebrauchen, Ihre Sinne schärfen. *Beobachten* Sie bewußt, *hören* Sie intensiv hin, *schmecken* Sie mit Bedacht, versuchen Sie, *Gerüche* genau zu identifizieren und *tasten* Sie mit intensivem Gespür. Verbinden Sie Ihre Wahrnehmungen mit erweiternden Vorstellungen, indem Sie z.B. an das, was Sie gerade in sich aufnehmen, Erinnerungen knüpfen, Vergleiche anstellen oder Ihren Assoziationen freien Lauf lassen.

Versuchen Sie einmal aufzuschreiben, was Ihnen spontan zu bestimmten Wörtern einfällt. Wiederholen Sie jetzt z.B. das Wort Sonne, und dann registrieren Sie sofort, was Ihnen blitzartig dazu einfällt. Versuchen Sie dasselbe mit dem Wort Arbeit. Sie werden staunen, was es da für Unterschiede gibt. Sie können dann die Begriffe, auf die Sie gestoßen sind, noch erweitern. Ist Ihnen z.B. zum Wort Sonne das Wort Urlaub spontan eingefallen, dann können Sie das Thema weiter ausmalen. Nicht nur mit dem, was Sie selbst erfahren haben, sondern auch mit dem, was Sie aus Erzählungen, von Bildern oder Filmen kennen oder verbinden Sie es mit dem, was Sie sich einfach wünschen, was Sie sich in Ihren kühnsten Vorstellungen erträumen. Machen Sie es ähnlich mit anderen Begriffen, und Sie werden feststellen, daß Ihre Phantasie gar nicht so klein ist. Dasselbe werden Sie bemerken, wenn Sie – z.B. anläßlich einer langweiligen Bahnfahrt – anfangen, Geschichten zu erfinden. Wenn Sie zum Abteilfenster hinausschauen, ganz bewußt hinausschauen, werden Sie vieles sehen, was vorher nur grau und unbedeutend an Ihnen vorbeiflog. Versuchen Sie dann das, was Sie wahrnehmen (z.b. auch die Geräusche), in bestimmte Zusammenhänge zu bringen. Stellen Sie sich dazu passende Handlungen und Schicksale vor, konstruieren Sie dramatische Abläufe und erfinden Sie eine Rahmenhandlung. Das wird Ihnen bestimmt gelingen.

Wir werden heute – besonders durch das Fernsehen – mit Eindrücken überschwemmt. Mitunter hat man sogar den Eindruck, daß wir immer stärkere Reize brauchen, um innerlich bewegt zu werden. Denken Sie doch nur an die Lautstärke mancher Musikanlage und an das Getöse, das allzuoft moderne Unterhaltungsmusik zum Lärm degradiert. Auch, wenn Sie Liebhaber dieser Musik sind, sollten Sie einmal versuchen, leisen Tönen zu lauschen, auf sanfte Nuancen zu achten und auch damit Ihre Vorstellungen zu verbinden.

Die moderne Elektronik nimmt uns heute vieles ab, was früher in unserem Kopf entstand. Die Bild- und Tonberieselung kann kaum noch totaler werden. Interessant ist das ja alles, aber geistig werden wir dadurch nicht unbedingt reicher. Gewiß, wir können vieles durch das Fernsehen lernen. ,,Unser Fernsehapparat sichert uns eine ständige Verbindung zur Welt. Er tut dies allerdings mit einem durch nichts zu erschütternden Lächeln auf dem Gesicht. Problematisch am Fernsehen ist es nicht, daß es uns unterhaltsame Themen präsentiert, problematisch ist es, daß es jedes Thema als Unterhaltung präsentiert. Um es anders zu formulieren: Das Entertainment ist die Superideologie des gesamten Fernsehdiskurses. Gleichgültig, was gezeigt wird und aus welchem Blickwinkel – die Grundannahme ist stets, daß es zu unserer Unterhaltung und zu unserem Vergnügen gezeigt wird." 85)

Das ist noch nicht so tragisch, wenn wir das *Lesen* nicht vergessen, denn anders als bei den elektronischen Medien wird während des Lesens unsere Phantasie sehr stark gefordert. Lesen appelliert an unsere Vorstellungswelt, und darum ist es durchaus geeignet, unsere Phantasie zu fördern.

Ab und zu sollten Sie auch eine *Galerie* besuchen oder ein *Museum*. Die dort ausgestellten Stücke bewegen sich ja nur selten, und deshalb müssen wir auch dort unsere Phantasie bemühen, wenn wir die Ausstellungsstücke in ihre Umwelt versetzen wollen, in der sie ursprünglich zu Hause waren. Und wieviel Phantasie kann man entwickeln, wenn man vor einem abstrakten Gemälde steht! Allein das Deuten des Inhalts ist schon ein gutes Training.

Mancher behauptet, zur Kreativität gehöre auch die richtige *Atmosphäre*. Daran mag etwas sein, aber wenn schon, dann ist die Atmosphäre individuell ganz verschieden. Bei einer Befragung, die eine Werbefachzeitschrift vor einiger Zeit durchführte, kamen jedenfalls – sogar innerhalb kreativer Berufsgruppen – sehr unterschiedliche Meinungen heraus.

Ein Werbetexter behauptete z.b., er müsse sich zuerst einmal in ‚Macherlaune' versetzen. Dazu brauche er ein individuelles Arbeitsumfeld, Duden, Lexika, einen imposanten Schreibtisch und gute Zigarren. Ein Karikaturist meinte hingegen, Kreativität sei ein intellektueller Prozeß. Man müsse ein Thema einfach einkreisen, zwei bei drei verschiedene Lösungen anstreben, und dabei würde man schon auf die richtige Idee kommen. Ein Grafiker glaubte, körperliche Fitness sei die Grundlage seiner Kreativität. Langes Schlafen hielt er für fördernd, weil sich danach die Konzentrationsfähigkeit erhöhe. Auch Yogaübungen wußte er zu rühmen. Ein anderer Grafiker empfahl hingegen, alle verfügbaren Informationen aufzunehmen, sich nicht ablenken zu lassen und sie dann geistig zu verarbeiten. Ein Fotograf vertrat die Ansicht, Kreativität werde vom gesamten Leben beeinflußt, besonders auch durch den Umgang mit Familie, Freunden und Kunden. Er empfahl, sich in eine Sache hineinzudenken, wenn man sie kreativ angehen wolle. Anders ein Industrie-Designer, der davon überzeugt ist, seine Kreativität stütze sich hauptsächlich auf die Funktionen der jeweiligen Geräte oder Maschinen, denen er eine angenehme Form geben solle. Ein Maler vertrat dagegen die Auffassung, Kreativität erreiche man nur durch ständige Wachsamkeit, da Ideen meistens dann einstellen, wenn man sie nicht erwarte 86).

Sie sehen, es gibt kein universelles Patentrezept. Sie können ja alles, was hier erwähnt wurde, ausprobieren, und doch wäre keine Garantie dadurch gegeben, daß Ihre Kreativität auf diese Weise zu steigern wäre. Vielleicht müssen Sie es auf ganz andere Weise versuchen, und dabei ist vieles erlaubt. Allerdings sollten Sie nicht davon ausgehen, daß Alkohol oder bewußtseinserweiternde Mittel Kreativitätsmängel beheben könnten. Versucht worden ist auch das, doch meistens hat man nach Scheinerfolgen einen üblen Zusammenbruch oder eine verpfuschte Zukunft hinnehmen müssen.

Kreativität ist auch eine Sache der *Aktivität*. Man muß Kreativität praktizieren. Das ist das beste Training, und dazu bieten Beruf und Hobby viele Gelegenheiten.

6.5.1 Warum sind kreative Unternehmer erfolgreich?

Wenn wir der gerade gestellten Frage nachgehen, dann müssen wir zuerst einmal davon Kenntnis nehmen, daß es – und vor allem in bezug auf das Geschäftsleben –

zwei verschiedene Arten der Kreativität oder besser des kreativen Handelns gibt. Einmal haben wir es mit einer Kreativität zu tun, die sich *selbst* in Gang setzt, die also aus dem Handeln der Personen *ohne äußeren Anstoß* erwächst. Andererseits gibt es die typische *Reaktionskreativität,* die äußerer Anlässe bedarf, um sichtbar zu werden. Beide Arten sind aber – soweit es einen Unternehmer oder Manager betrifft – gleich wichtig. Während die selbstgesteuerte Kreativität das Geschäft permanent beleben kann, immer neue Ideen und Innovationsanstöße zuführt, wirkt die Reaktionskreativität oft dann rettend, wenn drohende Situationen oder Krisen, aber andererseits auch positiv zu sehende Konkurrenzaktivitäten zum Auslöser werden.

Wahrnehmen müssen wir auch, daß es meistens mehrere Ursachen für einen Erfolg gibt, oft voneinander abhängig. Auch Kreativität oder Innovation können nicht isoliert betrachtet werden. ,,Beide müssen also integral – das ganze Unternehmungsgeschehen umfassend – verstanden werden. Beide sind nur Mittel zum Zweck. Für die private Unternehmung heißt das Ziel: Wettbewerbsfähigkeit, Schaffen von Wettbewerbsvorteilen in allen Funktionen und bei allem Tun." 87)

Wer als Unternehmer Erfolg haben will, darf die Kreativität *nicht dem Zufall* überlassen. Das ist aber oft der Fall. Andererseits gibt es aber Unternehmen, die es mit der Kreativität sehr ernst nehmen und jährlich sogar eine *Kreativitätsbilanz* zusammenstellen. Zur Messung der Kreativität im Bereich der *Unternehmensführung* einer Bank bedient man sich dabei z.B. folgender Fragen:

– *,,Was unternahm die Unternehmensführung, um die langfristigen Unternehmensziele Rentabilität und Erreichen eines angemessenen Wachstums zu sichern?*
– *Sind die Teilziele zur schnellen Versorgung der Mitglieder und Kunden mit Bankdienstleistungen erreicht worden?*
– *Welchen Weg beschritt die Unternehmensführung, um das Ziel der Förderung der Mitglieder der Bank auch in Zukunft erfüllt zu sehen?*

Im Bereich der *Organisation* wurde die Kreativität auf folgende Weise gemessen:

– *Wie wurde das mittelfristige Ziel, den Anteil der Routineaufgaben der Mitarbeiter (-innen) der Bank zu reduzieren, angegangen?*
– *Ist die Zielsetzung, den Kundenservice mit Hilfe der Technik zu verbessern, durch organisatorische Veränderungen eingehalten worden?*

Und im Bereich *Marketing* stellten wir uns die Fragen:

– *Ist das langfristige Ziel, die Entwicklung eines für die Kunden und die Bank akzeptablen Home Banking-Systems, in Angriff genommen worden?*

– Werden die Zielsetzungen, die neuen Medien und die Kundenselbstbedienung entsprechend dem Bedarf der Zielgruppen der Bank zu entwickeln und einzusetzen, konsequent verfolgt?" 88)

Das sieht so aus, als habe ein Unternehmen Kreativität zur Sache der Geschäftspolitik gemacht, richtiggehend geplant und – wie man sieht – auch kontrolliert. Noch eines geht aus diesem Beispiel hervor: Kreativität ist nicht unbedingt eine Sache der Individualität. Manchmal ist die *Gruppe* den einzelnen sogar überlegen, wenn es um kreative Prozesse geht.

Gruppen- oder Teamarbeit, wie es ja so schön heißt, kann auch weiterführen, wenn es um Kreativität geht. Dabei brauchen es keine formellen Gruppen – also etwa Projektgruppen – zu sein. Der *informellen Gruppe* werden sogar wesentliche Vorteile zugeschrieben:

– „Bessere Erreichung der Betriebsziele, da die formelle Organisationsstruktur durch die informelle ergänzt und Entscheidungen erleichtert werden;
– Verbesserung der Kommunikation, da Informationen auch über den ‚kleinen' und kürzeren Dienstweg transportiert werden;
– Verbesserung des Betriebsklimas, da Mitarbeiter auch ihre sozialen Bedürfnisse im Kontakt mit anderen zum Ausdruck bringen können und damit bei der Arbeit zufriedener sind;
– Erleichterung des Informationsflusses zwischen Arbeitsgruppen, Werkhallen und Abteilungen." 89)

Aber auch bei der Teamarbeit gibt es Hindernisse, denn in jeder Gruppe kann es *Ideenkiller* geben. „Am schlimmsten sind Ideenkiller, die nicht begreifen, daß eine Idee nur immer 20 % einer Lösung sein kann und dann großartig die fehlenden 80 % kritisieren." 90)

Um solche und ähnliche Störungen zu verhindern, hat man sich besondere Verfahren ausgedacht, wenn es um kreative Prozesse geht. Das bekannteste ist wohl das *Brainstorming.* So jedenfalls ist es in einer Untersuchung nachzulesen, an der 126 Unternehmen teilnahmen. Brainstorming rangiert an der Spitze, etwa dreimal so stark eingesetzt wie das nächstfolgende Verfahren (Morphologie) 91).

Das Brainstorming ist eine Sitzung, bei der jeder seine Meinung zum Thema oder Problem frei äußern soll. Kritik an den Aussagen der Sitzungsteilnehmer ist nicht erlaubt, der Phantasie sind keine Grenzen gesetzt. Es kommt auf die *Menge* der Beiträge an und nicht auf ihre Qualität. Es können also auch ganz absurd erscheinende Vorschläge gemacht werden. Es gibt während des Brainstormings keine Bewertung, aber Vorschläge, die bereits gemacht worden sind, können ergänzt oder weiterentwik-kelt bzw. verbessert werden.

Ein Verfahren wie das Brainstorming besagt schon, daß Kreativität in einem Unternehmen nicht nur vom Unternehmer ausgehen darf. Wesentlich ist es jedoch, einen *Kreativitätsvorsprung* zu entwickeln, und dafür sollte der Unternehmer verantwortlich zeichnen. Nun darf man allerdings nicht glauben, daß schon ein Kreativitätsreservoir den Unternehmenserfolg ausmacht. Denn auch Kreativität muß zuerst in *Markterfolge,* aus denen die Unternehmenserfolge resultieren, umgesetzt werden. Doch auch hierbei spielt die Kreativität eine wichtige Rolle.

Markterfolge erzielt man durch intensive *Absatzbemühungen,* und dazu gehören vor allem Werbung und Verkauf. Ein Unternehmer, der in diesen Bereichen kreativ ist, wird es leichter haben, wenn es darum geht, seine Marktleistung ertragreich zu verwerten. Doch auch bei der Marktbearbeitung darf sich der Unternehmer nicht allein auf seine eigene Kreativität verlassen, und er sollte sich daran erinnern, daß seine Mitarbeiter auch über ein beträchtliches Kreativitätspotential verfügen, das manchmal allerdings geweckt werden muß.

6.5.2 Kreativität und Innovation

Innovation ist heute ein viel verwendetes Schlagwort, und wie bei allen viel verwendeten Schlagworten, die plötzlich in Mode gekommen sind, ist auch bei diesem Begriff zunächst etwas Skepsis angebracht.

Zuerst mal eines: Innovationsaktivitäten sind nur dann wichtig, wenn sie wirklich *notwendig* sind und *Chancen* erkennen lassen. Wer einfach glaubt, unbedingt dabei sein zu müssen, irritiert sich nur selbst und trägt zur Verunsicherung anderer bei. ,,Das kann bis zur ,Profilneurose' und zur ,Innovationshysterie' führen. Sich außergewöhn-lich zu verhalten, ist jedoch ebensowenig ein Zeichen für Kreativität wie Neuerungen und Änderungen an sich schon als kreativ gelten können. Oft sind sich im übrigen die Pseudokreativen des Unrechtes ihres Verhaltens gar nicht bewußt." 92)

Lassen Sie sich also nicht in einen Modetrend zwingen, nur um ,in' zu sein, obwohl es gar nicht notwendig ist. Gehen Sie auch nicht davon aus, daß Innovation nur mit der Schöpfung neuer Produkte gleichzusetzen ist und daß man in dieser Beziehung von Ihnen Erfindergeist erwartet. ,,Innovationen, das sind nicht nur neue Produkte, neue Vertriebswege, neue Marketingideen. Innovationen, das sind ebenso die ständigen flexiblen Anpassungen der Unternehmensorganisation an die Einflüsse von außen, an die veränderten Konstellationen der Gesellschaft, der staatlichen Regelungen, der

Bürger- und Konsumentenansprüche oder der Rohstoff- und Wettbewerbssituation." 93) Bei allen Innovationsprojekten und Innovationsmaßnahmen stellt sich aber nicht nur die Frage nach der Notwendigkeit, sondern auch die Frage nach der *Potenz,* denn wenn die Mittel oder die am Ende notwendigen Fähigkeiten fehlen oder unüberwindliche Hindernisse sichtbar werden, ist mancher gute Innovationsgedanke nicht zu realisieren. Bevor man also damit beginnt, Innovationen durchzuführen, sollte man einiges abklären. So etwa die *Marktlage.*

Will man z.b. feststellen, ob ein Produkt eine faire Chance auf dem Markt hat, dann sollte man z.b. folgendes fragen:

– *„Gab es einen Grund dafür, daß man nach einer Produktidee suchte?*
– *Ist es überhaupt notwendig, ein neues Produkt herauszubringen?*
– *War die Produktidee notwendig, um ein anderes Produkt zu ersetzen?*
– *Paßt das neue Produkt in die bisherige Produktreihe?*
– *Ist das Unternehmen überhaupt in der Lage, die Produktidee zu realisieren oder ein solches Produkt zu beschaffen?*
– *Ist das Unternehmen generell in der Lage, ein solches Produkt zu verkaufen?*
– *Läßt sich durch die Produktidee eine Marktlücke füllen?*
– *Ist die Produktidee fortschrittlich oder nostalgisch?*
– *Hat es bereits ähnliche Ideen gegeben, die realisiert worden sind, wenn ja, mit welchem Erfolg?*
– *Könnte die Konkurrenz ähnliche Produktideen haben?*
– *Welche finanziellen Risiken sind mit der Produktidee verbunden?*
– *Läßt sich die Produktidee werblich gut auswerten?*
– *Mit welchem Markt ließe sich die Produktidee am besten in Verbindung bringen?*
– *Entspricht die Produktidee der innerbetrieblichen Struktur?*
– *Welche klaren Marktchancen ergäben sich aus der Realisierung der Produktidee? usw. usw."* 94)

Um eine letzte Entscheidung über Innovationen – aber auch über Entwicklungs- und Forschungsprojekte – fällen zu können, sollte man sich noch zwei ganz wichtige Fragen stellen, nämlich die nach dem tatsächlichen *Ertrag* und die nach dem tatsächlichen *Risiko.* Wenn man Geschäftserfolge anstrebt, dann sollten die Antworten auf diese Fragen folgendermaßen aussehen:

„1. Der Projektnutzen muß wesentlich höher sein als die Projektkosten.
2. Das Projektrisiko muß in einem vertretbaren Verhältnis zum Projektnutzen stehen." 95)

Wenn über eine Innovation positiv entschieden werden konnte, sollte man sich noch daran erinnern, daß die Innovation *nicht isoliert* betrachtet werden kann, vor allem dann nicht, wenn es sich um eine *Angebotsinnovation* handelt, also z.B. ein Produkt oder ein Sortiment, das im Markt placiert werden soll. Auch an dazugehörige Dienstleistungen ist zu denken, denn das neue Angebot kann sich zusammensetzen aus

,,● Produkt und Produkt,
● Produkt und Anwendung,
● Produkt und Verpackung,
● Produkt und Service,
● Produkt und Akquisitionssystem,
● Produkt und Logistik.

Die hier möglichen Kombinationsvarianten erreichen eine unübersehbare Dimension, vor allem dann, wenn man anfängt, zwei, drei oder mehr Faktoren gegeneinander zu variieren." 96) Es ist also nicht mit der Innovationsidee getan, und um das noch einmal zu unterstreichen, sei hier noch folgendes zitiert: ,,Technische Innovationen per se sind häufig eine notwendige, aber niemals eine hinreichende Bedingung für den Produktions- und Markterfolg. Dies wird sofort klar, wenn wir uns vergegenwärtigen, wie viele – selbst erfolgreiche – Erfinder pleite gehen oder wie häufig der schnelle Zweite, der Imitator, dank überlegenem Produktionswissen oder besserer organisatorischer Spannweite den kreativen Ersten, den Innovator, überflügelt." 97)

Da es in diesem Buch ja um Erfolg im Berufs- und Geschäftsleben geht, ist der Hinweis auf Umsicht wohl angebracht. Dementsprechend müssen wir uns auch noch einmal mit der Frage befassen, welche *Faktoren* – außer den bereits erwähnten – *die Innovationsentscheidung beeinflussen* können.

Persönlichkeitsentfaltung

„Negativ	Positiv
Falsch orientierte Mitarbeiterauswahl	Fähigkeit, Probleme zu erkennen
Satte Zufriedenheit	Fähigkeit, innere Spannungen zu ertragen
Hierarchische Verkrustung	Fähigkeit, eine Sache von mehreren Seiten zu sehen
Stress	Fähigkeit, Wissen neu zu ordnen und Meinungen zu bereinigen
Arbeitsüberlastung	Fähigkeit, sich energisch und ausdauernd zu engagieren
Schlechte Erfahrungen	Fähigkeit, realistisch zu urteilen
Fehlender Anreiz	Fähigkeit, Spezialwissen zu verknüpfen
Falsch verstandenes Teamwork	Fähigkeit, seine Ideen zu verkaufen." 98)

Auch wenn Sie sich selbst als Innovator fühlen, sollten Sie noch einmal prüfen, ob diese Annahme nicht doch sehr *subjektiv* ist. Vergleichen Sie Ihre Fähigkeiten und Einstellungen deshalb mit der folgenden Liste, die anzeigt, was einen echten Innovator heute auszeichnet.

„– *Kreativität, Intuition, Originalität*
 – *Marktkenntnisse und Sensorium für Marktopportunitäten*
 – *Begeisterungsfähigkeit für alles Neue*
 – *Interdisziplinäres Wissen*
 – *Intelligenz*
 – *Mentale Flexibilität, Unvoreingenommenheit*
 – *Lernbereitschaft, Aufnahmefähigkeit*
 – *Mut zur Kompetenzaneignung, Eigeninitiative*

- *Hohe Streßtoleranz und Belastbarkeit*
- *Kommunikationsfähigkeit*
- *Bereitschaft zur Teamarbeit, Einfühlungsvermögen*
- *Risikobereitschaft*
- *Mißerfolgs- und Erfolgstoleranz*
- *Charisma, Ausstrahlung, Motivationsfähigkeit*
- *Durchsetzungsvermögen nach oben, unten und seitwärts."* 99)

Nun, sind Sie ein echter Innovator? Auch darauf allein kommt es oft nicht an. Sie haben ja gerade gelesen, daß Innovationen nicht isoliert dastehen können, und bis sie ihren Weg in den Markt gefunden haben, muß außer Ihnen mancher Mitarbeiter eingreifen. Das geht um so besser, desto *erfolgsorientierter* Sie die entsprechenden Mitarbeiter darauf vorbereiten. Dazu ein kleiner Hinweis, über den Sie nachdenken sollten: ,,Ein soziales, ein lebendes System, und das sind Menschen, die in Organisationen und Gruppen zusammengeführt werden, kann nicht länger mehr dem naturwissenschaftlich-technischen Wirklichkeitsverständnis gemäß mit einer techno-kratischen Führungsphilosophie auf Leistung getrimmt werden." 100) Also müssen Sie sich auch Gedanken darüber machen, welche Rolle die *Motivation* bei Innovationsvorhaben spielt.

Sie können sich allerdings auch von anderen als Ihren Mitarbeitern helfen lassen. Die Rolle, welche *Berater* bei Innovationsvorhaben spielen, ist weitgehend bekannt. Was weniger bekannt ist, ist die Tatsache, daß auch der *Staat* – wenn auch in eng abgestecktem Rahmen – zur Hilfe bereit ist.

Leider muß man sagen, daß es sehr viel für Große und wenig für Kleine gibt, aber man sollte sich trotzdem bemühen, wenn es darum geht, ,Entwicklungshilfe' zu kassieren. ,,Denn von den über 4 Milliarden Mark, die Bund und Länder jährlich den Industriefirmen für die Konstruktion neuer Produkte und Verfahren zufließen lassen, sind immerhin 800 Millionen für den Mittelstand bestimmt. Allerdings betreiben auch mindestens 10.000 Kleinbetriebe eigene Entwicklungen, so daß pro Firma – theoretisch – gerade 80.000 Mark bleiben. Das reicht aber in den meisten Fällen nicht einmal, um einen Jungingenieur zu bezahlen. Kaum ein Mittelständler bekommt aber solche Summen. So liegt bei dem wichtigsten Förderprogramm für kleine Betriebe – der von jährlich über 8.000 Firmen genutzten Personalkostenzulage – der durch-schnittliche Auszahlungsbetrag um die 50.000 Mark. Und viele kleine Unternehmen müssen sich mit wenigen tausend Mark abspeisen lassen. Da langen die Multis schon anders zu. Allein der Münchner Siemens-Konzern, der über rund 15 Milliarden Mark flüssige Mittel verfügt, kassierte im letzten Jahr aus dem Etat des Bundesministeriums für Forschung und Technologie (BMFT) über 580 Millionen Mark." 101) Es mangelt also nicht am Geld, sondern es ist eine Sache der Verteilung, und da muß man eben kämpfen, wenn man ein Stück vom großen Kuchen abhaben will. Allein kann man das oft nicht, und so muß man bisweilen die Verbände und Standesorganisationen bemühen, um auf politischer Ebene zu intervenieren. Tatsächlich ließen sich bessere Bedingungen für Innovationsvorhaben schaffen, und das wäre vor allem für Klein- und Mittelbetriebe wichtig. Wichtig aber auch für die Gesamtwirtschaft und Gesamtgesellschaft. Das wird besonders deutlich, wenn man sich daran erinnert, daß immer noch die meisten Leute in Klein- und Mittelbetrieben arbeiten.

6.5.3 Kreativität und Lebensfreude

Nun war vorwiegend vom wirtschaftlichen und geschäftlichen Bereich die Rede, und deshalb muß noch unbedingt darauf verwiesen werden, daß Kreativität ja nicht nur dort, sondern überall in unserem Leben eine Rolle spielt und daß Kreativität auch unser ganz persönliches Dasein beeinflussen kann.

Wir müssen uns tatsächlich klar darüber werden, daß in unserem Leben – wenn wir nicht etwas dagegen tun – Kreativität zu kurz kommt. Wir sind weitgehend *Konsumenten* geworden, und das gilt nicht nur für die Dinge des täglichen Bedarfs. Darum sollten wir uns viel mehr darum bemühen, manches *selbst* zu machen, was wir anderen überlassen haben, und nicht nur, um Körper und Geist fit zu halten.

Versuchen Sie herauszufinden, ob Sie *musikalisches* Talent haben. Prüfen Sie Ihre *handwerklichen* Fähigkeiten. Oder wie steht es mit *Zeichnen, Malen* oder *Selbstnähen?* Es geht doch darum, etwas zustandezubringen, was sich von der heute vorwiegend administrativ-organisatorischen Tätigkeit unterscheidet. Das sichtbare Ergebnis, die Freude am gelungenen Werk ist wichtig.

Kochen z.B. ist eine durchaus kreative Tätigkeit und das *Blumenbinden* ebenso wie *Gartenarbeit.* Versuchen Sie, Ihre Visitenkarten oder Ihre Briefbögen selbst zu entwerfen. Da gibt es heute – auch für Laien – ungeheure Möglichkeiten. Denken Sie doch nur daran, daß im Kleinoffsetverfahren jede Strichvorlage mühelos reproduziert werden kann. Sie könnten also Schmuckbänder, Girlanden, Linien, Buchstaben usw. aus alten Publikationen herauskopieren, zerschneiden und wieder neu kombinieren und aufkleben. Vielleicht kommen Sie dadurch auf die Idee, Collagen zu machen. Der nächste Schritt von dort aus ist nicht weit, nämlich Fotomontagen anfertigen. Die Fotografie wird heute im Privatbereich – verglichen mit den vielen Fotoausrüstungen, die in Umlauf sind – sowieso zu wenig benutzt, um die individuelle Kreativität auszuschöpfen.

Aber man braucht ja nicht allein zu bleiben, wenn man kreativ sein will. Besuchen Sie Kurse oder beschließen Sie, einer Laienspielgruppe beizutreten. Vielleicht sind Sie sogar ein guter Schauspieler und haben es nicht einmal entdeckt. Und wenn nicht: Spaß macht es allemal.

Nicht immer nur an Geschäft und Karriere denken. Auch mal abschalten. Auch das fördert den Erfolg, denn wer erfolgreich sein will, braucht auch Kraftreserven.

7 ANGST UND STRESS BEWÄLTIGEN

Angst und Streß sind Erscheinungen, mit denen wir alle konfrontiert werden. Auch, wenn Sie nicht zu den ängstlichen und instabilen Persönlichkeiten gehören sollten, so wird es doch auch für Sie Situationen und Zeiten geben, in denen Angstgefühle aufkommen oder in denen es gilt, Streßbelastungen zu ertragen, allgemeiner gesagt, in denen es gilt, Angst oder Streß zu *bewältigen* und, wenn immer möglich, sogar die positiven Seiten dieser Belastungen zu sehen und von ihnen zu profitieren, statt hilflos diesen Gefühlen und Belastungen ausgesetzt zu sein.

Sie sollen also aus diesem Kapitel die Phänomene Angst und Streß einerseits besser kennenlernen, andererseits Möglichkeiten erkennen, sie zu bewältigen und mit ihnen umzugehen. Denn: ihre Existenz zu verneinen, hieße, an den Tatsachen vorbeizusehen und sich etwas vorzumachen.

7.1 Angst und Furcht

Wenn wir uns zunächst dem Phänomen *Angst* zuwenden, so sollten wir einmal klar sagen: *Jeder Mensch lebt mit Ängsten,* und es kommt wesentlich darauf an, wie er mit diesen Ängsten umgeht und mit ihnen fertig wird. Denn dies ist ein ganz wesentlicher Aspekt im Hinblick auf die *Bewältigung des Lebens allgemein.* Und wir erfassen die Bedeutung dieser Aussage noch deutlicher und klarer, wenn wir hören, daß Psychologen und Sozialwissenschaftler unsere Epoche als ,,Zeitalter der Angst" bezeichnet haben 102).

Nun ist aber nicht alles, was wir in der Umgangssprache mit dem Wort Angst bezeichnen, auch im psychologischen Sinne mit diesem Begriff abgedeckt. Das Gefühl der Angst muß nämlich klar abgegrenzt werden von demjenigen der *Furcht.* Es gibt zwar Autoren, die diesen Unterschied negieren 103), aber für unsere Belange ist diese Unterscheidung sehr geeignet, denn sie ist sehr gut nachvollziehbar und praktisch einsichtig und zeigt im übrigen sehr deutlich die Charakteristika der Angst selbst.

Zunächst wollen wir etwas erwähnen, das beide Gefühle, das der Angst und das der Furcht, *gemeinsam* haben: beide enthalten *Unlust,* sind also unangenehme Gefühle, die eine *Erwartungsspannung* auslösen. Beide treten demgemäß in Situationen auf, in denen wir ein Gefühl der *Ungewißheit* verspüren. Mit diesen Situationen ist ein gewisses *Risiko* verbunden. Es ist ziemlich sicher anzunehmen, daß Sie diese Gefühle aus eigener Erfahrung kennen, so daß Sie gut nachvollziehen können, was hier gemeint ist. Soweit sind also Angst und Furcht gleichzusetzen.

Es gibt nun aber einige Unterscheidungsmerkmale zwischen Angst und Furcht. Die Furcht ist nämlich dadurch gekennzeichnet, daß man *konkret* angeben kann, *wovor* man Furcht hat, d.h. der Gegenstand der Furcht ist benennbar und der Anlaß zur Furcht wird *realistisch* eingeschätzt und dann mit dieser oben erwähnten gespannten Erwartung versehen. Tritt dagegen Angst auf, so kann man dieses Gefühl zwar als unangenehm beschreiben, und man nimmt ebenfalls die Erwartungsspannung wahr, aber die konkreten Inhalte der Angst können nicht angegeben werden. Es entsteht ein recht *unbestimmtes* Gefühl, das unsicher macht, das sogar zur *Lähmung der Aktivität* führt. Wir alle kennen das Bild des Kaninchens vor der Schlange, das nicht fortrennt, sondern sich fressen läßt.

Wir können zwar gegen die Angst und die damit verbundene Lähmung der Aktivität etwas unternehmen, wenn wir *direkt* und zielgerichtet aktiv werden, aber das erfordert einige Arbeit an sich selbst. Häufig brauchen wir dazu auch die Hilfe eines anderen, beispielsweise eines Therapeuten. Anders ist das bei der Furcht: Ihr können wir entgegentreten, indem wir die Realität erkennen und *sinnvoll* handeln. Furcht führt also zu *verstärkter Aktivität*, um die Gefahr zu vermeiden und wieder Sicherheit zu erlangen, mit anderen Worten das Gefühl der Spannung und Unsicherheit aufzuheben. Die konkreten Gefahren, die Furcht auslösen, mobilisieren unsere Aktivität. Es kann z.B. sein, daß wir mehr leisten (z.B. bei Furcht vor Mißerfolg), daß wir zielstrebig Gefahren beseitigen oder auch, daß wir die Flucht ergreifen.

Ganz anders bei der Angst: wir erwarten zwar eine Bedrohung und Gefahr, können sie aber nicht mit Inhalt füllen; wir empfinden starke *Erregung,* unser Antrieb wird gehemmt und eventuell gleichzeitig verdrängt, so daß eine Gefahr sozusagen *von innen her* signalisiert wird. Das alles hindert uns daran, unsere Handlungen mit Erfolg zu krönen.

Abgesehen von den in der psychologischen Fachsprache bekannten Angstanfällen und Angststimmungen ist für unsere Belange hier besonders wichtig die allgemeine *Ängstlichkeit.* Sie kann sich zeigen in *Existenzangst, Zukunftsangst, Angst vor Ungewißheit* usw. Und wenn wir von *Karriereangst* sprechen, so sehen wir die ungeheure Bedeutung der Angst und ihrer Bewältigung für den Geschäfts- und Berufserfolg.

Wenn wir in diesem Zusammenhang noch die Eigenschaften betrachten, die heute von Führungskräften gefordert werden, nämlich

● Attraktivität
● Dominanz
● Kontaktfähigkeit
● Ehrgeiz 104)

so wird uns klar, daß hier offenbar noch immer Ängste unterdrückt und verdrängt werden, denn daß die oben erwähnten Ängste zweifellos vorhanden sind und nicht ausgelebt werden dürfen, ist sichtbar. Um die geforderten Eigenschaften zu erreichen, muß eine Führungskraft entweder ihre Ängste bewältigen oder aber verdrängen.

Dieses Verdrängen von Ängsten nun führt zu Erscheinungen, die sicher nicht Wohlbefinden dokumentieren:

„● psychosomatische Symptome wie Störungen im Herz- und Kreislaufsystem, im Verdauungstrakt, in den Atmungsorganen und Hautkrankheiten;
● Verhaltensstörungen wie Kontaktprobleme, Reizbarkeit, Ehekrisen, neurotisches Verhalten;
● Leistungsstörungen wie Konzentrationsstörungen, Leistungsängste, intellektuelle Unsicherheit, Spannungsgefühle;
● Ausweichverhalten wie übermäßiges Rauchen, Aufschieben, Fluchtreaktionen;
● Identitätskrisen wie Minderwertigkeitsgefühle und Angst." 105)

Wenn wir eine solche Aufzählung hören und uns noch dazu überlegen, daß ein hoher Prozentsatz aller Krankheiten psychosomatisch bedingt ist, so müssen wir zu dem Schluß kommen, daß Angst bewältigt werden sollte. Die Bewältigung der Angst ist eine unabdingbare Voraussetzung für eine *positive Lebenseinstellung.* Dazu gehört es, daß man sich mit seinen Ängsten *auseinandersetzt,* sich ihnen stellt und sich klarmacht, daß man vor sich selber nicht weglaufen kann und das auch nicht tun sollte. Nur durch Auseinandersetzung können Existenz- und Zukunftsängste, speziell aber auch Karriereängste überwunden werden. Nur durch Überwindung und Bewältigung stellt sich Berufs- und Geschäftserfolg ein.

7.1.1 Angst ist nicht nur negativ

Die Warnungen vor dem Sich-Ausliefern an die Angstgefühle sollten Sie sehr ernst nehmen. Machen Sie sich Ihre Ängste *bewußt,* und verdrängen Sie sie nicht. Denn es ist heute keineswegs mehr so unumstritten, daß Ängste nicht öffentlich ausgesprochen werden dürfen. Sogar in den Führungsetagen der Wirtschaft ist dieses Thema aktuell. Man diskutiert, ob „es nicht eigentlich darauf ankommt, auch den *Mut zur Angst* zu haben." 106)

Diesen Mut zur Angst sollten Sie auch aufbringen. Dabei hilft es Ihnen schon, wenn Sie hier etwas gelernt haben über das Wesen, die Ursachen und das Entstehen der Angst und daneben auch der Furcht. Das hilft Ihnen nämlich, Ihr *eigenes Verhalten* und das *Verhalten anderer* besser zu verstehen.

Wenn Sie die Wirkung der Angst durchschauen, so unterliegen Sie nicht mehr so leicht den *Manipulationen* durch Angst, z.b. wenn in Ihrem Unternehmen Unsicherheit und Angst vor Entlassung verbreitet werden. Benutzen Sie aber auch nicht als Führungskraft die Angst, um anderen diese einzuflößen, denn auch das ist heute eine Art der Manipulation im Unternehmen.

Angst ist in diesem Moment nicht mehr nur negativ, in dem Sie

„Angst als ein bedeutendes Problem erkennen,
willens und in der Lage sind, Ihre Gefühle selbst zu analysieren,
Ursache und Wirkung dieser Gefühle begreifen wollen und
einsehen, daß das Problem der Angst weder schnell noch
leicht zu lösen ist." 107)

Wenn Sie die Angst richtig begreifen, so kann Sie das *motivieren*. So kommen Sie möglicherweise dazu, Ihre *Fähigkeiten* insgesamt besser auszuschöpfen, verschüttete und verborgene Fähigkeiten zu aktivieren und so ein erfülltes Leben zu führen.

7.1.2 Angstabbau durch Selbstvertrauen

Knüpfen wir an den letzten Gedanken noch einmal an. Weder schnell noch leicht ist das Problem der Angst zu lösen. Aber – und das ist eine Chance – wenn es Ihnen gelingt, zu den Ursachen Ihrer Angst vorzustoßen, so können Sie sie positiv ummünzen.

Dabei kann es eine ganz wesentliche Hilfe sein, wenn Sie Ihr eigenes Ich erkennen und ein gesundes Selbstvertrauen entwickeln. Entwickeln Sie Ihre Fähigkeiten zum Beispiel, indem Sie sich *weiterbilden,* sowohl im intellektuellen als auch im kreativen Bereich. Über die Kreativitätsentwicklung haben Sie ja schon einiges gehört. Fassen Sie nun also Ihre allgemeine, breit gestreute Weiterbildung ins Auge. Tun Sie aber ein weiteres: *Planen Sie Ihre Karriere.* Gehen Sie hier ganz zielstrebig und bewußt planend vor. Und ergreifen Sie eine weitere Maßnahme: Entwickeln Sie auch Ihre *persönlichen Beziehungen.*

Führen Sie alle diese Maßnahmen mit einer guten Portion Selbstvertrauen durch! Und kämpfen Sie darum, denn Sie sollten bei all dem immer wieder bedenken, daß das Problem der Angst weder schnell noch leicht zu lösen ist, und *Sie selbst* müssen es tun, niemand anderes tut es für Sie. Beherzigen Sie also das Motto: „Wer aufgibt, wird aufgegeben." 108)

Angst und Stress bewältigen

Um Selbstvertrauen zu gewinnen und zu erhalten, ist es notwendig, daß man sich mit seinem eigenen *Selbstkonzept* auseinandersetzt. Stellen Sie sich die Frage, ob Sie sich selbst kennen oder ob Sie sich weitgehend über sich selbst *täuschen.* Das könnten Sie z.b. herausfinden, wenn Sie andere bitten, Sie und Ihre Persönlichkeit zu beurteilen – natürlich sollten diese anderen enge Vertraute, wie es etwa der Ehepartner ist, sein. Jedenfalls sollten Sie sich ein möglichst wahres Bild von sich selbst machen. Selbsttäuschung führt nämlich zu *Konflikten mit der Umwelt,* mit den Mitmenschen. Und hier liegt ja wieder eine wesentliche Quelle von Ängsten verschiedenster Art. Nicht von ungefähr ist es z.b. Ziel der sogenannten ‚nicht-direktiven' Gesprächstherapie (nach Carl Rogers), ein fehleingeschätztes Selbstbild zu korrigieren und so eine *persönliche und soziale Harmonie* wieder zu erreichen 109). Persönliche und soziale Harmonie aber führen zu Berufs- und Geschäftserfolg.

Schoonmaker schlägt zur Lösung des Angstproblems in seinem Buch ,,Angst im Beruf" z.b. vor: ,,Dazu müssen Sie sich aus Ihrem inneren Gefängnis befreien, sich von den Befürchtungen und Abwehrmechanismen freimachen, die Ihre Unabhängigkeit untergraben." 110) Eine solche Unabhängigkeit, eine Befreiung aus dem inneren Gefängnis erreicht man, wenn man Selbstvertrauen hat, und Selbstvertrauen kann erreicht werden, wenn man an sich arbeitet und sich *Ziele setzt.* Dabei sollte man vor allem Minderwertigkeitsgefühle überwinden, sich selbst akzeptieren, aber auch den *Mut zur Veränderung* haben. Diesen Mut können Sie z.b. dadurch erhalten, daß Sie *echte* persönliche Beziehungen aufbauen. Aus solchen Beziehungen erwächst Selbstvertrauen und damit die Möglichkeit, Angst abzubauen. Ebenso tragen Bildung und Karriereplanung in *Eigenverantwortlichkeit* zu einem solchen Angstabbau bei.

7.1.3 Angstabbau durch Zuversicht

Sehr verwandt mit dem Selbstvertrauen ist der Begriff der Zuversicht. Wenn wir zuversichtlich in die Zukunft sehen, so werden wir wesentlich angstfreier leben als wenn wir uns den Bedrohungen der Zukunft ausgeliefert fühlen. Allerdings gibt es wesentliche Hindernisse, die zuversichtliches Verhalten und Erleben beeinträchtigen.

Es ist nämlich in unserer Gesellschaft zu einem großen Problem geworden, daß viele traditionelle *Werte und Normen,* an denen sich noch unsere Elterngeneration *orientierte* und daraus Sicherheit schöpfte, ins Wanken geraten sind. Das Fehlen unbezweifelter Werte und Normen verunsichert den Menschen unserer Zeit, macht ihn orientierungslos. Es entstehen Ängste vor Atomkrieg, Umweltverseuchung, Arbeitslosigkeit und nicht zuletzt Einsamkeit.

Aber diese Ängste beruhen auf einer allgemeinen *Krise,* die auf der anderen Seite – wie jede Krise – auch eine *Chance* ist. Aus dem Erkennen der Krise können nämlich

Neuerungen, *Innovationen* geschaffen werden. Wir können uns mit anderen *zusammentun* und *gemeinsam handeln.* Nur so kann die allgemeine Verunsicherung gegenüber unserer komplexen, unüberschaubaren und undurchschaubaren industriellen Umwelt aufgefangen werden.

Zuversicht kann also erreicht werden, wenn wir uns gegenseitig *achten, anerkennen* und uns *partnerschaftlich* verhalten. Man könnte auch sagen: *Eigennutz durch Gemeinnutz.* ,,Wer seine Vorteile im Auge hat, gerät in Isolation und baut Gegenkräfte auf, denen er langfristig unterliegt. Wer sich ausschließlich nach dem Gemeinnutz richtet, wird sich selber die Existenzgrundlage entziehen. Die anderen werden ihn im wahrsten Sinne des Wortes ausnutzen, und auch er geht zugrunde." 111)

Durch ‚Eigennutz durch Gemeinnutz' kann also Zuversicht erreicht werden, die die Orientierungslosigkeit aufheben kann. Und hier sind insbesondere die *Manager* im Unternehmen aufgerufen, die *Initiative* zu ergreifen. Wenn sie durch ihr Verhalten zur gegenseitigen Achtung, zur Anerkennung und zum partnerschaftlichen Verhalten *motivieren* können, dann können die Mitarbeiter mit Zuversicht Ängste abbauen.

7.1.4 Anti-Angst-Taktik

Wir haben schon in den vorangegangenen Abschnitten einige allgemeine Anregungen dazu gegeben, wie man Angst abbauen und bewältigen kann. Hier wollen wir nun eine Methode ansprechen, die direkt Angstgefühle beseitigen kann.

Es handelt sich dabei um ein allgemeines *Entspannungstraining.* Wir haben ja bereits erwähnt, daß es sich bei der Angst um ein Gefühl der *Spannung* handelt und es liegt eigentlich nahe, daß Spannung durch Entspannung aufgehoben werden kann. Dabei ist natürlich ein *Übermaß* an Spannung gemeint, die durch Angst hervorgerufen wird. Es ist eine durch psychologische Experimente bestätigte Tatsache, daß wir ein spannungsloses Leben gar nicht ertragen könnten.

Wir wissen heute, daß Angstgefühle auch zu körperlicher Spannung führen, genauer gesagt zu Muskelanspannung und -verspannung. Und diese Tatsache macht sich die Anti-Angst-Taktik zunutze, indem sie durch *muskuläre Entspannung* Angst reduziert.

In den letzten 40 Jahren bis heute ist eine Technik entwickelt worden, die als *systematisches Entspannungstraining* bezeichnet wird. Innerhalb der Technik zur systematischen Entspannung unterscheidet man zunächst zwischen der sogenannten *Tiefenentspannung* und der *Spontanentspannung.* Wichtig für beide Arten des

Trainings ist, daß sie zunächst unter der Aufsicht eines Arztes oder Psychologen eingeübt werden, damit sie dann in der richtigen Weise später allein ausgeführt werden können. Man muß sich mit dieser Methode intensiv beschäftigen und natürlich grundsätzlich eine innere Bereitschaft dazu mitbringen. Die Tiefenentspannung nun geht von der Tatsache aus, daß ein Gefühl der *Anspannung* durch regelmäßiges Training bewußt in ein Gefühl der *Entspannung* hinübergeführt werden kann. Es wird also systematisch und regelmäßig zu bestimmten Übungszeiten das Erlebnis der völligen körperlichen Tiefenentspannung herbeigeführt. Durch intensive Übung wird der Körper wirksam und nachhaltig ruhiggestellt. ,,Das bedeutet, daß über lange Zeit das übersteigerte Erregungsniveau des streßüberladenen Körpers entscheidend gedämpft wird und die Reizverarbeitung des Organismus auf das Normalmaß zurückkehren kann: Die allgemeine Reizbarkeit und die Überanfälligkeit gegenüber störenden und belastenden Reizen werden immer mehr herabgesetzt. Als Folge davon wird die sonst zur Streßabwehr verwendete Energie frei und kann nun wirksamer und unabhängiger eingesetzt werden; das allgemeine Wohlbefinden und die körperliche Leistungsfähigkeit steigen allgemein." 112) Sie sehen, daß hier von allgemeinem Streß die Rede ist, und Angst ist ja ein Streßfaktor. Andere spezielle Methoden, um den Streß abzubauen, werden wir in weiteren Abschnitten noch kennenlernen.

Sie sollten noch die Unterscheidungsmerkmale kennenlernen, die Spontanentspannung von der Tiefenentspannung abheben. Für die praktische Anwendung des systematischen Entspannungstrainings ist die Spontanentspannung sehr wichtig, denn sie kann ohne größere Vorbereitungen auch in der Alltagssituation durchgeführt werden, wenn kurzfristig Entspannung notwendig ist. Die Spontanentspannung verzichtet auf die vorhergehende Herstellung der Anspannung. So kann die Spontanentspannung z.B. vor oder bei *angstauslösenden Gesprächen,* vor oder während Prüfungen usw. eingesetzt werden. Gerade diese Art der Anwendung von Entspannungstechniken gibt Ihnen die Sicherheit, daß Sie angstmachenden Situationen nicht hilflos ausgeliefert sind.

Es sei noch gesagt, daß innerhalb der vollkommenen Tiefenentspannung unterschieden wird zwischen einer *Langform* und einer *Kurzform.* Dabei ist die Langform die grundlegende Art der Tiefenentspannung, die immer wieder geübt werden sollte, die Kurzform und die Spontanentspannung sind abgeleitete Formen, die wegen ihrer relativ einfacheren Durchführungsart häufiger zur Anwendung kommen können.

Sie haben aus all diesen Ausführungen über die Anti-Angst-Taktik entnehmen können, daß es solche Methoden gibt und daß sie erfolgreich sind. Wie die Methode im einzelnen durchgeführt wird, kann in diesem Rahmen nicht behandelt werden. Empfehlenswert ist hier z.B. das Buch ,,Anti-Angst-Training" von Günther M. Huber, aus dem wir schon zitierten. Noch einmal soll hier jedoch dringend empfohlen werden, Entspannungstraining mit Hilfe eines Fachmannes zu erlernen. Es gibt auch Institute, die z.B. dreitägige Kurse anbieten, in deren Rahmen teilweise auch mit einer Kombination von *Gedanken- und Vorstellungstechniken* gearbeitet wird 113).

Es lohnt sich sicher, ein solches Entspannungstraining mitzumachen. Näheres darüber werden Sie noch im Abschnitt 8 kennenlernen.

7.2 Was ist Streß?

Sprachen wir bisher von der Angst, so kommen wir nun zu dem Begriff des Streß, und wir finden hier einen engen Zusammenhang zwischen den beiden Begriffen. Denn Streß-Situationen führen nicht selten zu Angstreaktionen und Angstgefühlen, Streß wirkt *angstauslösend*. Was aber ist Streß genau? Können wir diesen Begriff definieren?

Professor Herbert Bensson von der Harvard Medical School und der Direktor einer privaten Stiftung, Robert L. Allen, drücken das so aus: ,,Es ist schwierig, Streß zu definieren, und noch schwieriger, ihn zu quantifizieren. Wir glauben, daß Streß aus Umfeldsituationen resultiert, die Anpassungsverhalten fordern – von kleinen Störungen bis hin zu Ereignissen wie schwerer Krankheit, Tod des Ehegatten oder Scheidung. Die streßbedingten Verhaltensanpassungen sind verbunden mit spezifischen physiologischen Veränderungen wie erhöhtem Blutdruck, schnellerem Herzschlag, Schweißausbrüchen, beschleunigter Atmung oder auffallendem Anstieg des Bluttransportes in die Muskeln. Diese Veränderung findet man häufig in einem integrierten und koordinierten Reaktionsmuster wieder, das mit ,,Flüchten oder Standhalten'' umschrieben wird.'' 114)

Von dieser Reaktion ,Flüchten oder Standhalten' gehen nun aber Wirkungen aus, die uns zu erhöter Leistung bringen, wir *strengen uns vermehrt an,* um unser Ziel zu erreichen. Und das ist eine wesentliche Voraussetzung für jeglichen *Erfolg*, besonders aber für den Berufs- und Geschäftserfolg. Wenn allerdings die Möglichkeiten weder zum Flüchten noch zum Standhalten vorhanden sind, dann wird der Streß zum Auslöser von zu hohem Blutdruck, Herzanfällen usw., aber auch von seelischen Störungen wie Angstzuständen. Können wir also nicht kämpfen, dürfen nicht aggressiv werden und haben auch keine Möglichkeit zur Flucht, dann müssen wir *Energie* aufwenden, um diese Spannungsgefühle zu unterdrücken. Es kommt zu einer *Dauerbelastung,* der wir nicht gewachsen sind. Wir geraten in einen Alarmzustand, können ihn jedoch nicht abreagieren. Und wenn wir uns eine Liste der *wichtigsten Streßfaktoren* anschauen, so wird uns klar, daß es unbedingt notwendig ist, dem Streß wirkungsvoll zu begegnen:

Angst und Stress bewältigen

„Tod des Ehegefährten, Scheidung, eheliche Trennung, Gefängnisstrafe, Tod eines Familienmitglieds, Verletzung oder Krankheit, Operation, Heirat, bevorstehendes Examen, Entlassung aus dem Beruf, eheliche Aussöhnung, Pensionierung, bevorstehende Beförderung, Erkrankung eines Familienmitgliedes, Schwangerschaft, sexuelle Schwierigkeiten, Familienzuwachs, berufliche Umstellung bzw. Wechsel, geschäftlicher Neubeginn, finanzielle Schwierigkeiten, Tod eines Freundes, Streit mit dem Ehegatten, Aufnahme eines höheren Kredits, Bau eines Eigenheims, geänderte Berufsverantwortung, Kind verläßt Haus, Ärger mit Verwandten, außergewöhnliche Belastung, Ehefrau wird berufstätig, Schulbeginn oder Schulende, Änderung des Lebensstandards, Schwierigkeiten mit Vorgesetzten, andere Arbeitsbedingungen" 115).

Es sollte Ihnen aufgefallen sein, daß es sich bei dieser Aufzählung weitgehend um negative Situationen handelt. Der Psychologe Selye nannte jedoch *zwei Arten von Streß*: „den negativen, schädlichen, lebens-zerstörenden Streß *Distreß*, den positiven vitalisierenden und lebens-notwendigen Streß hingegen *Eustreß*." 116) Sie können unschwer sagen, daß der *Distreß* Krankheit, Depressionen, Einsamkeit und funktionelle Neurosen aller Art in unser Leben bringt, der Eustreß aber Gesundheit, Zufriedenheit, Glück usw. Andererseits ist es aber auch bekannt, daß übermäßige freudige Erregung manchem Schaden gebracht hat.

7.2.1 Streß, ein hochgespieltes Phänomen

„Das Reden und Schreiben über ‚Leistungsstreß', ‚Schulstreß', ‚Freizeitstreß' usw. legen die Frage nahe, ob nicht statt kritischer Aufklärung oft die Schadensfunktion überwiegt. Wieviel Quasi-Streß haben Streßforscher und Journalisten schon produziert?" 117)

Natürlich ist nicht alles Streß, was für Streß gehalten wird, und nicht jede Überlastung kann als Streß bezeichnet werden. Zu Zeiten, in denen das Gerede vom Streß geradezu ‚in' ist, werden bisweilen aber auch schon Normalbelastungen als Streß ausgegeben.

„Wäre die normale, alltägliche Belastung, der die meisten Menschen ausgesetzt sind, als Ursache für Herz- und Kreislaufkrankheiten verantwortlich zu machen, dann wäre wohl jeder Industriestaat bald ein Land von Frührentnern." 118)

Wovon hat man eigentlich gesprochen, als es das Wort Streß in unserem Sprachbereich noch nicht gab? Den Streß selbst hat es da ja schon gegeben, nur nicht das modische Gerede darüber.

Nun, Streß gibt es und Streß wird es immer geben. Wir dürfen uns nur nicht in dieses Phänomen hineinsteigern oder uns einbilden, daß wir unter Streß stehen, wenn es sich gar nicht um eine echte Streß-Situation handelt. Natürlich gibt es immer wieder Streß, im Privatleben und in fast allen Berufen. Doch Streß resultiert weniger aus der Arbeit an sich als aus den *Bedingungen* oder *Umständen,* unter denen die Arbeit ausgeführt werden muß, aus der Einsicht, nichts gegen die streßauslösende Situation machen zu können. Aber ist man wirklich so *machtlos?* Oder sieht man die Situation nur so, weil Widerwillen im Spiel ist, Abneigung, Protest oder Einfluß anderer? Dem müßte man nachgehen, um herauszufinden, ob es wirklich Streß ist, was man dafür hält oder ob man sich nur in etwas hineingesteigert hat, das man ruhiger angehen könnte?

Über das Thema Streß haben sich schon viele Streßforscher den Kopf zerbrochen. Man kam zu den verschiedensten Auffassungen, und Hans Selye, der Begründer der Streßforschung, nannte ihn ,,ein universelles Lebensphänomen, eine im Prinzip lebensrettende Alarmreaktion, der die Aufgabe zukommt, den Organismus bei einer Gefahr in Sekundenschnelle auf physische Kraftakte vorzubereiten." 119) Auch daran sollte man denken, wenn man mit dem Streß fertig werden will.

7.2.2 Streßbekämpfung

Folgen wir der Auffassung, daß der Streß eine im Prinzip *lebensrettende Alarmreaktion* ist, dann können wir auch folgern: ,,Der im normalen Leben wirksame Streß hat die Aufgabe, für die Anpassung des Organismus an die vielen verschiedenen Einflüsse zu sorgen." 120) Daraus kann man wieder den Schluß ziehen, daß man gegen normalen Streß überhaupt nichts unternehmen sollte. Jetzt gibt es aber Situationen, die über das Normale hinausgehen, und erst da wird die Streßbekämpfung interessant. Man braucht also nicht krampfhaft darüber nachzudenken, was man gegen Streß ganz allgemein unternimmt, sondern man sollte seine Aufmerksamkeit vielmehr auf die individuell als gefährlich oder unangenehm erkannte Situation richten.

Um Streß erträglicher zu machen, muß man sich aber *nicht unbedingt* auf die jeweilige Situation richten. Es gibt auch die *bewußte Vorbereitung,* die darauf ausgerichtet ist, Streß-Situationen besser verkraften zu können. Bei dieser Vorbereitung spielt das *Entspannungstraining* eine wichtige Rolle. Allerdings darf Entspannungstraining nicht oberflächlich betrieben werden. Man darf solche Übungen auch nicht nur ab und zu machen und man muß Freude daran haben, wenn man seinen Körper durch gezielte Entspannung wieder ins Gleichgewicht bringen will. Es gibt – und wie könnte es anders sein – ganz verschiedene Methoden und Übungen, die allerdings alle ähnlich ausgerichtet sind. Als Beispiel wird hier eine Übung nach Brechtel beschrieben:

Angst und Stress bewältigen

„Sitzen Sie entspannt da, schließen Sie die Augen, atmen Sie ruhig. Nun ziehen Sie die Schultern so hoch es geht, drücken Sie den Kopf zurück, ohne Ihr Gesicht zur Decke zu richten und versuchen Sie, das Polster zu spüren, das dadurch im Nacken entsteht. Jetzt drücken Sie Hinterkopf und Nackenrolle nach Leibeskräften zusammen, während sie weiterhin ruhig atmen. Drücken Sie, bis der Kopf zittert, dann lassen Sie Ihren Kopf vornüber fallen, so daß Ihr Kinn auf Ihre Brust fällt. Nach einer kurzen Zeit ruhigen Atmens (Augen geschlossen) legen Sie nun das rechte Ohr auf die rechte Schulter, damit sich die vom Ohr zur Schulter verlaufenden Sehnen spannen. Bitte nicht das Kinn hin- und herdrehen, sondern den Kopf seitlich bewegen." 121) Sie sollten nach dieser Übung eine *angenehme Wärme* verspüren. Wenn Ihnen der Kopf schmerzen sollte, dann haben Sie wohl etwas nicht richtig gemacht, z.B. den Atem angehalten.

Erwarten Sie von solchen oder ähnlichen Übungen nicht zuviel, denn sie müssen nicht unbedingt auf Ihre Art Streß anschlagen. Am besten, Sie streben nach einem *eigenen Anti-Streß-Programm,* aber dazu müssen Sie wissen, woher der Streß kommt, ziemlich genau sogar. Und wenn Sie das wissen, dann erübrigt sich mitunter ein spezielles Programm, denn manchmal ist es möglich, Streß-Situationen zu bereinigen oder zu entschärfen.

Viele Leute bringen sich selbst in Streß. Sie arbeiten in einem ungeheuren Durcheinander, das sie selbst verursachen, aber anderen anlasten. Sie regen sich auf, weil sie wichtige oder belanglose Dinge nicht finden, werden von Terminen überrascht, die sie vergessen haben, wursteln sich konzeptionslos durch den Tag, geraten mit wichtigen und unwichtigen Dingen in Rückstand, sind zu Überstunden gezwungen, müssen auf private Vergnügen verzichten, bilden sich ein, überhaupt keine Zeit mehr zu haben usw. usw.

Wenn es so ist, dann hilft auch kein Entspannungstraining, bevor man nicht entschlossen zu einer *anderen Arbeitstechnik* greift oder andere Mängel behebt, die Streß-Situationen begünstigen. So kann man wirklich einiges tun: „Wenn Ihr Gedächtnis nachläßt, Sie viele Flüchtigkeitsfehler machen oder Ihre Konzentration schlecht ist, dann befassen Sie sich doch bitte mit Trainingsprogrammen wie Lerntechnik, Arbeitstechnik, Technik des geistigen Arbeitens bzw. Gedächtnis- und Konzentrationstraining." 122) Manchmal wird auch regelrechtes *Körpertraining* notwendig sein, um sich ein wenig flott zu machen. Oft ist man nämlich nur langsamer geworden, träger oder unlustiger, und das, was man für Streß hält, ist nichts als die Folge des eigenen *Leistungsabbaus* und *zurückgehende Motivation.* Darauf wird viel zu wenig hingewiesen, und doch könnte es manches erklären.

Andererseits sollte man aber auch darauf achten, daß man nicht zum Streßfan wird, denn „von Streß können Menschen, insbesondere Manager, genau so süchtig werden wie von Drogen oder Alkohol." 123)

Will man dem Streß begegnen, dann sollte man sich auch fragen, in welcher der verschiedenen Rollen, die wir tagtäglich zu leben haben, wir dem Streß begegnen. Ist es etwa die Rolle des Vorgesetzten, die uns mit Streß plagt? Ist es der Umgang mit Kunden, mit Behörden, mit Lieferanten, Kreditgebern oder Schuldnern? Oder ist es die private Sphäre, die den Streß bringt?

Rollenstreß kann man durch Veränderung der eigenen Rollenstruktur vermindern, und zwar auf verschiedene Weise.

„*1. Rollenverengung: das Anspruchsniveau an das eigene Rollenverhalten wird gesenkt,*
2. Delegation: die Durchführung einzelner Aufgaben wird an andere Rollenträger übertragen,
3. Verzicht: es werden einzelne Rollenbeziehungen aufgegeben,
4. Ausweitung bestimmter Rollenbeziehungen bei gleichzeitiger Aufgabe anderer Beziehungen,
5. Aufbau von Schranken gegen eine weitere Vergrößerung des eigenen Rollen-Systems,
6. Aufbau von Schranken gegenüber einer Erhöhung der bisherigen Rollenanforderung.“ 124)

Natürlich ist es nicht immer einfach, Rollenkorrekturen durchzuführen. Man muß Entscheidungen treffen und kann dadurch in Konflikte geraten, die ebenso belastend wie Streß wirken können. Man kann nicht einfach alles aufgeben, was man als störend oder belastend empfindet. Wer Verpflichtungen eingegangen ist, wird sie erfüllen müssen, und darin liegt auch die Schwäche bei der Rollenreduktion. Deshalb ist sie auch leichter vorbeugend anzuwenden. Man darf sich einfach nicht so viel aufhalsen, muß lernen, Prioritäten zu setzen, muß Werte und Notwendigkeiten abwägen und sich auch fragen, ob man eine Sache freudig oder mit Widerwillen angeht.

Es gibt noch eine Methode, Streß-Situationen zu entschärfen oder es erst gar nicht zum Streß kommen zu lassen. Doch diese Methode ist – obwohl von manchem erfolgreich angewandt – umstritten. Sie besteht einfach darin, manche Dinge zu ignorieren, keine Entscheidungen zu treffen, *abzuwarten.* So gibt es Leute, die Terminsachen immer erst im letzten Augenblick erledigen. Sie wissen aus Erfahrung, manches erledigt sich von selbst und wollen durch unnütze Arbeit ihr Arbeitsvolumen nicht mehren. Bekannt ist auch das sogenannte „*Aussitzen*", also ein bewußtes Zurückhalten von

Äußerungen oder Entscheidungen in der Annahme, daß sich die Wogen glätten oder Gras über eine Sache wachsen wird. Dazu gehört natürlich ein ganz bestimmtes Naturell, und selbst, wenn man in der Lage ist, so etwas ohne große seelische Belastung zu praktizieren, kann das einen sehr schlechten Ruf einbringen. Besser ist schon ein gutes Gewissen. Das Bewußtsein, ständig seine Pflicht zu tun, sich nicht zu drücken. Dann braucht man nichts zu fürchten, und gerade die Furcht des Versagens, die Angst vor Konsequenzen, die belastende Vorstellung, etwas nicht bewältigen zu können, diese Dinge sind es, die Streß gefährlich machen können, und dagegen schützt uns eigentlich weit besser als manches Patentrezept die Gewißheit, unser Bestes zu tun.

7.2.3 Nicht nur den eigenen Streß abbauen

Mit dem eigenen Streß fertig zu werden, das genügt natürlich noch nicht, wenn man Karriere machen will. Neben vielen anderen Dingen, die dazugehören, muß man es auch fertig bringen, bei seinen *Mitarbeitern* Streß abzubauen. Diese Meinung ist allerdings umstritten und wird manchmal in der Praxis sogar klar widerlegt.

Immer wieder geraten wir an Vorgesetzte, die sich rühmen, ihre Mannschaft richtig unter *Druck* setzen zu können, um sie dadurch zu Höchstleistungen zu bringen. Hier und da mag das auch gelingen, besonders in Zeiten, da man den Mitarbeitern immer wieder unter die Nase halten kann, daß draußen genügend Mitbewerber warten, um wieder in den Arbeitsprozeß aufgenommen zu werden. Manchmal verloren solche Vorgesetzte aber früher ihren Posten als ihre Mitarbeiter. Nicht nur, weil die Geschäftsleitung erkannte, daß Unfrieden im Betrieb produktionshemmend ist, sondern auch deshalb, weil in *künstlich erzeugter Hektik* die Qualität der Arbeitsergebnisse leiden kann. Ganz davon zu schweigen, daß solche Vorgesetzten nicht beliebt sind und mancher nur darauf lauert, ihnen Schaden zufügen zu können. Also keine Methode, um im Berufsleben *langfristig* erfolgreich zu sein.

Wirklich gute Vorgesetzte motivieren ihre Mitarbeiter, anstatt sie in Streß zu bringen. Sie nehmen sogar selbst Streß auf sich, um ihre Mitarbeiter abzuschirmen. Sie versuchen, *Sicherheit zu vermitteln,* anstatt Unsicherheit zu verbreiten.

Jede gut orientierte Führungskraft weiß heute, daß die Situation ernst ist, daß nur Miteinander und Füreinander zählen und daß ein Gegeneinander jedes Unternehmen gefährdet. Zugegeben sei hier, daß nicht alle davon überzeugt sind und daß immer wieder Vorgesetzte dazu verleitet werden zu glauben, jetzt sei die richtige Zeit, um einmal richtig aufzuräumen, aber manche von ihnen werden, noch ehe sie es erkennen, wegrationalisiert, viel schneller als manche ihrer Mitarbeiter, die sie um des eigenen Überlebens willen geschunden haben.

Es wird tatsächlich Zeit, daß auch die letzten Unternehmer und Vorgesetzten erkennen, daß sie sich in einer *Bewährungsprobe* wie nie zuvor befinden. Letztlich geht es doch darum zu zeigen, daß der Unternehmer auch heute noch seine gesellschaftspolitische Funktion erfüllt, daß seine Führungskräfte nicht einfach Werkzeuge sind, die ihm zu immer höherem Profit verhelfen sollen, sondern daß allesamt im Sinne eines guten volkswirtschaftlichen Abschneidens harte Arbeit leisten und gegebenenfalls bereit sind, auch härtere Belastungen auf sich zu nehmen als andere, denen am Ende ein geringerer Teil des Sozialprodukts zufällt.

„Die wichtigsten Waffen sind heute Kreativität, innere Ruhe und Freisein von Angst." 125) Das sollte sich jeder merken, der Erfolg haben will. Das sollte auch jeder für diejenigen gelten lassen, die *mit ihm* den Arbeitsalltag teilen.

So gesehen sollte es nicht schwerfallen, ein Betriebsklima zu schaffen, in dem es nicht mehr Streß als eben nötig gibt, und das ist äußerst wichtig. Denn der schnelle Wandel in der Wirtschaft, der rapide technische Umschwung, Elektronisierung und Automation setzen schon genug Turbulenzen frei, die nicht außer Kontrolle geraten dürfen, wenn der *soziale Friede* gewahrt bleiben soll. Ohne ihn Berufs- und Geschäftserfolge zu erringen, wird sehr schwer sein und nie voll befriedigen.

7.2.4 Streß kann auch positive Wirkung haben

Wenn Sie kurz darüber nachdenken, werden Sie bestätigen können, daß man während der vergangenen Jahre viel mehr vom Leistungsdruck als vom Leistungsglück gesprochen hat. Das entspricht auch dem allgemeinen Trend.

„In den letzten Jahren ist unser soziales Bewußtsein so stark zugunsten der Interessen der Schwachen, der Unterprivilegierten, der Zu-kurz-gekommenen mobilisiert worden, daß wir dem Leistungsprinzip doppelt mißtrauen, nicht nur, weil es als Maßstab der Zuteilung von Lebensmöglichkeiten höchst unvollkommen erscheint, sondern auch, weil nicht für alle die gleichen Startbedingungen beim Eintritt in den Leistungswettbewerb bestehen." 126)

Es gibt noch andere Einwände, die gegen das Leistungsprinzip sprechen. Trotzdem wird niemand ernstlich in Abrede stellen, daß Leistung auch Freude machen kann. Sogar Leistungen, unter schwersten Bedingungen zu bewältigen, können in Hochstimmung versetzen, wenn sie vollbracht wurden. Man kann sogar sagen, je größer die Leistung, desto stärker die Selbstbestätigung.

91

Angst und Stress bewältigen

Schwierige Situationen meistern, harte Bedingungen erfüllen, mit Widrigkeiten fertig werden, Unwahrscheinliches vollbringen, über sich hinauswachsen, all das zeigt uns, was wir wirklich können, was in uns steckt, was möglich ist, wenn wir wirklich wollen.

Wenn man gar nicht erst lange zu definieren versucht, ob es sich um Streß handelt oder nicht, wenn man sich mitreißen läßt von der eigenen Tatkraft und freudig auf das Ergebnis sieht, dann wächst damit auch das Selbstvertrauen, und darauf ist man angewiesen, wenn man etwas erreichen will.

Streß kann ein *Prüfstein der eigenen Leistungsfähigkeit* sein, und den braucht man, um sich besser als nur subjektiv beurteilen zu können. Man muß allerdings – wenn man gut mit Streß-Situationen fertig wird – darauf achten, nicht ausgenutzt zu werden, sondern versuchen, aus dieser Fähigkeit eigenen Nutzen zu ziehen.

8 ENTSPANNEN UND KONZENTRIEREN

Haben Sie sich schon einmal gefragt, woher Sie Ihre Kraft beziehen, wenn es darum geht, persönliche Tiefs zu überwinden? Wenn ja, dann werden Sie wahrscheinlich festgestellt haben, daß es zum großen Teil Ihre *innere Energie* ist, die Sie aus persönlichen Tiefs herausbringt.

Innere Energie hat jeder, aber nicht in gleichem Maße. Zudem ist auch nicht geklärt, woher man – individuell gesehen – innere Energie bezieht. Es gibt verschiedene *Quellen,* aus denen innere Energie gespeist werden kann, doch was beim einen z.B. religiöser Glaube ist, kann beim anderen das starke Selbstbewußtsein bewirken oder auch das Gefühl, Verantwortung zu tragen, in einer Gemeinschaft zu stehen, in der einer für alle und alle für einen da sind.

Fest steht, daß die Quellen unserer inneren Energie *nicht unerschöpflich* sind. Wir können sie nicht ständig anzapfen, ohne schlußendlich zu erlahmen, zu resignieren. Darum dürfen wir unsere innere Energie nicht leichtsinnig verschleudern, uns auf alle Nichtigkeiten einlassen oder uns womöglich engagieren, wenn man nur darauf wartet, unsere Energie in Dienste zu stellen, die uns am Ende eher schaden könnten.

Wer unter ständiger Spannung lebt, verbraucht seine innere Energie schneller als ausgeglichene Typen. Und wer ständig unter energiegeladener Hochspannung steht, dem wird es schließlich schwerfallen, sich auf wesentliche Dinge zu konzentrieren.

Wir sind also aufgefordert, für ein *ausgewogenes Verhältnis* von Entspannung und Konzentration zu sorgen. Das ist gar nicht so einfach in einer schnellebigen Zeit, in der es immer wieder Streß-Situationen gibt, in der ständig neue Aufgaben gestellt werden können, obwohl die alten nicht erledigt sind, in der es Sach- und Zugzwänge gibt und die trotz aller Computerisierung auf den *Menschen* angewiesen ist.

Vielleicht müssen wir einmal mehr lernen, mit dieser Zeit und mit uns selbst umzugehen, damit das Leben lebenswert bleibt.

8.1 Entspannung ist lernbar

Ein Besprechungstext der New York Times, der einem Buch über transzendentale Meditation vorangestellt ist, sagt unter anderem folgendes aus: ,,Jeden Tag vor dem Frühstück und dann wieder vor dem Abendessen sitzen eine halbe Million

Entspannen und konzentrieren

Amerikaner aller Altersklassen und Lebensgewohnheiten in bequemen Sesseln und schließen ihre Augen. Ohne Anstrengung gelangen sie in tiefe und immer tiefere Stadien der Entspannung, während ihre Gedanken mit Freude erfüllt sind." 127)

Wie kommen alle diese Leute dazu? Sind sie besonders talentiert oder bedarf es einer speziellen Gnade, sich solcher Versenkung hingeben zu können? Nein, es bedarf nur des *eigenen Willens* und *spezifischer Information,* um Entspannungstraining – gleich welcher Art – betreiben zu können. Es gibt einfache und kompliziertere Verfahren. Manchmal bedarf es der Hilfe versierter Dritter, mitunter aber auch nur einer einfachen schriftlichen Anleitung.

Wichtig ist etwas *Geduld.* Wichtig ist es auch, daß man die Sache *ernst* nimmt, *nicht sofort* Erfolge erwartet und *keine Vorurteile* mitbringt, wenn man mit dem Training beginnt. Wer das beherzigt, wird bald feststellen, daß Entspannung lernbar ist. Versuchen Sie es selbst, dann können Sie es schon bald bestätigen.

8.1.1 Autogenes Training

Autogenes Training ist nicht neu. Schon kurz nach der Jahrhundertwende gab es Versuche, die ähnlich wie modernes autogenes Training verliefen. Damals wie heute gibt es eine Grundregel, die sich nicht verändert hat:

Wer autogenes Training betreiben will, muß es *wirklich wollen,* muß sich mit *freiem Willen,* unvoreingenommen dieser Methode hingeben, darf sich nicht verkrampfen oder übersteigerten Ehrgeiz entwickeln, um die Methode möglichst rasch zu erlernen und muß die Kraft haben, sich wirklich versenken zu können.

Das Verfahren selbst ist recht einfach. Es besteht aus bestimmten Übungen, die von der Körperperipherie zum Körperinneren wirken. Mit jedem Schritt der Übung kann sich – richtig ausgeführt – eine Wirkungssteigerung einstellen, so daß zuerst bestimmte Körperbereiche, dann aber der ganze Körper entspannt ist.

Es gibt mittlerweile sehr viele *Anleitungen* zum autogenen Training, und wenn hier eine ganz bestimmte vorgestellt wird, dann vor allem, weil sie sehr übersichtlich und einfach nachzuvollziehen ist:

„Geeignet als Trainingshaltung ist die Rückenlage. Die Beine sollen leicht gespreizt sein, die Fußspitzen sollen nach außen zeigen. Die Hände ruhen neben dem Körper. Die einzelnen Trainingsformeln sollen jeweils in Gedanken langsam wiederholt werden und lauten:

94

O. Ich bin vollkommen ruhig und entspannt
    Ziel: Allgemeine Beruhigung des Vegetativums
1. Mein rechter Arm (Linkshänder: linker Arm) ist ganz schwer
    Ziel: Muskelentspannung
1a. Ich bin vollkommen ruhig und entspannt
    (nur einmal wiederholen)
2. Mein rechter (linker) Arm wird warm durchströmt
    Ziel: Entspannung der Blutgefäße
2a. Ich bin vollkommen ruhig und entspannt
    (nur einmal wiederholen)
3. Mein Puls schlägt ruhig und gleichmäßig
    Ziel: Entspannung und Rhythmisierung des Kreislaufsystems
3a. Ich bin vollkommen ruhig und entspannt
    (nur einmal wiederholen)
4. Mein Atem ist ruhig und gleichmäßig
    Ziel: Harmonisierung der Atmung
4a. Ich bin vollkommen ruhig und entspannt
    (nur einmal wiederholen)
5. Mein Magen ist strömend warm
    Ziel: Entspannung des Magen/Darmtrakts
5a. Ich bin vollkommen ruhig und entspannt
    (nur einmal wiederholen)
6. Meine Stirn ist angenehm kühl
    Ziel: Entspannung der Gefäße im Kopfbereich
6a. Ich bin vollkommen ruhig und entspannt
    (nur einmal wiederholen)
7. Rücknahme des Trainingszustandes
    Das Training wird auf eine genau festgelegte Art beendet
7a. Hände zu Fäusten ballen
7b. Arme gleichzeitig mehrmals intensiv beugen oder strecken
7c. Augen öffnen.

Diese Rücknahme des Trainingszustandes sollte nie vergessen werden, da die durch den Vorgang der Entspannung reduzierte Kreislaufaktivität wieder auf das allgemeine Leistungsniveau des Wachzustandes angehoben werden muß." 128)

Es empfiehlt sich, ein solches Training *stufenweise* zu beginnen. Also nicht am ersten Tag alle Übungen von 1 bis 7 durchgehen, sondern langsam steigern.

Anhänger des autogenen Trainings schreiben ihm einen sehr *weiten Anwendungsbereich* zu. ,,Überall, wo vegetative Symptome stören oder wo sie verschwinden sollen, wo Gewohnheitsfehler korrigiert oder Affekte bekämpft werden wollen, erweist sich das AT als nützlich. Wer sich ein ‚dickes Fell' zulegen will, kann dies mit seiner Hilfe ohne weiteres tun." 129) Es erscheint also natürlich, daß autogenes Training sowohl bei psychischen Störungen, bei Abbau von Aggressionen, bei der Befreiung von Drogen, als Hilfe für Alkoholgefährdete und bei Sexualstörungen oder auch zur Befreiung von Angstzuständen und Zwängen empfohlen wird.

Selbstverständlich ist es wohl, daß bei schweren Störungen ein Arzt hinzugezogen werden sollte. Zudem ist autogenes Training nicht die einzige Hilfe, auf die man bauen kann. Ihr nah verwandt ist die *Meditation*. Darum sollten Sie sich auch mit diesem Phänomen befassen, wenn es Ihnen um Entspannung und Konzentration geht.

8.1.2 Meditation

Wenn man von Meditation spricht, dann denkt man an sinnende Betrachtung, Nachdenken oder Andacht. Meditation wird auch oft mit Religion in Verbindung gebracht, und religiöse Meditation ist auch heute noch keine Seltenheit. Aber längst hat sich die Meditation aus dem religiösen Bereich gelöst, und auch die religiöse Meditation ist nicht immer und allein auf das Geistig-Religiöse gerichtet. *Zen* ist dafür ein Beispiel.

,,Der Zenschüler lernt sich konzentrieren wie kaum ein anderer; stundenlang, tagelang, ja wochenlang konzentriert er sich auf das Nichts. Im Zen wird die Konzentration, die Ruhe ein intensives Tun, eine Leistung; es ist die berühmte ‚Stille', die allen Lärm durchbricht." 130) Das erscheint vielleicht im ersten Augenblick sehr zweckfrei, doch ,,denken ist hier kein Selbstzweck, kein spekulatives Resonieren. Es hat sich einem Übungsziel zu unterwerfen, vor dessen Erreichung als unabdingbare Voraussetzung gerade die Auflösung begrifflicher Denkkategorien gefordert ist." 131) Es handelt sich hier um die bewußte Beschränkung auf eine *Methodik des Denkens,* die immer in engstem Zusammenhang mit einer *Methodik des Handelns* bleibt, also auch *Selbsterfahrung* ist. Berücksichtigt man zudem, daß dem Zen die Gottesvorstellung oder auch jeder Ansatz ausgeprägter Metaphysik fehlt, dann versteht man auch, daß Zen die vorbehaltlose Hinwendung an das einfache, alltägliche Erleben fordert, obwohl sich Zen in der Tradition des ostasiatischen und durchaus religiösen Buddhismus entwickelt hat. Ähnlich haben sich andere Meditationsarten von ihrem Ursprung gelöst, und so kann man heute davon ausgehen, daß

,,– Meditation durchaus praxisbezogen sein kann bzw. dem täglichen Leben eines Westeuropäers große Dienste leisten kann,
– Meditation ein überwiegend körperlicher Entspannungsprozeß ist,

- bereits 2 bis 3 Minuten pro Tag eine sehr positive Wirkung für den in Streß stehenden Menschen haben und daß
- jeder Mensch diese Basis-Meditation innerhalb von Minuten erlernen kann, weil jeder Mensch täglich häufig unbewußt meditiert." 132)

Wir meditieren in der Tat häufiger als wir annehmen, ohne das, was wir tun, als Meditieren zu identifizieren. Ein aufmerksamer Beobachter seines Tagesablaufes kann z.b. beobachten, daß er „nicht in der Lage ist, sich längere Zeit mit einer Arbeit zu beschäftigen, sondern nach einer kurzen Arbeitsphase immer wieder Meditationspausen einlegt. Interne Untersuchungen haben gezeigt, daß dadurch etwa 25 Prozent der täglichen Arbeitszeit verlorengeht." 133)

Meditieren ist also nichts Ungewohntes. Doch wenn wir bewußt meditieren wollen, sollten wir uns darauf vorbereiten. Dabei unterscheiden wir die *äußere* und die *innere Vorbereitung*.

„a) Äußere Vorbereitung
- Sie vergewissern sich, daß Sie während der nächsten 10 Minuten nicht gestört werden.
- Sie setzen sich bequem in Ihren Entspannungsstuhl oder legen sich auf eine Couch.
- Sie überprüfen Ihre Kleidung (Hosenbund, Schuhe, Uhr, Brille etc.), daß sie nirgendwo drückt oder einengt.

b) Innere Vorbereitung
- Sind Sie sicher, daß Sie jetzt meditieren wollen?
- Können Sie Ihre alltäglichen Probleme für 10 Minuten zur Seite stellen und sich ausschließlich mit sich selbst und Ihrem Körper beschäftigen?
- Dann schließen Sie jetzt die Augen und versuchen, Ihre Wahrnehmung von der Außenwelt weg und nach innen, auf Ihre Innenwelt, auf Ihren Körper zu richten. Durchstreifen Sie so mit Ihren inneren Augen Ihren Körper ganz ungezielt und planlos: vielleicht spüren Sie Ihren Atem, wie sich Ihre Bauchdecke langsam hebt und senkt . . . " 134)

Richtiges Atmen ist bei der Meditation sehr wichtig. Es wird empfohlen, die Atemzüge mitzuzählen (1 ein, 2 aus, 3 ein, 4 aus, immer bis 10 und dann von vorn anfangen). Man muß den Weg des Atems spüren, bis hinein in die Lungenspitzen. *Atemmeditation* kann man aber auch noch anders betreiben:

„Setzen Sie sich bequem hin und tun Sie einen einzigen, langsamen, tiefen Atemzug. Denken Sie dabei an das Wort ‚ein‘, während Sie einatmen, und an das Wort ‚aus‘, während Sie ausatmen. Nach diesem ersten Atemzug beeinflussen Sie Ihre Atmung nicht mehr absichtlich. Lassen Sie Ihren Atem seinen eigenen Gang nehmen, schneller oder langsamer, flach oder tief, wie er es will. Während er dies tut, denken Sie ,ein' bei jedem Einatmen und ,aus' bei jedem Ausatmen." 135)

Sie sehen hieran bereits, daß es verschiedene Varianten der Meditationstechnik gibt. Für Sie ist das wichtig, denn Sie sollen nach einer Methode suchen, die Ihnen *Wohlbefinden* bringt. Sie sollen also nicht einfach eine Methode übernehmen, die Ihnen hier oder anderswo angeboten wird, denn es hat keinen Zweck, sich an eine empfohlene Methode zu halten, wenn sie den Erwartungen nicht entspricht.

So, wie man sich während der Meditation auf das Atmen konzentrieren kann, ist auch die Konzentration auf einen *Gegenstand* möglich. Sie schauen z.b. auf ein Bild und versuchen, alles andere zu vergessen. Ihre ganze Aufmerksamkeit konzentriert sich auf den Gegenstand Ihrer Betrachtung. Alles andere schalten Sie aus. Daß man ähnlich auch mit *Musik* verfahren kann, werden Sie selbst schon erlebt haben. Dabei wird Ihnen aufgefallen sein, daß Sie sich besonders in solche Musik versenken können, die Sie ohnehin bevorzugen. Nicht zuletzt sollte man daran denken, daß man auch in der *Natur* meditieren kann.

Meditation ist nicht unbedingt mit ruhendem Körperverhalten verbunden. Zur Meditation können bestimmte *Körpervibrationen* oder bestimmte *Körperbewegungen* gehören, *tanzähnliches* Verhalten oder auch ein *Verharren* in Körperstellungen, die aus dem Yoga bekannt sind.

Als Grenzgebiet der Meditation könnte man auch die Psychotherapie mit der *Tagtraumtechnik* bezeichnen. Man spricht in diesem Zusammenhang vom ,*Katathymen Bilderleben'*. ,,Das System als ganzes beruht auf der Grunderfahrung des Menschen, daß er phantasiegetragene Imagination entfalten kann." 136) Das betrifft nicht unsere Träume bei Nacht allein, sondern auch unsere Tagträume und unsere Fähigkeit, uns immer wieder imaginär in einem eigenartigen, subtilen, dialektischen Prozeß gegenüberzutreten. Um daraus therapeutischen Nutzen ziehen zu können, bedarf es aber eines spezialisierten Arztes bzw. Therapeuten.

8.1.3 Gesunder Schlaf

Der Mensch verbringt – im Durchschnitt gesehen – *ein Drittel* seines Lebens schlafend. Trotzdem weiß auch die Wissenschaft noch nicht genau zu sagen, was Schlaf eigentlich ist. Im Augenblick richtet sich die Forschung auf die Biochemie des Schlafes, um z.B. herauszufinden, wie man denen, die mit Schlafstörungen zu tun haben, helfen könnte.

Daß viele Menschen an Schlafstörungen leiden, zeigt schon der starke Verbrauch an Schlafmitteln. Neuerdings setzt man aber auch schwache Stromimpulse ein, die unter anderem auf Augen- und Nackenpartien wirken und offensichtlich das zentrale Nervensystem beeinflussen. Eine Sache, die man allein nicht versuchen sollte.

Es gibt verschiedene Schlafstörungen. Von *Durchschlafstörungen* spricht man, wenn man während der Nacht erwacht und schlecht wieder einschlafen kann, von *Schlaflosigkeit* ist die Rede, wenn man trotz größter Müdigkeit nicht einschlafen kann. Zudem wirken sich Schlafstörungen individuell ganz verschieden aus.

,,Tatsache ist, daß das Schlafbedürfnis von Mensch zu Mensch variiert. Ausschlaggebend für den dem Schlaf entsprechenden Erholungsgrad ist die Schlafmenge als Produkt von Schlafdauer und Schlaftiefe. So etwa schläft ein Tiefschläfer bei gleichem Schlafbedürfnis weniger lang als ein Leichtschläfer, der die geringe Schlaftiefe durch größere Schlafdauer ausgleicht." 137)

Erwachsene sollten *sieben bis acht Stunden* täglich schlafen. Das braucht man auf die Dauer, wenn sich die Körperzellen regenerieren sollen. Und wenn auch keine Einigkeit darüber besteht, ob im Schlaf irgendwelche Stärkungsprozesse ablaufen oder nicht, so kann doch jeder selbst beurteilen, daß er sich viel wohler fühlt, wenn er so richtig gut geschlafen hat. Darauf müssen Leute mit Schlafstörungen oft verzichten und nicht jeder kann das auf die gleiche Weise hinnehmen.

,,Manche Menschen betrachten ein paar schlaflose Stunden als das Schlimmste, was ihnen im Leben widerfahren kann, und greifen nach allem, ob Tablette oder Telefon, Radio oder Thriller, den man nicht mehr aus der Hand legt, um die Konfrontation mit dem eigenen Ich zu vermeiden. Andere vertreiben den Schlaf, weil sie sich bewußt vor Angstträumen fürchten und nur deshalb nicht einschlafen können. Wenn wir uns aber selbst kennenlernen wollen, gibt es für diese schwierigste aller Aufgaben keine bessere Gelegenheit als die schweigsamen Stunden der Nacht." 138)

Hier bieten sich erste, vernünftige Ansätze, um mit Schlafstörungen besser fertig zu werden. Vor allem läßt sich vermuten, daß es völlig verkehrt wäre, in Panik zu geraten, wenn sich der Schlaf nicht sofort einstellt. Je mehr man nämlich darüber nachdenkt, warum man nicht einschlafen kann, je mehr das beunruhigt, desto stärker wird die Schlafstörung sein. Kann man einmal nicht einschlafen, sollte man keinesfalls daraus auf einen sich ankündigenden Dauerzustand schließen. Für *sporadische Schlafstörungen* gibt es gewisse plausible Gründe, wenn man sie manchmal auch nicht sofort ermitteln kann. Und wenn jemand unter *dauernden Schlafstörungen* leidet, so verbessert sich dieser Zustand auch nicht dadurch, daß man mit dem Schicksal hadert. Vielleicht ist die Empfehlung, *zu sich selbst zu kommen,* in der nächtlichen Stille über sich nachzudenken, nicht nur wertvoll, weil man sich dadurch besser kennenlernt. Vielleicht wird dadurch manches klarer, vertrauter, und vielleicht verlieren sich dadurch auch einige der Symptome, die zu den Schlafstörungen beitragen.

Hier und da trifft man auf Empfehlungen, die Schlafstörungen verhindern sollen, auf Methoden wie das ‚Schäfchenzählen‘, doch da der Schlaf eine sehr individuelle Angelegenheit ist, bleibt in vielen Fällen der Erfolg aus. Trotzdem kann man manches tun, um besser zu schlafen, und deshalb ist es – bei aller Skepsis – nützlich, sich mit einigen Regeln, die den gesunden Schlaf fördern sollen, zu befassen:

– *Versuchen Sie herauszufinden, wieviel Schlaf Sie wirklich brauchen, um sich wach und frisch zu fühlen. Allzulanges Schlafen macht den Schlaf weniger intensiv.*
– *Achten Sie darauf, daß Sie genügend Bewegung haben, denn körperliche Betätigung kann gesunden Schlaf fördern. Körperliche Überanstrengung hingegen kann zu Schlafstörungen führen.*
– *Sie sollten möglichst immer zur selben Zeit aufstehen und auch zur selben Zeit ins Bett gehen. Auf diese Weise werden Sie sich an bestimmte Schlaf- und Wachzeiten gewöhnen.*
– *Achten Sie auf die Temperatur in Ihrem Schlafraum. Es spricht zwar nichts dafür, daß man in kalten Räumen ruhiger schläft. Es ist jedoch bekannt, daß hohe Temperaturen den Schlaf stören. Zudem ist Schwitzen während des Schlafens unangenehm.*
– *Daß Geräusche schlafstörend sind, hat wohl jeder schon erfahren. Gibt es also in Ihrer Umgebung Lärmquellen (z.B. Verkehrslärm), dann sollten Sie sich zur Schalldämpfung (z.B. durch Doppelfenster) entschließen. Auch Geräusche, von denen Sie nicht erwachen, stören den Schlaf.*
– *Koffeinhaltige Getränke wirken nachgewiesenermaßen schlafstörend. Selbst, wenn Sie glauben, daß Ihnen z.B. das Kaffeetrinken vor dem Schlafengehen nichts ausmacht, sollten Sie es lieber unterlassen.*
– *Auch schwere Speisen oder große Mahlzeiten, am Abend eingenommen, können den Schlaf beeinträchtigen. Ebenso aber auch Hungergefühl.*
– *Ständiger Gebrauch von Schlafmitteln ist schädlich und zeigt schließlich kaum noch Wirkung. Hingegen kann eine ab und zu eingenommene Schlaftablette vorübergehend helfen.*
– *Vor allem sollte man nie versuchen, das Schlafen zu erzwingen. Das führt zu Verkrampfung und nicht zur Entspannung. Nehmen Sie es möglichst gelassen hin, wenn Sie mal nicht einschlafen können. Ein paar Seiten lesen hat schon manchem geholfen.*

Hoffentlich werden Sie auf diese Empfehlungen nicht zurückgreifen müssen. Aber auch dann, wenn man über einen gesunden Schlaf verfügt, sollte man bisweilen seine *Schlafgewohnheiten überprüfen.* Wer gut und ungestört schlafen kann, sollte sich nämlich klar darüber sein, daß dies gar nicht so selbstverständlich ist, daß er über eine Entspannungsmöglichkeit verfügt, die überaus wohltut. Mit dieser Entspannungsmöglichkeit sollte man weise umgehen und sich nicht die Nächte um die Ohren schlagen, wenn es im Grunde genommen nichts bringt. Vor allem sollte man nicht zu früh zu Schlafmitteln greifen, wenn es einmal mit dem guten Schlaf nicht wie gewohnt klappt, denn daran könnte man sich gewöhnen.

8.2 Konzentration

Immer wieder hört man von Leuten, die über Konzentrationsmangel klagen. Vielleicht hegen Sie auch selbst den Verdacht, daß Ihre Konzentration nicht mehr das ist, was sie einmal war. Gründe dafür sind Ihnen nicht klar, doch Sie möchten dagegen gerne etwas unternehmen. Sie erinnern sich eventuell daran, daß es Ihnen in Ihrer Jugend möglich war, sich auf verschiedene Dinge gleichzeitig zu konzentrieren, aber wie oder wodurch diese Fähigkeit verloren ging, können Sie nicht mehr ermitteln. Eigentlich ist das aber auch gar nicht so wichtig.

Vielleicht erwarten Sie, daß Konzentrationsübungen in Form von Denksportaufgaben dem Übel abhelfen können, und das ist auch gar nicht so unwahrscheinlich. Wir wollen uns hier aber nicht damit beschäftigen, sondern die Sache von einer anderen Seite her angehen. Wir wollen davon ausgehen, daß Konzentration weniger von einzelnen Konditionen abhängt, sondern eher *ganzheitlich* gesehen werden muß.

Wenden wir uns der Auffassung zu, die wesentlich durch die fernöstliche Philosophie geprägt wurde, dann können wir z.B. von folgendem ausgehen: ,,Vertrauen in die unbewußten Kräfte läßt kreative Lösungen von der Konzentration, der Versenkung in die eigene Person erwarten. Nach dieser Auffassung kommt es nicht darauf an, äußere Informationen zu sammeln und bewußte Regeln zu ihrer Verwertung zu benutzen.'' 139)

Hier erfahren wir es: Konzentration hängt eng mit der *Versenkung in die eigene Person* zusammen und nicht nur mit der strengen Ausrichtung auf außenliegende Dinge. Trotzdem können wir nicht daran vorbeisehen, daß auch in dieser Beziehung andere Zusammenhänge zu beachten sind.

Wir alle wissen, daß Konzentration auch an unsere *Wahrnehmung* gebunden ist und daß die Wahrnehmung in engem Zusammenhang mit unseren *Sinnen* steht.

8.2.1 Sinne nutzen, Sinne schärfen

Sie wissen, daß unsere fünf Sinne auf Reize reagieren. Unser Auge z.B. auf elektromagnetische Wellen, die wir als Farbton oder als hell oder dunkel erkennen, unser Ohr auf Schwingungen, also auf Töne, aber auch auf Beschleunigung und Gleichgewicht. Wir riechen mit der Nase, schmecken mit der Zunge, Mund und Rachen, und unsere Haut, unsere Muskeln und inneren Organe bemerken Schmerz, Druck, Kälte, Wärme usw.

Individuell gesehen haben *nicht* alle Sinne *den gleichen Entwicklungsstand*. Es kann sogar sein, daß einer oder sogar mehrere Sinne total ausfallen. Dabei zeigt sich dann aber, daß sich die Sinne weitgehend *kompensieren* lassen. Blinde entwickeln bekanntlich ein erstaunlich feines Gehör und einen unwahrscheinlich genauen Tastsinn. Dies läßt uns aber vermuten, daß wir unsere Sinne, wenn wir über alle fünf verfügen, nicht immer voll einsetzen und sie deshalb auch nicht zur vollen Leistung bringen.

Oberflächliches Hinschauen, oberflächliches Hinhören, das sind Gewohnheiten, die wir nach Möglichkeit abstellen sollten, wenn wir im Leben Erfolg haben wollen, denn wenn wir nicht dagegen ankämpfen, könnten wir als *unaufmerksam* gelten, und das wird negativ beurteilt. Abgesehen davon kann der oberflächliche Einsatz der Sinne zu mitunter recht kostspieligen Irrtümern führen, manchmal sogar gefährlich werden. Denken Sie nur an objektiv falsche Zeugenaussagen, die man subjektiv für richtig gehalten hat.

Ist man sich der *Oberflächlichkeit* bewußt, so kann man dagegen schnell etwas unternehmen. Wenn Sie z.B. etwas nicht genau erkannt haben, brauchen Sie nur ein zweites Mal – und dann konzentrierter – hinzusehen. Vielleicht stellen Sie dabei aber auch fest, daß Sie eine Brille brauchen, doch auch das wäre eine nützliche Erkenntnis.

Nehmen Sie sich für Ihre Betrachtungen, für alle Ihre Wahrnehmungen *Zeit*. Versuchen Sie, immer *hellwach* zu bleiben, doch bemühen Sie sich andererseits darum, Ihre Sinne zu schonen. Lassen Sie es nicht so weit kommen, daß es immer stärkerer Reize bedarf, um Ihre Sinne anzusprechen. Das klassische Beispiel unserer Tage ist der Konsum *lärmend-lauter Musik*. Ohrenbetäubend ist hier wirklich der richtige Ausdruck, weil sich mancher Musikliebhaber schon einen Gehörschaden eingehandelt hat.

,,Schone Deine Augen durch besseres Licht." Das war vor vielen Jahren ein bekannter Slogan der Beleuchtungsindustrie, und gewiß werden Sie festgestellt haben, daß auch unsere *Geschmacksnerven* nachlassen, wenn wir sie ständig überreizen. Essen Sie einige Tage salzlos, zuckern Sie nichts, und Sie werden feststellen, wie Sie danach die kleinsten Salz- oder Zuckermengen mit einer vorher nicht vermuteten Deutlichkeit wahrnehmen.

Mancher hat aufgrund seiner fein reagierenden Sinne Karriere gemacht. Denken Sie nur an Kaffee- oder Teeprüfer. Viel interessanter ist es aber, daran zu denken, daß wir durch die Aktivierung unserer Sinne viel *intensiver* leben könnten. Wir würden die Welt mit wacheren Augen sehen, Dinge – z.B. in der Natur – wahrnehmen, die vordem für uns gar nicht da waren und an manchem Geschmack finden, was wir vorher gar nicht bemerkten. Vielleicht wird es uns auf diese Weise auch gelingen, uns ganz *in uns selbst* zu versenken, weil wir in der Lage sind, wahrzunehmen, wie unser Körper lebt, wie er sich fühlt, wie wir mit ihm leben können, wenn wir uns auf ihn und damit ja auch *auf uns selbst konzentrieren.* So geraten wir in einen Konzentrationszustand, der nicht ohne Folgen bleibt, weil er unserem Wohlbefinden nützt und unsere Fähigkeiten wachsen läßt.

Vielleicht ist es wichtiger, daß wir uns auf uns selbst konzentrieren, denn wenn wir zu uns selbst finden, wird es uns auch leichter fallen, uns auf andere Dinge zu konzentrieren, weil wir die nötige Kraft gesammelt haben, die unsere Konzentrationsfähigkeit nicht erlahmen läßt.

8.2.2 Konzentrationsübungen

Es gibt viele wirksame Konzentrationsübungen. Die meisten haben Ähnlichkeit mit autogenem Training. Auch die hier vorzustellende Methode gehört dazu. Sie ist bewährt und sehr angenehm und wird übrigens mit großem Erfolg in einer Herz- und Kreislaufklinik betrieben, die über die Bundesrepublik hinaus für ihre neuzeitlichen und natürlichen Methoden bekannt ist. Diese Konzentrationsübung wird von einem Psychologen geleitet. Andererseits wird sie am späten Abend aber auch über den Hausfunk gesendet, weil sie solchen Patienten helfen kann, die nicht in der gewünschten Weise einschlafen können.

Normalerweise läuft das Konzentrationstraining so ab, daß sich die Teilnehmer auf eine Matte legen, und zwar entspannt in Rückenlage. Sie sind bequem – meistens mit Trainingsanzug – gekleidet und folgen den Worten des Trainers, die ruhig und langsam mit Pausen (. . . . .) von etwa 5 bis 15 Sekunden gesprochen werden. Der Text lautet folgendermaßen:

„Schließen Sie die Augen..........
Versuchen Sie, gelassen auf sich selbst zu reagieren..........

Entspannen und konzentrieren

Lassen Sie Ihre Empfindungen und Gefühle einfach an sich herantreten..........
Es gilt jetzt der Gedanke: Je weniger ich will, desto mehr kann ich erreichen..........
Der Kopf liegt leicht und locker auf der Unterlage, ganz entspannt. Die Füße sind leicht abgewinkelt..........
Die Finger liegen locker und leicht gekrümmt auf der Matte..........
Atmen Sie ruhig und tief..........
Achten Sie darauf, daß sich beim Einatmen die Bauchdecke hebt und beim Ausatmen nach innen zurückfällt..........
Üben Sie das einige Male, auch, wenn es Ihnen ungewohnt erscheint..........
Achten Sie darauf, daß sich Ihr Gesicht ganz entspannt..........
Der Unterkiefer bewegt sich langsam zur Brust..........
Zwischen den Zähnen bleibt ein Spalt frei..........
Lassen Sie sich jetzt von nichts mehr stören..........
Konzentrieren Sie sich auf Ihren Atem und Ihren Körper..........
Ihre Gedanken gleiten wie Wolken an Ihnen vorüber..........
Gönnen Sie sich diese Pause und genießen Sie es, entspannt zu sein..........
Und nun erfahren Sie, wie Sie sich spannen und entspannen können..........
Konzentrieren Sie sich auf Ihre Hände..........
Heben Sie die Hände leicht von der Matte ab..........
Pressen Sie die Hände zu Fäusten..........
Lassen Sie nun die Hände wieder locker..........
Versuchen Sie dasselbe noch einmal und beobachten Sie den Übergang, bis die Hände und die Arme ganz entspannt sind..........
Gut. Bei der nächsten Übung winkeln Sie zunächst die Arme an, die Ellenbogen bleiben dabei auf der Matte..........
Die Handflächen kehren Sie nach innen, so, daß sie sich ansehen..........
Spannen Sie jetzt Ihre Arme an, bis der Bizeps gespannt wirkt und halten Sie diese Spannung einen Augenblick an..........
Lassen Sie nun die Arme ganz langsam herunter..........
Geben Sie die Arme und Schultern wieder ganz frei..........
Gut. Richten Sie nun Ihre Aufmerksamkeit auf Ihren Nacken..........
Sie sollten ganz bewußt spüren, wie Sie den Kopf halten..........
Spannen Sie jetzt den Nacken an, so daß Sie es bis zu den Ohrläppchen spüren..........
Drehen Sie den Kopf nach links und rechts und lassen ihn dann wieder auf die Matte gleiten..........
Geben Sie den Nacken ganz frei und genießen Sie das freie Gefühl..........
Gut. Sie sollen nun gedanklich vom Nacken aus über ihren ganzen Kopf wandern.
Tasten Sie Ihren Kopf in Gedanken ab..........
Erfahren Sie Ihr Gesicht, indem Sie es gedanklich abtasten..........
Ihre Augenlider werden ganz schwer..........
Sie spüren Ihre Lippen, den Unterkiefer, die Zunge..........

Und jetzt schneiden Sie eine Grimasse, eine groteske Fratze.........
Spannen Sie das ganze Gesicht an und verbleiben Sie einen Augenblick in diesem Zustand.........
Nun lockern Sie Ihr Gesicht. Lassen Sie Ihren Unterkiefer nach unten fallen und lockern Sie sich mehr und mehr.........
Gut. Jetzt holen Sie tief Luft.........
Überdehnen Sie Ihren Brustkasten.........
Lassen Sie die Luft mit einem Seufzer hörbar ausströmen.........
Atmen Sie so eine Weile ein und aus, bis jedes beklemmende Gefühl über den Rippen verschwindet.........
Und jetzt versuchen Sie, Ihre Schultern vor Ihrer Brust zusammenzuziehen.........
Pressen Sie jetzt Ihren Bizeps vor Ihre Brust.........
Und nun lassen Sie die Spannung wieder zurückgehen.........
Gut. Gehen Sie jetzt mit Ihrer Aufmerksamkeit zum Rücken.........
Konzentrieren Sie sich auf die Stellen, an denen Ihr Rücken die Matte berührt.........
Machen Sie jetzt ein Hohlkreuz.........
Halten Sie die Spannung einen Augenblick an.........
Und jetzt wieder ganz locker auf die Matte gleiten und ganz entspannen.........
Mit jedem Ausatmen wird Ihr Rücken freier.........
Gut. Als letzten Körperteil sollen Sie Ihre Beine berücksichtigen.........
Konzentrieren Sie sich darauf.........
Die Beine bleiben auf der Unterlage.........
Und jetzt drücken Sie die Fußspitzen nach unten.........
Entspannen Sie die Füße.........
Ziehen Sie jetzt die Fußspitzen zu sich heran.........
Und jetzt entspannen Sie die Füße.........
Drücken Sie jetzt die Knie und die Gesäßbacken zusammen.........
Halten Sie die Spannung einen Augenblick an.........
Lassen Sie jetzt die Spannung nach und entspannen Sie sich wieder ganz.........
Gehen Sie mit Ihren Gedanken noch einmal über Ihren ganzen Körper.........
Bleiben Sie dabei ganz entspannt.........
Denken Sie an nichts anderes.........
Gehen Sie in Gedanken vom Kopf über den Nacken und die Brust über den Bauch und das Rückgrat, die Oberschenkel und Waden bis hin zu den Fußspitzen und denselben Weg zurück.........
Versuchen Sie das immer wieder, ohne an etwas anderes zu denken und versuchen Sie dann, jedes weitere Denken auszuschalten.........
Bleiben Sie nur ruhig liegen.........
Fühlen Sie, wie Sie sich immer stärker wohlig entspannen.........,,,
Halten Sie die Augen immer noch geschlossen und atmen Sie ruhig.........(längere Pause).........

Entspannen und konzentrieren

Gut, Sie können jetzt die Augen wieder ganz langsam öffnen..........
Bewegen Sie sich ganz langsam...........
Ziehen Sie die Beine an, recken Sie sich, bewegen Sie die Arme..........
Und jetzt versuchen Sie langsam aufzustehen."

Nach einem solchen Training sollte man keine sportlichen Übungen machen oder andere harte, körperliche Anstrengungen auf sich nehmen. Man sollte die Ausgeglichenheit genießen, in der man sich nach diesem Training befindet.

Wahrscheinlich haben Sie während des Lesens schon darüber nachgedacht, wie Sie das Training *selbst anwenden* könnten. Nun, zuerst wäre es einmal nützlich, den Trainingsablauf noch einmal genau zu studieren. Dann sollten Sie überlegen, ob Sie den Text auf Tonträger nehmen. Empfehlenswert wäre es, den Text nicht selbst zu sprechen. Vielleicht kennen Sie jemanden, der eine *angenehme, ruhige Stimme* hat und Ihnen den Gefallen tut, den Text zu lesen. Falls Sie den Text doch selbst sprechen wollen, müßten Sie ihn in die Ich-Form bringen, etwa so, als wollten Sie sich selbst Anweisungen erteilen.

Versuchen Sie ein solches Training, wenn Sie von der Arbeit nach Hause kommen oder im Hotel, nach einer anstrengenden Sitzung oder auch nach ungewohnter körperlicher Anstrengung. Besser wäre es noch, eine liebe Gewohnheit daraus zu machen, denn dann würden Sie sich nicht nur besser auf sich selbst konzentrieren können.

9 FITNESS UND ERFOLG

Ganz genau weiß niemand, ob es stimmt, aber Winston Churchill soll einmal auf die Frage, warum er im hohen Alter noch so rüstig sei, geantwortet haben: „No sports." Vielleicht bleibt diese Anekdote deshalb so lebendig, weil sie gerade heute als absurd erscheinen muß. Körpertraining ist seit Jahren in, und daraus hat sich fast eine Industrie entwickelt.

„Die Fitness-Welle der letzten Jahre hat mittlerweile den hintersten Saunabesitzer dazu veranlaßt, sein Putzkämmerli auszuräumen, ein Velo und zwei Hanteln hineinzustellen und ein neues Firmenschild mit der Aufschrift ‚Fitness-Zentrum' an die Tür zu kleben." 140) Erfolg durch Fitness, hier aus einem anderen Blickwinkel gesehen, aber das ist es nicht, was in diesem Kapitel behandelt werden soll, obwohl es so recht zum Thema des Buches paßt, denn Berufs- oder Geschäftserfolge sind sehr oft an Trends gebunden, denen zu folgen manchmal das Gebot der Stunde zu sein scheint, wenn man schnell zu Erfolgen kommen will.

Um fit zu bleiben, braucht man nicht unbedingt ein Fitness-Zentrum, obwohl man davon gewiß profitieren kann. Fitness ist auch *nicht unbedingt mit Körpertraining gleichzusetzen,* denn um fit zu bleiben, muß man einiges mehr tun oder auch unterlassen. Fitness-Programme kann man sich selbst zusammenstellen, ja sogar maßschneidern. Und Körpertraining sollte man nicht nur betreiben, um dadurch den beruflichen oder geschäftlichen Erfolg zu begünstigen, sondern auch, weil es *Spaß* macht.

9.1 Vom Nutzen und Schaden körperlicher Belastung

Wenn Sie Körpertraining betreiben, dann sollten Sie zuerst einmal an folgendes denken: „Belasten ist gut, überlasten ist schädlich. Denken Sie auch daran, daß Ihr Fitnesstraining nicht Ihre einzige Tagesbelastung ist. Von Ihnen werden auch andere Leistungen erwartet, und wer sich ständig verausgabt, kann nicht fit bleiben." 141)

Wenn Sie wirklichen Nutzen aus einem Fitnesstraining ziehen wollen, dann sollten Sie auch folgendes berücksichtigen: „Zum ‚Fitsein' gehört Fehlen von Krankheit, gute körperliche Leistungsfähigkeit in allen ihren Komponenten, psychisches Wohlbefinden und soziale Eingliederung ohne Überforderung." 142) Es ist also ein Irrtum, alle Fitnessprobleme durch körperliche Belastung lösen zu können.

„Wer einen Sport wählt, sollte sich nach seinem Körperbau, seinem Gewicht und der allgemeinen Beweglichkeit richten. Korpulente sollten auf Dauerlauf verzichten und Sportarten wie Schwimmen vorziehen. Frauen haben lockerere Gelenke als Männer; sie sind deshalb weniger anfällig für Muskelzerrungen und Sehnenentzündungen, neigen aber stärker zu Gelenkschäden. Bei jeder Sportart sollte man mit langsameren Übungen beginnen, um allmählich warm zu werden. Und wenn Schmerzen auftreten – aufhören." 143)

Der Nutzen der Körperbelastung liegt vor allem in der *biologischen Anpassung* an unsere Umweltbedingungen, die heute nicht mehr so starke körperliche Anstrengungen erfordern wie früher. Die körperliche Struktur des Menschen hat sich nicht im Takt des technischen Fortschritts verändert. Verglichen mit unseren heutigen Lebensbedingungen ist unser Körper fast eine Fehlkonstruktion. Wir fahren, statt zu *laufen,* sitzen, statt uns zu *bewegen,* Lasten zu tragen oder auf andere Weise unseren Kreislauf in Wallung zu versetzen. Das muß ausgeglichen werden. Mehr eigentlich nicht. Es geht nur darum, daß unser Körper durch mangelhaften funktionellen Einsatz *keinen Schaden* erleidet. Wer das erreicht, hat für seinen Körper bereits viel getan.

9.2 Sinnvolles Körpertraining

Natürlich geht es nicht nur um die Minderbelastung, sondern auch um die *einseitige Alltagsbelastung.* Wenn man mit beidem sinnvoll und auf angenehme Art fertig werden will, kann man einigen nützlichen Hinweisen folgen.

Ganz allgemein gilt für den Ausgleichssport, und nur von dem soll hier die Rede sein, daß rund 50 % des geleisteten Aufwands in Übungen investiert werden sollten, die die Fähigkeit zu erhöhtem Sauerstoffumsatz, und damit die Ausdauer, steigern. Erst in zweiter Linie folgen Koordination und Beweglichkeit, Kraft und Schnelligkeit. Aber folgen sollten sie! Eine Beschränkung auf rein aerobe Übungsformen kann den Zweck des sportlichen Aufwands ebenso infrage stellen wie ein einseitiges Training bestimmter Muskelpartien. Beides geht gewöhnlich am Ziel, eben Ausgleich zu schaffen, vorbei." 144)

Achten Sie bei all dem aber streng auf Ihre körperliche *Konstitution.* Lassen Sie sich nicht irritieren. „Sport folgt modischen Trends. Lassen Sie sich vom Sport begeistern, aber fühlen Sie sich nicht verpflichtet, jede Mode mitzumachen. Nicht alles, was geräuschvoll propagiert wird, muß Ihren Anlagen und Bedürfnissen entsprechen. Wenn Sie sich einer für Sie neuen Sportart widmen wollen, sollten Sie im Zweifelsfalle den Arzt konsultieren." 145)

9.2.1 Bewegen, wandern, laufen

Zurück zur Natur! Das ist keineswegs nur ein Motto, das Umweltschützern imponiert. Auch, was Fitness betrifft, orientiert man sich am natürlichen Leben. In extremer Form dann, wenn es um Überlebenstraining geht. Wer sich einem solchen Training unterzieht, wird herausfinden, wieviel an Bewegung unsere Ururahnen aufbringen mußten, allein um täglich halbwegs satt zu werden.

Nun, auch das Überlebenstraining kann als Modeerscheinung angesehen werden. Bewegung kann man sich auch auf einfachere Art verschaffen. Dem sei aber hinzugefügt, daß Gymnastik zu Hause nicht ausreicht, denn es ist wichtig, daß wir den *Kontakt mit der Natur* nicht verlieren, besonders dann nicht, wenn wir im Sommer draußen Sport getrieben haben, im Meer geschwommen sind oder oft an Bergtouren teilnehmen konnten. „Auch, wenn uns die sportliche Tätigkeit mit der winterlichen Jahreszeit zunehmend in die Halle vertreibt, wäre es ein Fehler, uns daneben nicht gezielt Wind und Wetter, also Witterungseinflüssen auszusetzen. Wind und Temperatur fordern die Anpassungsfähigkeit unseres Organismus heraus und halten sie auf diese Weise funktionstüchtig. Damit sind wir besser gegen die winterlichen Infektionen geschützt als durch irgendeine andere Maßnahme. Wandern bei jedem Wetter ist eine probate Maßnahme." 146)

Wandern kann aber auch heißen, die Umwelt *bewußter* zu erleben. Wir rasen heute zu sehr an den Dingen vorbei. Das kann sogar schon dem Jogger passieren. Vor allem, wenn man auf eine bestimmte Leistung aus ist, auf die Erhöhung der Kilometerzahl oder auf Zeitverbesserung. Ganz abgesehen davon, daß Joggen in dieser Art nicht jedem guttut, manchmal sogar schaden kann, wenn man physische Mängel übersieht, verpaßt man beim fanatischen Joggen eine sehr wichtige Wirkungskomponente, die dem *Dauerlauf* durchaus zueigen sein kann.

„Der langsame Dauerlauf, der die Psyche durchlüftet, hat mit der Meditation vieles gemeinsam. Man kann ihn freilich auch gezielt dazu benützen, Probleme zu lösen. Denn entspannendes Laufen schafft den Boden für Kreativität. Man kann dies mit vermehrter Sauerstoffzufuhr auch des Gehirns begründen." 147)

Man darf das Laufen allerdings nicht als Mittel betrachten, um sich immer mehr in sich zurückzuziehen, um davonzulaufen, zu *flüchten* vor irgendwas. „Warum gibt es so viele Jogger, die einsam ihre Runden ziehen? Hat man vergessen, daß Sport viel schöner sein kann, wenn man ihn gemeinsam betreibt, in Mannschaften, Wettkämpfen oder einfach aus Freude am gemeinsamen Spiel? Beachten Sie die spielerische Seite des Sports. Nutzen Sie die Kontakte, die sich aus gemeinsamer sportlicher Betätigung ergeben. Sie können nicht nur zu nützlichen Verbindungen, sondern auch zu Freundschaften führen." 148)

9.2.2 Bewährte Fitnessprogramme

In der Anleitung eines bekannten amerikanischen Fitnessprogramms kann man nachlesen, daß die Ärzte nicht im Geschäft sind, um sich um unsere Gesundheit zu kümmern, sondern daß wir die Sorge um unsere Gesundheit zu unserer *eigenen* Sache machen müßten 148). Das mag auch ein Grund dafür sein, daß sich solche Programme als Universalprogramme sehen und sich *nicht nur mit Körpertraining* befassen, sondern auch *Ernährungstechnik* und *Entspannungsübungen* einbeziehen. Das scheint sehr umsichtig, da jedoch die Konstitution eines jeden Menschen anders sein kann, bringen manchem solche Universalprogramme nicht die gewünschte Wirkung, einfach deshalb, weil sie dem speziellen Typ nicht entsprechen. Möglicherweise wäre es besser, ein individuell abgestimmtes Programm zusammenzustellen. Wenn man sich dabei zuerst auf das Körpertraining richtet, kann man wenig falsch machen. Mit der Ernährung ist das dann schon eine andere Sache.

Körpertraining sollte dann aber weniger als Body-Building verstanden werden, sondern eher als *Bewegungstraining,* und das kann man fast ohne Anleitung betreiben, zumal es dazu viele bewährte Anregungen gibt. So hat z.b. die Deutsche Lufthansa in Verbindung mit dem Deutschen Sportbund ein Programm geschaffen, das sich ‚Turnstunde im Düsenjet' nennt. Interessanter sind aber die Lufthansa-Trimm-Tips, vor allem, weil sie so einfach sind und überall durchgeführt werden können, wie Sie an den *Beispielen* erkennen werden:

Verschränken Sie die Hände und legen Sie sie mit den Innenflächen vor den leicht eingezogenen Bauch, spannen Sie die Bauchmuskeln mit etwa 2/3 der Kraft an. Drücken Sie die Hände kräftig gegen die gespannten Bauchmuskeln. Zählen Sie bis sieben, dann lockern.

Oder ebenso einfach: *Ergreifen Sie mit der rechten Hand die eigene linke Hand, als ob Sie sich selbst die Hand geben wollten. Drücken Sie mit beiden Händen mit 2/3 Ihrer Kraft zu. Zählen Sie bis sieben, dann lockern.*

Und noch ein Beispiel: *Handtuch längs rollen und an den Enden fassen. Sitz auf dem Boden, Knie angezogen. Handtuch vor den Füßen. Füße gegen Handtuchrolle strecken und gleichzeitig mit 2/3 der Kraft Arme und Beine anspannen. Zählen Sie bis sieben, dann lockern.*

Sie werden gewiß ähnliche Übungen kennen. Fast jeder hat ja irgendwann schon einmal Gymnastik getrieben. Der Haken an der Sache ist nur, daß nur wenige konsequent bei der Gymnastik geblieben sind. Oder treiben Sie *Frühsport?* Tagtäglich, so, wie es sein sollte?

Frühsport ist wichtig, aber gerade beim Frühsport sollte man nicht übertreiben. Der stramme Waldlauf mit anschließender ‚Körperschule' vor dem Frühstück, das Ideal der dreißiger und vierziger Jahre, hat sich längst selbst überholt. Man hat inzwischen begriffen, daß es gar nicht so gut ist, sich morgens schockartig in Schwung zu versetzen. Einiges kann man allerdings auch am Morgen von sich verlangen. Ein wirksames und bewährtes Beispiel dafür ist die *Morgengymnastik,* wie sie im Rahmen der *Bewegungstherapie* durchgeführt wird. Hier in Anlehnung an die bewährte Methode, die auf der Halbinsel Mettnau bei Radolfzell praktiziert wird.

Dieses Programm wird, wenn es das Wetter eben zuläßt, draußen abgewickelt, und Sie werden feststellen, daß es sehr gut aufgebaut ist:

1. *Klopfen des Hinterteils, der Oberschenkel und der Waden.*
2. *Arme um den Oberkörper schlagen.*
3. *Hände zwischen die Knie legen, Knie zusammenpressen, dabei Hände reiben.*
4. *Hände in den Nacken legen, dann mit den Fingerspitzen Nackenmuskeln durchkneten.*
5. *Hände vor dem Bauch falten. Arme nach unten strecken und Hände so drehen, daß die gefalteten Finger nach oben zeigen. Dann Arme heben, sich stark nach oben recken, darauf die Hände auseinander fallen lassen, schlaff nach unten und dabei in eine viertel Kniebeuge gehen (wiederholen).*
6. *Hände hinter dem Kopf falten, Ellenbogen nach vorn und dann weit nach hinten drücken. Nach vorn ausatmen, nach hinten einatmen (wiederholen).*
7. *Nach vorn beugen (ganz locker und nicht zu weit) und die Schultern locker nach vorn, dann nach hinten rollen.*
8. *Rechter Arm oben, linker Arm unten. Wie ein S formen, dann Fäuste bilden. Rechten Arm nach links, linken nach rechts rucken, dabei einatmen, Arme sofort wechseln und dabei ausatmen (wiederholen).*
9. *Knie anheben, langsam beginnen und dann versuchen, bis an die Brust zu kommen. Danach anderes Knie.*
10. *Rechtes Bein gestreckt nach oben schnellen lassen, als wenn man einen Ball treten will. Dann linkes Bein (je 3 mal).*
11. *Arme in Seithaltung und dabei Hüftdrehung nach links und rechts.*
12. *Arme nach oben strecken und Rumpfkreisen von oben nach unten.*
13. *Hände auf den Bauch legen (locker, nicht die Hände aufeinander, sondern beide Hände auf den Bauch). Dann einatmen und dabei den Bauch ausstrecken (Zwerchfellatmung). Beim Ausatmen den Bauch einziehen (wiederholen).*
14. *Leichtes Laufen auf der Stelle (nicht zu lange).*
15. *Beine spreizen, Hände nach oben strecken, dann locker nach unten durch die gespreizten Beine fallen lassen. Nicht zu weit nach unten gehen (wiederholen).*
16. *Faust bilden, Handrücken vor den Mund drücken und stark gegenpusten (3 mal), dann Handwechsel.*

17. *Hüftwippen links und rechts.*
18. *Kniedrehen (etwa wie schwingen beim Skilaufen, aber behutsam) links und rechts.*
19. *Leichtes Hüpfen auf der Stelle.*
20. *Hampelmann (wiederholen).*

Nach diesen Übungen lockern, also Arme und Beine leicht ausschütteln, ruhig durchatmen, sich langsam entspannen. Das wird nicht schwierig sein, weil die Übungen dem Verkrampfen ja kaum eine Chance geben. Wichtig ist es, daß Sie jede Übung meiden, die Ihnen *Schmerzen* bereitet, und die Wiederholung sollte nur so oft durchgeführt werden, wie es Ihre Kondition erlaubt, denn hier geht es nicht darum, Leistungssportler auszubilden.

Falscher Ehrgeiz schadet nur. Das gilt auch für die folgenden, bewährten Übungen, die man in der *Gruppe* durchführen kann. Dabei bildet die Gruppe einen Kreis (hintereinanderstehend). Jeder klopft nun seinem Vordermann leicht auf Rücken und Schulter. Dann kurzes Durchkneten der Hals- und Schultermuskeln, Kehrtwendung und dasselbe in anderer Richtung. Dann vergrößert sich der Kreis, und im Gehen oder langsam laufend werden folgende Übungen durchgeführt:

a) *Hände heben und fallen lassen.*
b) *Auf den Zehenspitzen gehen.*
c) *Hacken an den Hintern schlagen.*
d) *Abwechselnd auf dem linken und rechten Bein hüpfen.*
e) *Ganz lange Schritte machen.*
f) *Knie im Gehen heben.*
g) *Gerades Bein locker im Gehen nach oben schnellen lassen.*
h) *Arme nach oben strecken, dann Arme nach oben fallen lassen und dabei Rumpf beugen.*
i) *Armdrehen nach vorn und hinten.*
j) *Lockern.*

Folgende sitzend durchgeführten Übungen können noch empfohlen werden:

1. *Leichtes Rumpfbeugen nach vorn.*
2. *Hinlegen, beide Beine langsam anheben.*
3. *Knie anziehen.*
4. *Beine leicht anheben und spreizen.*
5. *Bauchlage, dabei versuchen, Arme und Füße nach oben zu bringen.*

Aufstehen, lockern, wenn man in einer Gruppe ist, zu leichten Ballspielen übergehen, am Ende noch einmal einen Kreis bilden, langsam gehen und bewußt ein- und ausatmen.

112

Manchem mag das alles sehr *leicht* erscheinen, und das soll es auch sein. Aber Sie können die Gewißheit mitnehmen, daß Sie, wenn Sie jeden Morgen, und tatsächlich *jeden* Morgen, den hier empfohlenen Frühsport machen, nicht einrosten werden.

9.2.3 Fitness und Körperkontrolle

Wenn Sie fit bleiben wollen, müssen Sie Ihren Körper im Auge behalten, und das besonders dann, wenn Sie kein tägliches Training betreiben, also Ihre *Beweglichkeit* nicht unter Kontrolle haben. Mancher hat schon mit Erstaunen festgestellt, daß er Schwierigkeiten beim Zuknüpfen der Schuhbänder hat. *So weit soll es nicht kommen.*

Prüfen Sie Ihre Beweglichkeit, prüfen Sie Ihr *Gewicht* und Ihren *Bauchumfang.* Lassen Sie auch in den von Ihrem Arzt empfohlenen Abständen Ihren *Gesundheitszustand* überprüfen. Doch bei diesen Kontrollen soll es nicht bleiben, denn Körperkontrolle geht weiter.

Wie steht es mit Ihrer *Körperhaltung,* wie mit Ihren *Gesten,* wie würden Sie Ihren *Gang* beurteilen? Ist Ihr Körper wirklich in Ihrer Gewalt oder lassen Sie sich gehen?

Es ist sogar möglich, *innere Organe* zu kontrollieren. Sehr einfach z.B., wenn es um die Verdauung geht. Mancher bringt es aber auch fertig, seinen *Pulsschlag* unter Kontrolle zu bringen, wenn der durch Aufregung plötzlich hochgetrieben wird. Die *Biofeedback-Forschung* hat sogar weitere Möglichkeiten entdeckt. ,,Biofeedback ist ein Mittel, durch das wir vielleicht die Kontrolle über unser Inneres erlangen können.`` 149) Ohne aber auf komplizierte Therapien einzugehen, können Sie sich bereits einen Dienst erweisen, wenn Sie sich in *Gelassenheit* üben, wenn Sie sich so weit kontrollieren, daß Sie sich nicht von plötzlichen Wallungen fortreißen lassen, durch nichtige Anlässe in Wut geraten oder falsche Entscheidungen treffen. Hier wird es schon deutlich, wie wichtig es ist, sich unter Kontrolle zu haben, wenn man Erfolge anstrebt. Unser äußeres Bild und unser Verhalten unterliegen der Beurteilung unserer Umwelt, und die entscheidet sehr oft darüber, ob wir unser Erfolgsziel erreichen.

9.2.4 Ergonomie

Wenn Sie viel von Ihrem Körper verlangen, dann müssen Sie Ihrem Körper auch jede Chance geben, die er braucht, um seine Funktion optimal erfüllen zu können. Das beginnt z.B. mit bequemer, *körpergerechter Kleidung* und es betrifft besonders den *Arbeitsplatz,* weil es da meistens um meßbare Leistungen geht.

113

„Der Arbeitsplatz und das Arbeitsumfeld tragen erheblich dazu bei, daß der Mensch seine Leistungsfähigkeit im Beruf entfalten kann." 150) Ergonomische Aspekte spielen deshalb bei der Arbeitsplatzgestaltung eine Rolle. Das heißt, es geht nicht nur um körpergerechte, sondern um *menschengerechte Arbeitsplätze,* die mit dazu beitragen, daß man nicht nur einen Arbeitstag lang leistungsstark wirkt, sondern daß man ein ganzes Berufsleben möglichst unbeschadet übersteht. Je länger man während seiner Arbeitszeit fit bleibt, desto mehr kann man leisten.

Ergonomische Arbeitsgestaltung bewirkt die *Anpassung der Arbeit an den Menschen* (gute Beleuchtung, körpergerechte Sitze, unfallsichere Maschinen usw.), um die Arbeitsbelastung zu verringern und letztlich dadurch die Produktivität zu steigern. Denken Sie nicht nur daran, wenn es um Ihr eigenes Arbeitsumfeld geht. Denken Sie auch an die Situation Ihrer Mitarbeiter, denn gerade Ihre Mitarbeiter sind es, die dazu beitragen können, daß Sie Ihren Erfolgszielen ein Stück näher kommen.

9.3 Gesunde Lebensführung

Gerade war davon die Rede, daß es darauf ankommt, ein ganzes Berufsleben unbeschadet zu überstehen. Das heißt auch, man sollte für ein möglichst *langes Anhalten der eigenen Leistungsfähigkeit* sorgen.

„Die Altersforschung hat längst nachgewiesen, daß den altersbedingten Rückbildungen die Entwicklung und Verfeinerung gewisser Persönlichkeitsqualitäten gegenüberstehen, so daß die Annahme eines generellen altersbedingten Abbaus der Fähigkeiten längst widerlegt ist." 151) Gesunde Lebensführung, um lange fit zu bleiben, wird sich *auf Dauer lohnen.* Wer davon nicht überzeugt ist, sollte noch einmal folgendes durchdenken: Politiker, die das Sagen haben, stehen oft im Greisenalter. Konzernherren oder Bankmogule ebenfalls. Warum? Warum sollte gerade der sogenannte kleine Mann, wenn er altert, in seinem Beruf nichts mehr taugen? Wahrscheinlich doch nur dann, wenn ihn sein Berufsleben zermürbt hat oder wenn ihm an Geist und Körper nichts lag.

Wer auf seine Gesundheit achtet, braucht aber längst kein Gesundheitsapostel zu werden. Das wäre sogar schädlich. Die übermäßige Beschäftigung mit dem eigenen Körper führt zur *Hypochondrie.* „Dieser Zustand kann sich bis zu einem ernsthaften Stadium weiter entwickeln, in dem die exzessive Beschäftigung mit dem Körper von der festen Überzeugung gestützt wird, unter einer Krankheit oder mehreren Erkrankungen zu leiden." 152) Das kann jemand, der Erfolg haben will, auf keinen Fall brauchen. Deshalb sollte man jeden Fanatismus ablehnen, wenn es um die eigene

Gesundheit geht, und das noch aus einem weiteren Grunde. Wenn man sich nämlich sehr demonstrativ mit dem Erhalt oder der Förderung der eigenen Gesundheit befaßt, könnte in der eigenen Umgebung die Meinung aufkommen, man habe das wirklich nötig. Gesund zu leben, das ist noch längst kein Grund dafür, einen Kult daraus zu machen. Am besten wäre es, Sie hielten eine gesunde Lebensweise für eine *Selbstverständlichkeit.*

Um gesund zu leben, braucht man keine besonderen Rezepte. Genug Schlaf, gutes, aber mäßiges Essen, viel Bewegung, frische Luft, Vorsicht bei Genußmitteln. Das hört sich recht volkstümlich an, ausgesprochen simpel. Aber stellen Sie sich die Frage, ob Sie diesen einfachen Maximen wirklich gerecht werden. Wenn Ihre Antwort ehrlich ist, werden Sie erkennen, daß es eher schwierig ist, so zu leben, wie man eigentlich leben sollte.

9.4 Zusammenhang von Körper und Psyche

Ihnen wird gewiß die Äußerung bekannt sein, daß der beste Arzt derjenige sei, der in der Lage ist, die *Selbstheilungskräfte* seiner Patienten zu mobilisieren. Daß diese Selbstheilungskräfte psychischer Natur sind, daran gibt es keinen Zweifel. Doch es gibt noch manches, was auf den Zusammenhang von Körper und Psyche hinweist.

,,Orandum est sit mens sana in corpore sano! Wie auch immer man diese Erkenntnis der alten Römer interpretiert, der philosophischen Deutungen gibt es ja einige, unbestritten dürfte der Kern der Aussage sein. Die Tatsache nämlich, daß sich Geist und Körper in einer höchst subtilen Wechselbeziehung zueinander befinden. Eine Interdependenz, die heute aktueller ist denn je." 153)

Wie sehr Körper und Psyche zusammenhängen, können Sie auf einfache Weise herausfinden, wenn Sie zu *fasten* versuchen. ,,Wer fastet, wird zwangsläufig langsamer, weil sich der natürliche Körperrhythmus allmählich gegen Alltagshetze und Streß durchsetzt. Man wird schneller müde und hat ab und zu ein Nickerchen nötig. Der Körper braucht diese Schaltpausen, um sich neue Energien aus den Reserven in den Fettpolstern und Eiweißspeichern zu holen. Deshalb empfiehlt es sich, nicht während der Arbeit zu fasten, sondern im Urlaub, wenn man ohnehin ruhiger ist und Zeit hat, sich zwischendurch hinzulegen." 154) Man kann *Fasten-Depression* und *Fasteneuphorie* kennenlernen, spürt deutlicher, was im eigenen Körper vorgeht und es gibt Leute, die glauben, durch Fasten mit den komplizierten Dingen des Alltags besser fertigzuwerden. Andere werden nervös, wenn sie eine Weile nichts gegessen haben, und auch das weist auf körperlich-psychische Zusammenhänge hin.

Fitness und Sport

Wer mit einem Gebrechen fertig werden muß, wird allein dafür viel *geistige Energie* verbrauchen. Wer aber andererseits mit körperlichen Mängeln fertig wird, weiß meistens, daß er auch die Kraft hat, mit anderen Schwierigkeiten im Leben fertig zu werden. Manchmal wird man mit körperlichen Störungen aber besser fertig als mit seelischen, und so kommt es häufig vor, daß seelisches Ungleichgewicht zu körperlichem Unwohlsein führt.

Jeder kann sich selbst aus dem *seelischen Gleichgewicht* bringen. Manchmal ist das einfach mit dem persönlichen Lebenswandel verbunden. Wer glaubt, sich alles erlauben zu können, alles haben zu müssen, wer anderen gegenüber rücksichtslos ist, immer nur den nahen Vorteil sieht, Risiken ignoriert, sich ständig unbedacht äußert, unzuverlässig und unehrlich ist, schlechten Beispielen folgt und dann noch glaubt, die eigene Misere wäre nur die Schuld anderer, die mehr Gück im Leben haben, wird schließlich feststellen, daß es am eigenen psychischen Wohlbefinden mangelt. Und selbst, wenn man sehr viel für seinen Körper tut, um ihn fit zu halten, wird der seelische Druck den Erfolg der Fitnessbemühungen infrage stellen.

Manchmal muß man zuerst *sein Leben in Ordnung bringen,* wenn man sich geistig und körperlich wohlfühlen will, muß sich von unliebsamen *Gewohnheiten* trennen, seinen finanziellen Haushalt in Ordnung bringen, auf unerquickliche amouröse Abenteuer verzichten, schädlichen Umgang aufgeben und zuerst vielleicht sogar eine kleine Bilanz machen, die den eigenen *Standort* deutlich zeigt. Dann gilt es auch, *Ziele* zu setzen, doch dazu bedarf es manchmal entsprechender *Motive.*

10 SICH SELBST UND ANDERE MOTIVIEREN

Es scheint fast so, als sei dieser Titel zum Motto des ganzen Buches zu erheben. Denn ohne daß wir z.b. selbst motiviert sind, *Leistungen* zu vollbringen, können wir sicher nicht erwarten, daß für uns geschäftlicher und beruflicher Erfolg eintritt, denn ,,von selbst" geht hier nichts. Wenn wir den Erfolg nicht wollen, und zwar möglichst bewußt wollen, wird er sich auch nicht einstellen.

Hier stellt sich wieder heraus, daß unsere *Persönlichkeit* entscheidend ist, wenn es um die Betrachtung und den Einsatz von Motiven geht. Wir sprachen vom *Wollen*. Der Psychologe braucht für diesen eher philosophisch angehauchten Begriff schon direkt das Wort Motivation. Sollten wir uns also nicht zunächst fragen, ob wir den Erfolg wirklich *wollen?* Sind wir in dieser Richtung *motiviert?* Und sind wir in der Lage, in dieser Beziehung auch andere zu motivieren?

Setzen wir uns *Ziele,* die auch unsere Mitarbeiter nachvollziehen können? Streben wir nach *Erreichbarem,* das auch die anderen erreichen wollen? Sind die Ziele für uns selbst und auch für die anderen so *attraktiv,* daß wir und die anderen dafür Anstrengungen auf uns nehmen? Kennen wir den *Weg zum Ziel* gut genug? Stellen wir *angemessene* Ansprüche an uns und die anderen?

Das alles sind Fragen, die wir beantworten müßten. Dazu gehört es aber, daß wir uns über den Begriff der Motive zunächst Klarheit verschaffen. Und da bietet sich eine recht einfache Definition: *Motive sind Antriebserlebnisse, die unser Handeln steuern.*

10.1 Jeder hat Antriebserlebnisse

Wenn wir uns die oben genannte Definition genauer überlegen, so kommen wir sehr bald zu der Erkenntnis, daß *jeder* Antriebserlebnisse, d.h. Motive hat. Jeder hat eine bestimmte *Motivation,* was bedeutet, daß er die *Bereitschaft* zu bestimmten Handlungen hat. Die zur Wirkung kommenden *Motive* werden durch das Zusammenspiel von inneren und äußeren Umständen (Situationen) hervorgerufen.

Zwischen dem Begriff der Motive und dem der *Bedürfnisse* besteht eine enge Verbindung. Bedürfnisse sind nämlich *gerichtete Motive,* d.h. sie sind auf ein bestimmtes *Objekt* oder einen bestimmten *Zustand* gerichtet. Bedürfnisse können als *Mangelzustände* beschrieben werden, deren Behebung wir anstreben. Wir können auch sagen, daß ein gewisses Ungleichgewicht entsteht, das wieder zum Gleichgewicht strebt, uns zu bestimmten Handlungen ,treibt'.

Sich selbst und andere motivieren

Wir sehen also, daß Motive immer verbunden sind mit einer *Aktivierung* der Person und daß diese Aktivierung in eine bestimmte *Richtung* geht 155). Das ist das, was wir mit dem Wort ‚Antriebserlebnisse' eigentlich meinen. Die Psychologen Schönpflug und Schönpflug formulieren das recht umfassend so: ,,Wenn Wahrnehmen und Denken, Handeln und Lernen sich zu koordinierten Aktionen zusammenfügen und daraus das Bild einer einheitlichen Persönlichkeit entsteht, so ist das wohl dem individuell geprägten und Kontinuität stiftenden Wirken der Motive und emotionalen Einstellungen zu verdanken." 156) Hier werden also neben den Motiven auch noch die *Gefühle* erwähnt, die eine ebenso antreibende, aktivierende Kraft darstellen.

Wenn wir uns nach *Einteilungen* der Motive bzw. der Bedürfnisse umsehen, so treffen wir auf die besonders populär gewordene Systematik von Abraham Maslow, der seinem Buch ‚Motivation and Personality' folgende Einteilung zugrunde legt 157):

- physiologische Bedürfnisse
- Bedürfnisse nach Sicherheit/Geborgenheit
- Bedürfnisse nach Liebe/Zugehörigkeit
- Bedürfnisse nach Anerkennung/Leistung
- Bedürfnisse nach Selbstverwirklichung

Die Verteilung der Bedürfnisse auf die verschiedenen Stufen stellt nach Maslow einen *dynamischen Prozeß* dar, also betont auch er, daß es hier um Energie geht, die bestimmten Bedürfnissen mehr oder weniger zufließt. In welchem Verhältnis die einzelnen Bedürfnisse beim einzelnen vorhanden sind, das ist von Persönlichkeit zu Persönlichkeit unterschiedlich, aber für den beruflichen und geschäftlichen Erfolg ist sicher das Leistungsmotiv ein ganz entscheidendes.

10.1.1 Antriebserlebnisse steigern

Wenn wir all diese Aspekte noch einmal überlegen, so können wir uns unschwer vorstellen, wie sehr es darauf ankommt, Motive zu *erkennen* und *bewußt zu steigern.* Um erfolgreich zu sein, müssen wir diejenigen Ziele verfolgen, die uns einen bestimmten *Nutzen* versprechen. Und das tun wir auch ,,unwillkürlich". Nur müssen wir natürlich berücksichtigen, daß uns dieser Nutzen persönlich und damit letztendlich auch beruflich weiter bringt. Dabei kann uns die psychologisch bewiesene Tatsache helfen, daß wir Lerninhalte *besser behalten,* von denen wir einen bestimmten Nutzen erwarten, und diese Erwartung noch mit einem Bedürfnis nach guter Beurteilung durch andere verbunden ist 158). Wir werden z.B. auch stärker zum Lernen motiviert, wenn es sich bei dem, was wir lernen sollen, um etwas handelt, das für uns *bedeutsam* ist. Wir lernen hier wie ‚beiläufig', ohne daß wir ein Lernen direkt beabsichtigen. Wir werden in diesem Fall von *innen* heraus, *aus uns selbst* heraus angetrieben zu bestimmten Handlungen. Wir nennen diese Art von Motivation *intrinsische Motivation*. Im Gegensatz dazu steht die sog. *extrinsische Motivation,* die durch von außen gesetzte Ziele, z.B. durch eine in Aussicht gestellte Belohnung entsteht. Zu einer optimalen Steigerung der Antriebserlebnisse kommt es dann, wenn intrinsische und extrinsische Motivation *übereinstimmen.* Wenn uns z.B. die berufliche Tätigkeit zu einem großen Teil befriedigt, weil wir sie aus uns selbst heraus gern tun und sie uns wirklich interessiert, so ist das eine intrinsische Motivation. Wenn uns aber diese Tätigkeit noch darüber hinaus soziale Anerkennung und finanzielle Honorierung verspricht, so ist dies eine extrinsische Motivation, die zu der intrinsischen Motivation eine ideale Ergänzung bildet.

Zu einer besonderen Steigerung der Antriebserlebnisse kommen wir darüber hinaus noch, wenn wir bereit und in der Lage sind, uns für unsere Handlungen und deren Konsequenzen *verantwortlich* zu fühlen. Je mehr wir uns nämlich *selbst* für die Folgen einer Handlung verantwortlich fühlen und je weniger wir dafür unsere Umgebung verantwortlich machen, desto mehr sind wir zu solchen Handlungen motiviert 159).

Zu all dieser Verantwortlichkeit muß jedoch hinzukommen, daß wir lernen, unseren Willen einzusetzen und vor allem auch, *Pläne* zu machen. Geplantes Verhalten, zielgerichtetes Verhalten sollten wir versuchen, in die Tat umzusetzen und durchzuhalten. Beispielsweise sollten wir nicht aufgeben angesichts von Hindernissen, die dem Einhalten unseres geplanten Verhaltens entgegenstehen. Je besser jemand in der Lage ist, Pläne zu formulieren – auch kurzfristige – und sie auch auszuführen, desto mehr *Selbstkontrolle* wird er entwickeln. Auf diese Weise beeinflußt planvolles Verhalten in starkem Maße die sog. Ich-Integration 160), mit anderen Worten die *Selbstverwirklichung.* Und damit sind wir wieder bei der Motiv-Einteilung nach Maslow, der die Selbstverwirklichung mit einem hohen Stellenwert versieht. Und wenn wir in diesem Zusammenhang noch einmal an die Bedeutung des *Leistungsmotivs* denken, das Maslow ja auch erwähnt, so sind wir wieder an dem Punkt angelangt, von dem wir anfangs dieses Kapitels ausgingen.

Fragen wir uns also nach intrinsischen und extrinsischen Motiven, die uns dem beruflichen und geschäftlichen Erfolg näher bringen können, fühlen wir uns für unsere Handlungen verantwortlich, machen wir große und kleine Pläne, um sinnvoll zu handeln und uns selbst kontrollieren zu können, dann kommen wir dem Erfolg und damit der Selbstverwirklichung ein gutes Stück näher.

Sich selbst und andere motivieren

10.1.2 Begeisterung als Erfolgsfaktor

Wir haben schon einiges über die Notwendigkeit gehört, sich Ziele zu setzen. Die Ziele, die wir uns setzen und der Nutzen von Handlungen in Richtung auf den Erfolg motivieren uns zu entsprechendem Verhalten. Wie aber sollten wir die Dinge anpacken, wie uns zu den notwendigen Anstrengungen auf dem Weg zum Erfolg einstellen? Hier hilft uns allgemein ein positives Gestimmt-Sein, das sich möglichst bis zur *Begeisterung* hin steigern sollte.

Besonders dann, wenn es um *erhöhte* Anstrengungen geht, ist es gut, wenn wir mit *Freude* und *Spaß* die gestellten Aufgaben meistern. Mit den Aufgaben sollten Gefühle der *Lust* verbunden sein, denn sie motivieren uns, die Aufgaben zu erfüllen. Unlustgefühle können natürlich immer wieder auftreten, aber hier sollten wir uns bemühen, uns diese Gefühle und ihre Ursachen *bewußt* zu machen, sie bewußt zu verarbeiten und versuchen, die Lustgefühle so stark werden zu lassen, sie intensiv zu empfinden, sie vor allem gewähren zu lassen und sie uns erfassen zu lassen, so daß Unlustgefühle nicht mehr die Oberhand gewinnen können. Es kommt also darauf an, Freude, Spaß und Begeisterung an den Dingen, an Tätigkeiten *bewußt zu leben,* die Lebenslust und Hochstimmung, die uns hilft, Hindernisse zu überwinden, zu fördern. Lassen Sie sich von Begeisterung, die in Ihnen entstanden ist, mitreißen!

Wenn wir uns mit den Dingen beschäftigen, so sollten wir es mit *Interesse* tun und uns möglichst weitgehend *engagieren,* denn Interesse und Engagement führen zu echter Begeisterung.

Das gilt nicht nur für Dinge und Tätigkeiten, sondern auch für *Freundschaften* und *Beziehungen.* Sie sind ebenso wichtig für den Erfolg. Denn auch für Freunde, Bekannte, Mitarbeiter und überhaupt andere Menschen muß man sich interessieren, sich engagieren, um sich für sie zu begeistern. In diesem Zusammenhang sollten Sie sich die Fragen beantworten: ,,Distanzieren Sie sich von anderen? Geizen Sie mit sich selbst? Hören Sie zu, wenn der andere spricht? Nehmen Sie Anteil an seinen oder ihren Problemen? Oder noch besser, können Sie sich einfühlen?" 161) Sind die Antworten auf diese Fragen positiv, dann sollten Sie die befriedigenden Beziehungen zu anderen Menschen mit Begeisterung pflegen. Natürlich besonders zu den Menschen, mit deren Einstellungen und Erfolgen Sie sich gut identifizieren können.

Zu all dem kommt hinzu, daß wir nur dann in der Lage sind, *andere* zu begeistern und zu motivieren, wenn wir *selber* begeistert sind. Sehr häufig wird es sich dabei von selbst ergeben, daß wir *Gleichgesinnte* finden, die *uns* begeistern können und die wir unsererseits ebenso mit unserer Begeisterung für eine Sache anspornen können. Und auch hier gilt das oben Gesagte: Um andere begeistern zu können, müssen wir uns für sie und insbesondere für ihre *Antriebserlebnisse* d.h. ihre Motive interessieren.

10.2 Wie man andere motiviert

Die Lösung des Problems, wie man andere motiviert, können wir besonders gut finden, wenn wir uns in die Lage dessen versetzen, der zu einer bestimmten Handlung bzw. zu einem bestimmten Verhalten motiviert werden soll. Er soll ja einen Antrieb in Richtung auf ein bestimmtes Ziel entwickeln. Es entsteht jedoch für den, der motiviert werden soll, die Situation, daß er ein eigenes Ziel zugunsten eines Zieles, das von einem anderen umgesetzt wird, aufgeben muß. Hätte er nämlich das gleiche Ziel, so müßte er gar nicht motiviert werden, sondern würde das gemeinsame Ziel von vornherein verfolgen. Derjenige, der motiviert werden soll, muß ja sein *Verhalten ändern.* Dabei genügt es nicht, einfach die eigenen Motive dem anderen aufzudrängen, d.h. ihn zu *überreden,* sein Verhalten zu ändern bzw. sein Ziel zu verändern, sondern man muß den anderen *überzeugen.* Das bedingt aber, daß man herausfindet, welche Motive der andere ursprünglich für sein Verhalten hatte oder warum er gerade seine und nicht unsere eigenen Ziele anstrebte. Man sollte die *Motiv-Kette* des anderen herausfinden und dann entscheiden, wie man selbst und die anderen am besten motiviert sein könnten, um das gemeinsame Ziel zu erreichen. Es kann sein, daß man so zu einem guten Kompromiß kommt, der für alle Seiten befriedigend ist. Denn „Zugeständnisse, die man unter dem Druck des Augenblicks macht, die man später aber nicht einhalten kann, sind indirekte Flucht-Manöver!" 162)

Wieder gilt also – wie schon im vorangegangenen Abschnitt – daß wir uns für den anderen und seine Motive und Ziele interessieren müssen, um ihn letztendlich in der Richtung motivieren zu können, in der wir den Erfolg finden wollen. Es geht darum, diejenigen, die uns in unserem beruflichen und geschäftlichen Alltag begleiten, so zu motivieren, daß sie *überzeugt und mit Begeisterung* sich für die gleichen Ziele einsetzen wie wir selbst. Vorausgesetzt natürlich, daß es sich um *sinnvolle* Ziele handelt, die mit sinnvollem Verhalten angestrebt werden. Und zu den ‚anderen' gehören auch unsere engsten Partner, z.B. in der Familie, denn wenn sie nicht in der allgemein gleichen Richtung motiviert sind, kann das zu Konflikten führen.

10.2.1 Mitarbeitermotive nutzen

Wir sind uns bis hierher schon darüber klar geworden, daß wir zur Erreichung unserer Ziele in beruflicher Hinsicht nicht nur unsere eigenen, sondern auch die Motive unserer Mitarbeiter nutzen können und sollten. Welche Motive unserer Mitarbeiter können wir dazu berücksichtigen?

Die angewandte Psychologie unterscheidet hier z.B. zwischen *Motivatoren* und *Demotivatoren* oder auch – wie z.B. Herzberg in seiner sogenannten „Zwei-Faktoren-

Theorie" – zwischen Satisfaktoren und Dissatisfaktoren. Wir wollen uns hier einmal die Zusammenstellung von Motivatoren und Demotivatoren ansehen, die sich aus der Befragung eines Großunternehmens ergeben haben. Über Jahre hinweg stellte man mehr als 500 Führungskräften der mittleren Ebene folgende Fragen:

1. Bei meiner Arbeit werde ich besonders motiviert durch......
2. Bei meiner Arbeit werde ich besonders demotiviert durch....

Die Auswertung der Antworten führte zu folgenden Ergebnissen:

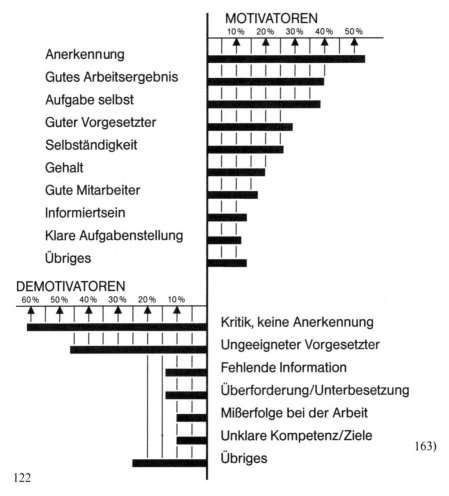

MOTIVATOREN

Anerkennung
Gutes Arbeitsergebnis
Aufgabe selbst
Guter Vorgesetzter
Selbständigkeit
Gehalt
Gute Mitarbeiter
Informiertsein
Klare Aufgabenstellung
Übriges

DEMOTIVATOREN

Kritik, keine Anerkennung
Ungeeigneter Vorgesetzter
Fehlende Information
Überforderung/Unterbesetzung
Mißerfolge bei der Arbeit
Unklare Kompetenz/Ziele
Übriges

163)

Die Reihe der Motivatoren zeigt deutlich, daß die *Zufriedenheit* mit der Arbeit und damit zusammenhängend das *Leistungserlebnis* eine entscheidende Rolle spielen, wenn es um die Mitarbeitermotive geht. Insbesondere die intrinsische Motivation, die wir aus der bewältigten Aufgabe heraus schöpfen, führt zur Zufriedenheit mit der Arbeit, unterstützt die Selbstverwirklichung. Aber wir sollten auch nicht übersehen, daß das Gehalt, die *Bezahlung* eine ebenso motivierende Rolle spielt. Es sind also nicht nur ideelle, sondern auch materielle Werte, die zur Arbeit und zum Erfolg motivieren. Der Mitarbeiter will allerdings daneben gute Vorgesetzte und gute Mitarbeiter, er will informiert sein und die Aufgaben klar gestellt bekommen. Und vor allem will der Mitarbeiter – und das wissen Sie sicher aus Ihrer eigenen Erfahrung – *Anerkennung.* Immer aber gilt, daß man auf die besonderen Gewichtungen der Motive bei einzelnen Mitarbeitern Rücksicht nehmen muß.

10.2.2 Motivkonflikte bewältigen

Wir haben erfahren, daß man die Motive in verschiedene Gruppen einteilen kann (Maslows System), die inhaltlich definiert sind, und wir haben von den Motivatoren und Demotivatoren im Bereich der Arbeit und allgemein von dem Vorhandensein intrinsischer und extrinsischer Motivation gehört. Es wird Ihnen klar geworden sein, daß die Handhabung von z.B. Motivatoren *keine so einfache Sache* ist. Es ist auch nicht einfach, seine eigenen Motive immer und jederzeit im Griff zu haben.

In diesem Zusammenhang ist es auch nicht verwunderlich, daß es natürlich zu den verschiedensten Konflikten hinsichtlich der Vorrangigkeit von Motiven kommen kann. Es stellt sich z.B. die Frage: Welches Motiv hat für mich im Moment Vorrang? Welches Motiv muß ich zurückstellen? In bezug auf welche Motive habe ich eine größere *Toleranz,* d.h. ich kann auf ihre Befriedigung kürzere oder längere Zeit warten? usw.

Konfliktsituationen entstehen immer daraus, daß mindestens zwei verschiedene Tendenzen bestehen, sich zu verhalten, d.h. ein Ziel zu erreichen. Dabei gibt es Verhalten, das sich auf das *Erreichen eines Ziels* richtet (Appetenz), und Verhalten, das eine bestimmte Konsequenz *vermeiden* soll (Aversion) 164). Der häufigste und wichtigste Konflikt ist derjenige, bei dem Appetenz und Aversion aufeinandertreffen. Damit ist jede Situation gemeint, in der man einen ‚Preis' zahlen muß, um ein bestimmtes Bedürfnis zu befriedigen. Praktisch heißt das z.B., daß man eine Anstrengung auf sich nehmen muß, um ein Erfolgserlebnis bei der Arbeit zu haben, oder daß man eine hohe Geldsumme bezahlen muß, um ein Produkt zu erwerben, von dem man sich einen Prestige-Gewinn verspricht.

Sich selbst und andere motivieren

Es kann also aus den verschiedenen, bei jedem einzelnen in unterschiedlicher Anordnung und Gewichtung vorhandenen Motiven ein Konflikt entstehen, besonders häufig ein sog. *Appetenz-Aversions-Konflikt.* Solche Konflikte gilt es dann zu bewältigen. Wenn wir den Erfolg in beruflicher und geschäftlicher Hinsicht *wollen,* so haben wir hier schon einen Entscheidungsfaktor, der uns die Lösung des Konflikts erleichtert.

Manche Manager behaupten, ihre Arbeitsmotivation werde durch zuviel Bürokratie, noch mehr Steuerlast und eine fehlerhafte Wirtschaftspolitik beeinträchtigt 165). Man begegnet sogar der These: ,,In den Unternehmen hat ein negativer Ausleseprozeß eingesetzt, weil sich jene Manager, die an der Spitze gebraucht werden, mit einer mittleren Position zufrieden geben." 166) Wenn das so ist, dann eröffnen sich doch für denjenigen enorme Chancen, der *wirklich leistungsmotiviert* ist und gewillt, sich für seinen Aufstieg einzusetzen und Verantwortung zu tragen.

Motivkonflikt-Bewältigung heißt also für Sie, der Sie den Erfolg wollen, daß Sie ihm Priorität geben, allerdings nicht um *jeden* Preis, z.B. nicht um den Preis der Gesundheit, psychisch wie körperlich. Und auch der private Bereich muß noch eine Chance haben!

11 ERFOLG DURCH FÜHRUNGSQUALITÄT

Fähige Führungskräfte werden immer gesucht. Daran ändert auch die jeweilige Konjunkturlage nicht viel. „Das ist um so mehr der Fall, wenn man davon ausgeht, daß sich Führung nicht nur aus fachlicher Kompetenz ergibt. Zur Führung gehören Eigenschaften, die mit der Persönlichkeit des Führenden zu tun haben. Zur Führung gehört Persönlichkeit. Fachliche Befähigung kommt erst dann recht zum Tragen, wenn z.b. mit ihr Blick für das Wesentliche, kritische Urteilskraft, methodische Befähigung, Standfestigkeit, Belastbarkeit verbunden sind." 167)

Hier stellt sich sogleich die Frage, ob Führung lehr- und lernbar ist, wenn das Führen nicht allein von der fachlichen Kompetenz abhängt. Darauf gibt es viele Antworten. Die meisten tendieren jedoch dahin, daß man *Führungseigenschaften und Führungsfähigkeit fördern* kann.

Wissen und *Verstehen* kann man z.b. lernen, und das sind zwei sehr wichtige Führungsfaktoren. „Dabei ist allerdings zu unterscheiden zwischen einem Lernen auf der Schulbank und einem Lernen in der Praxis. Damit soll zum Ausdruck gebracht werden, daß theoretisches Wissen allein nicht genügt, daß vielmehr die Fähigkeit, dieses auch umzusetzen, ‚gelernt' werden muß. Gerade diese Fähigkeit, auf die es ja schließlich ankommt, kann auf der Schulbank nur teilweise vermittelt werden." 168) Umgekehrt ist es aber auch so, daß theoretisches Wissen den Weg in die Praxis ebnen kann und bei der Problemlösung im Arbeitsalltag hilft. Darum lohnt es sich immer – ob praktisch oder theoretisch – sein Führungswissen zu vervollkommnen, wenn man durch *Führungsqualität* zu Erfolgen kommen will.

11.1 Führen als Phänomen

Führen ist ein vielschichtiges Phänomen, und wer besser führen will, sollte sich auch mit den wichtigsten *Führungsfunktionen* bekannt machen. Wenn Sie das folgende Schema aufmerksam studieren, werden Sie genau wissen, was ‚Führung' beinhaltet.

Es ist oft darüber diskutiert worden – und immer noch wird darüber diskutiert – ob man *autoritär, kollegial, kooperativ* oder *demokratisch* führen soll. Endgültige Entscheidungen in dieser Hinsicht sind wohl – wenn man es ehrlich betrachtet – noch nicht gefallen. Vielleicht deswegen nicht, weil sich Situationen und Moden laufend ändern. Vielleicht aber auch deshalb nicht, weil man die Tatsache nicht ignorieren kann, daß es immer wieder Leute gibt, und sogar sehr viele, die geführt werden *wollen*. Nicht nur, damit sie stets wissen, was gemacht werden muß, sondern auch, um auf

FÜHRUNG

Persönliche Einflußnahme auf das Verhalten anderer,
zur Realisierung bestimmter Ziele (d. h., auf das
Finden, Treffen, Durchsetzen und
Kontrollieren von Entscheidungen und deren Auswirkungen)

Lokomotionsfunktion zur
Errechnung der Ziele

Kohäsionsfunktion in der
Gruppe: Gruppenerhalt
bzw. -stärkung

aufgabenorientiert
(initiieren, organisieren,
anweisen)

personenorientiert
(zuhören, vertrauen
ermutigen)

| dafür sorgen, daß „richtige" Entscheidungen gefällt werden | dafür sorgen, daß die „richtigen" Personen vorhanden sind und beauftragt werden; sonstige Ressourcen sicherstellen (materielle Informationen) | dafür sorgen, daß die MA ihre persönlichen Ziele erreichen können, Befriedigung in der Aufgabe; Selbstbestätigung, Selbstentfaltung; Sicherheit | Mitarbeiter zu Mitdenkern, Problemlösern entwickeln; Aktionsfähigkeit des einzelnen und der Gruppe erhalten und erweitern |

Vertrauen gewinnen durch

| Vorbild an Einsatz und Überzeugung | Achtung der MA als Menschen | Echtheit des Führungsverhaltens |

169)

diese Weise an Erfolgen teilzunehmen, *die allein nicht zu erreichen wären*. Denn es ist tatsächlich so, daß der eigene Erfolg stark davon abhängen kann, von *wem* man geführt wird. Ist es jemand, der nur sich selbst sieht, kann der Aufstieg blockiert sein. Ist es aber jemand, der begriffen hat, daß auch seine Leistung, auch sein Erfolg viel größer wird, wenn seine Mitarbeiter Erfolge erzielen, auf die sie stolz sein können und von denen sie profitieren, dann kann man später sagen, daß der eigene Erfolg auch einem guten Vorgesetzten zuzuschreiben ist. Daran sollte jeder, der selbst führt, denken, und nie sollte man vergessen, daß *fast jeder, der führt, auch selbst geführt wird,* denn den meisten Ebenen folgt eine höhere. Schon das ist phänomenal, und trotzdem wird es von manchem in seiner Selbstherrlichkeit ignoriert.

Führen heißt nicht nur befehlen. Führen heißt auch *betreuen, leiten, motivieren,* sich wirklich *Mühe geben,* und deshalb ist es verständlich, daß kluge Manager sagen: ,,Jeder Augenblick, den ich meinen Mitarbeitern widme, ist gewinnbringend angelegt." 170)

11.2 Die Kunst, sich durchzusetzen

Oberflächlich erscheint es recht einfach: Die Stellung in der Hierarchie zeigt an, wer das Sagen hat und wer folgen muß. Das zielt aber dahin: ,,Die Mitarbeiter sollen vom eigenen Nachdenken entlastet werden, und ihre Verpflichtung beschränkt sich auf Gehorsam. Die Führungskraft spezialisiert sich zum alleinigen Entscheidungsträger." 171) Von wirklicher Zusammenarbeit kann dann wohl keine Rede sein, und Motivation läßt sich dann wohl auch nur materiell erreichen, durch Anreize (z.B. Geldprämien, Sachgeschenke, Wettbewerbspreise). *Loyalität* wird es wohl eher der *materiellen Sicherheit* wegen geben und von Solidarität ist vielleicht dann noch die Rede, wenn der eigene Arbeitsplatz durch äußere Einflüsse in Gefahr gerät. Also muß man nach einem Weg suchen, der zu einem Durchsetzungsvermögen führt, das auch *ohne* Rangordnung funktionieren würde. Doch so einfach, wie sich das anhört, ist das gar nicht.

Es wird oft angenommen, es genüge, sich *Anerkennung* zu verschaffen. Etwa durch *berufliche Kompetenz*. Es reicht auch nicht aus, respektiert zu werden. Es kommt vielmehr darauf an, das *Vertrauen* der Mitarbeiter zu gewinnen. Das aber setzt wieder voraus, daß man den Mitarbeitern vertraut. Aber Vertrauen ist eine zerbrechliche Sache. ,,Beobachtungen haben gezeigt, daß Vertrauen schneller in Mißtrauen umschlägt als umgekehrt." 172) Man muß sich also *um Vertrauen bemühen, Vertrauen haben* und *Vertrauen pflegen*. Dabei muß man von folgenden Grundsätzen ausgehen:

„Führung ist Vorbild. Nichts spornt den Mitarbeiter so an wie
– zielbewußtes Handeln
– Mut und Zivilcourage, auch ‚nach oben'
– Ideenreichtum und Initiative und
– Achtung vor der Persönlichkeit eines jeden Mitarbeiters." 173)

Wer diesen Maximen folgt, wird auch überzeugen können, und aus der eigenen Überzeugungskraft resultiert auch ein natürliches Durchsetzungsvermögen, das nicht auf Titel und Rangordnung angewiesen ist.

11.3 Führung und Einfühlungsvermögen

Knüpfen wir an das Vorangegangene an und stellen fest: „Überzeugungsbemühungen gelingen um so leichter, je individueller Überzeugungsinhalt und Erwartungshaltung des Zu-Überzeugenden zusammenpassen." 174) Das heißt, man muß sich oft auf den einzelnen Mitarbeiter einstellen, und das wiederum verlangt Einfühlungsvermögen.

Wer mit Einfühlungsvermögen führen will, muß aber eines besitzen: „Das Verständnis dafür, was in einer konkreten Situation möglich ist, wie man etwas zum Rollen bringt. Notfalls auch, wie man Dinge sinnvoll manipuliert, wie man diese Dinge geschehen macht." 175) Kurz gesagt, bei allem Verständnis muß etwas ‚laufen', denn sonst kann man nicht erfolgreich führen, weil es an Ergebnissen mangelt. Es ist eben nicht damit getan, verständnisvoll auf die Belange der Mitarbeiter einzugehen. Man muß auch das *Führungsziel* im Auge behalten.

Manchmal erfordert das Härte, denn viele Dinge müssen einfach erledigt werden. Meistens aber sind Führungskräfte gezwungen, nach Entscheidungen zu suchen, die zwar nicht allen gerecht werden können, aber *keinem schaden* sollen. Dabei kann einem oft niemand helfen, auch wenn sehr oft Universalrezepte angeboten werden.

„Vielfältige Wunderlehren versprechen den einfacheren Weg mittels klug gesetzter Patenthebel. Ihr Prinzip ist das Verabsolutieren an sich richtiger Ansätze, die jedoch isoliert nicht die gewünschte Organisationsentwicklung bewirken können. Als Beispiel sei hier nur die Verabsolutierung von Therapieansätzen als ‚Selbsterfahrung' genannt." 176) Verabsolutieren, Verallgemeinern, beides sind keine nützlichen Hilfen, wenn es darum geht, ein gutes *Einfühlungsvermögen in den Dienst des Führungsziels zu stellen*. Hier gilt es, Entscheidungen aus der Situation heraus zu treffen.

11.4 Kommunikation als Führungsaufgabe

Wie die betriebliche Situation aussieht, hängt weitgehend von der *Kommunikationsqualität* ab. „Mangelhafte Kommunikation ist einer der weitverbreitesten Störfaktoren im Betriebsgeschehen." 177) „Deutliche Anzeichen für eine mißlungene Kommunikation zwischen Mitarbeitern im Betrieb sind

● Unzufriedenheit mit der eigenen Situation
● Intrigen zwischen Betriebsangehörigen
● unausgesprochener Ärger
● hämische Fehlersuche
● Unklarheiten in den Beziehungen." 178)

Kommunikation muß von oben nach unten und von unten nach oben führen, mit möglichst vielen Querverbindungen, mit klaren, unmißverständlichen Aussagen und merkbarer Resonanz.

Zu den wichtigsten Kommunikationsarten gehört das Mitarbeitergespräch. Es gibt uns viele Chancen. „Nicht nur distanziert Kooperationstechniken im Gespräch einsetzen: Aktivierung des Gesprächspartners, offene Fragen, Begründungen geben, Stellung nehmen lassen, Rückmeldung geben, verstärken usw., sondern kooperativ sein: also seine wirklichen Interessen zu erkennen geben, eigene Defizite auch mal offenlegen, mit einem emotional besetzten Thema emotional angemessen umgehen, kurz: in sich stimmiges, kongruentes Verhalten zeigen." 179)

Mangel an innerbetrieblicher Kommunikation dürfte es eigentlich gar nicht geben. Auf diesen Gedanken kommt man bestimmt, wenn man die Liste der *Kommunikationsmöglichkeiten* überfliegt: „Abschlußbericht, Anschlag, Ansprache, Anstellungsgespräch, Arbeitsordnung, Auftragserteilung, Ausbildungsbeirat, Aushang, Ausstellung, Beilage in der Lohntüte, Beratung, Besprechung, Bericht über Personal- und Sozialwesen, Bericht über wirtschaftliche Lage, Betriebsbesichtigungen, Betriebschronik, Betriebsfibel, Betriebshandbuch, Betriebsratsbesprechungen, Betriebsratsverhandlung, Betriebsvereinbarung, Betriebsversammlung, Dienstbesprechung, Diktaphon, Disziplinarfallbehandlung, Dokumentationsauswertung, Einführungskursus, Einführungsschrift, Einlageblatt, Einzelaussprache, Fachvortrag, Fernsprecher, Firmenhandbuch, Flugschrift, Formulare aller Art, Freizeitveranstaltung, Führungskräftebesprechung, Führungskräfteschulung, Führungskräfteinformation, Geschäftsbericht, Graphik, Gruppenbesprechung, Handbuch für Vorgesetzte, Handzettel, Hausmitteilung, Hauszeitung, Informationskursus, Informationsveranstaltung, innerbetriebliche Werbung, Jubiläumsschrift, Konferenz, Kontakt mit Gewerkschaf-

ten, Küchenkommission, Kurzbericht, Lautsprecheranlage, Leistungszahlen, Lohn-
tütenaufdruck, Merkblatt, Mitteilungsblätter, Mitarbeiterbesprechung, Mitarbeiter-
schulung, persönlicher Brief, persönliches Gespräch, Personal- und Kaderschulung,
Plakat, Schaubild, Planungsbericht, Problemausschuß, Qualifikationsbesprechung,
Rapport, Redaktionsbeirat, Rundgang des Chefs, Rundsprechanlage, Schaukasten,
Schautafel, Schnelldienst, schwarzes Brett, Sicherheitsbeirat, Sicherheitsbeauftrag-
tenbesprechung, Signale aller Art, Sozialbericht, Sprechanlage, Sprechstunde,
Statistik, Telefon, Tonband, Tonbildschau, Tonbildstreifen, Tonfilm, Umlauf,
Vorschlagwesenkommission, Vortrag, Weihnachtsfeier, Werkfunk, Werkzeitschrift,
Wirtschaftsausschußsitzung, Zirkulare." 180) Und das könnte man sogar noch
fortsetzen. Wichtig ist, daß man diese Möglichkeiten nicht im Sinne von Einbahnstra-
ßen einsetzt, sondern stets so, daß sie tatsächlich zur Kommunikation führen.

Um optimale Kommunikation zu erreichen, wird manchmal eine *Änderung des
Kommunikationsverhaltens* notwendig sein. Besondere Aufmerksamkeit verdient
dabei die Kommunikation durch *persönlichen Umgang.* Man kann sich zu diesem
Zweck einem Kommunikationstraining unterziehen. Wer aber ein solches Training
mitmacht, „tut gut daran, seine alten Muster nur zögernd abzubauen und
Erforderliches wie Gewolltes nicht allzu hastig aufzubauen," 181) denn auf keinen
Fall darf man versuchen, Unzulänglichkeiten schauspielerisch zu überbrücken. Das
wirkt gekünstelt, maskenhaft und wird von manchem vielleicht sogar als unaufrichtig
oder unehrlich interpretiert, und das kann man am wenigsten gebrauchen, wenn man
erfolgreiche Kommunikation zu Führungszwecken einsetzen will.

11.4.1 Führung und Gesprächsführung

Wie wichtig das persönliche Gespräch ist, wurde bereits erwähnt, und gerade dabei
sollte man *echt* wirken. Es kommt aber auch sehr darauf an, daß bei persönlichen
Gesprächen etwas herauskommt. Geht es z.B. darum, eine schwierige Aufgabe zu
erklären – ganz gleich, ob die Erläuterungen einem einzelnen Mitarbeiter oder einer
Gruppe gelten – so könnte man nach folgendem Muster vorgehen:

„Die Aufmerksamkeit auf Informationen lenken, die für die Arbeit relevant sind;
● an relevante Vorkenntnisse erinnern;
● auf mögliche Lösungen hinweisen;
● Teillösungen vorgeben." 182)

Wer mit seinen Mitarbeitern spricht, sollte vor allem auch *zuhören können,* sollte
nicht darauf aus sein, Einwände einfach vom Tisch zu wischen, denn gerade
Einwände sind es, die anzeigen, wo es noch an Information mangelt.

Manchmal kommt es aber nur darauf an, daß man – und dazu ist kein besonderer Grund notwendig – ein paar Worte mit seinen Kollegen oder Mitarbeitern wechselt. Auch das kann verbinden und das Klima aufbessern. Dabei sollte man allerdings daran denken, daß· Weitschweifigkeit gerade in solchen Fällen unangebracht ist.

11.4.2 Wie man Polemik vermeidet

Gerade in persönliche Gespräche könnte sich Polemik einschleichen, und das kann meistens nur negativ gesehen werden. Zu Polemik kann es vor allem durch *persönliche Angriffe* kommen, aber auch durch *extreme Einseitigkeit, zu starke Verallgemeinerung, unzutreffende Beispiele, falsche Aussagen* oder *Ironie.* Man sollte es vor allem vermeiden, den Gesprächspartner bloßzustellen und alles versuchen, um Polemik, wenn sie aufkommt, einzudämmen.

In Situationen, die zur Polemik tendieren, hat es sich bewährt, nach *Einzelheiten* zu fragen. „Gerade hier gilt das wichtige Prinzip jeder Gesprächsführung: Wer fragt, der führt! Fragen wie ‚können Sie mir das etwas genauer erläutern?' führen notwendigerweise dazu, daß der andere Teil Farbe bekennen muß, daß er zumindest stärker in den Begründungszwang kommt. Zugleich gewährt es dem Fragensteller eine kleine Denk- und Atempause, in der er sich von einem unvermuteten Angriff erholen kann." 183)

Manchmal hilft auch *Nichtbeachtung,* vor allem, wenn es unsachliche Angriffe betrifft. Viel wichtiger als das gesamte taktische Vorgehen ist aber die Überzeugung, daß auch der Gesprächspartner eine eigene Meinung haben darf, und wenn diese dem Führungsziel entgegensteht, dann müssen *Überzeugungsprozesse* einsetzen. Und manchmal ist es die Meinung des anderen, die Anlaß dazu sein soll, die eigenen Ansichten zu überdenken. Und wenn es viele Meinungen sind, die gegen die eigene Linie stehen, dann sollte man sogar über das Führungsziel nachdenken.

11.5 Konflikte erkennen, Konflikte lösen

Schon der Abschnitt über mögliche Polemik läßt erkennen, wie es zu Konflikten kommen kann, doch es gibt viele weitere Konfliktgründe, die sich aus dem *betrieblichen Spannungsfeld* ergeben. Wer Konflikte erkennen will, sollte sich also zuerst einmal mit dem betrieblichen Spannungsfeld befassen. Das kann von Unternehmen zu Unternehmen im Detail differieren. Allgemein betrachtet kann man sich aber an folgendem Schema orientieren:

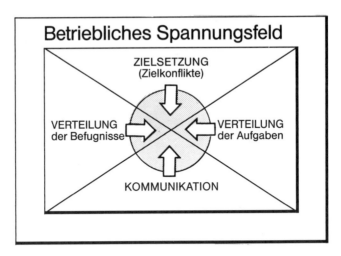

Betriebliches Spannungsfeld

ZIELSETZUNG
(Zielkonflikte)

VERTEILUNG
der Befugnisse

VERTEILUNG
der Aufgaben

KOMMUNIKATION

184)

Der *erkannte* Konflikt ist nicht so gefährlich wie der still *vor sich hinschwelende*. Konflikte erkennt man z.b. daran, daß sich im Betrieb sogenannte *Untergrundgesetze* breitgemacht haben. „Untergrundgesetze sind Normen, die alle Bereiche des Gruppenlebens betreffen können, und die auf verdecktem Weg, durch stillschweigende Übereinkunft oder verschleierte Kommunikation, eingeführt werden. Solche Untergrundgesetze können z.b. sein:

„Hier wird nicht über ..... gesprochen!
Wenn jemand spricht, darf er nicht unterbrochen werden!
Wir wollen nicht, daß hier jemand kritisiert wird!
Es macht nichts, wenn man hier zu spät kommt!
Wir wollen uns hier nur wohlfühlen!
Man darf keinem zu nahe treten!
Man muß immer höflich sein!" 185)

Ähnlich sind bestimmte Rituale zu bewerten. Auch wenn sogenannte Sündenböcke präsentiert werden, läßt das auf Konflikte schließen. Da kann man eingreifen. Vielleicht im folgenden Sinne:„Der Boss muß sich keineswegs für alle Streitigkeiten zuständig fühlen. Mitarbeitern, die auch die allerkleinste Intrige vor ihm ausbreiten wollen, sollte er umgehend deutlich machen, daß sie auf diese Art die nächste Intrige erzeugen." 186)

Konflikte kann man mit verschiedenen Ergebnissen in den Griff bekommen. „Wird ein Konflikt gelöst, so ist man oft der Meinung, es gäbe nur einen Gewinner und einen

Verlierer. Ist es nicht auch möglich, daß beide Teile zu ihrem Recht kommen können? Sicherlich ist dies auf Anhieb schwer vorstellbar. Psychologen sprechen in diesem Zusammenhang von der „Jeder-gewinnt-Methode‘, mit der die meisten mehr Erfahrung haben als sie glauben." 187) Im Privatleben gelingt es uns oft, Einigungen herbeizuführen, die *für alle akzeptabel* sind. Am Arbeitsplatz müssen wir aber mit der Wirkung von Konkurrenzdenken und Rivalität rechnen. Es stellt sich aber auch die Frage, ob wirklich alle Konflikte zu aller Zufriedenheit gelöst werden müssen oder ob man alles tun muß, um jeden Konflikt zu vermeiden. Da gibt es nämlich auch ganz andere Ansichten. Vielleicht ist Ihnen nicht unbekannt, daß ein erfahrener Mann einmal sagte, er wolle nicht weniger Konflikte, er wolle sie nur *produktiver nutzen.* Auch darüber sollten Sie noch einmal nachdenken.

11.6 Bessere Leistung durch richtige Kritik

Daß Konflikte oft auch durch Kritik entstehen, ist bekannt, aber Kritik hat auch noch andere Auswirkungen. Sie entscheidet mitunter auch über das *Leistungsvolumen* und nicht selten über die Qualität des *Betriebsklimas.*

Auch richtiges Kritisieren ist eine Kunst für sich, und es gibt manche Empfehlung, der man folgen könnte. Da ist z.B. der Rat, sich an fünf bekannte Etappen der Führungspsychologie zu halten, was zu folgendem Vorgehen führen sollte:

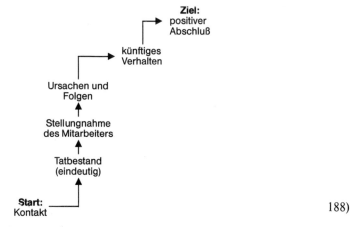

188)

Auch der Art des Formulierens wird starke Bedeutung beigemessen, wie es die folgenden Beispiele zeigen.

„Statt: *,Ich sehe das ganz anders.....'*
besser: *,Aus meiner Sicht ergibt sich.....'*
statt: *,So geht es nicht.....'*
besser: *,So sollten wir dieses Problem angehen.....'*
statt: *,So kann man das nicht sehen.....'*
besser: *,Bitte betrachten Sie es auch einmal aus folgendem Blickwinkel.....'* " 189)

Als recht vernünftig kann die sogenannte *1-Minuten-Kritik* angesehen werden. „Die 1-Minuten-Kritik funktioniert gut unter folgenden Bedingungen:

1. *Sagen Sie Ihren Mitarbeitern von vornherein, daß Sie ihnen klipp und klar mitteilen werden, was Sie von ihrer Arbeit halten.*
   Erste Hälfte der Kritik:
2. *Wenn Sie jemanden kritisieren müssen, dann sofort.*
3. *Sagen Sie Ihren Mitarbeitern, was sie falsch gemacht haben. Sagen Sie es konkret, gehen Sie ins Detail.*
4. *Sagen Sie Ihren Leuten klipp und klar, wie Sie gefühlsmäßig auf den Fehler reagieren, den sie gemacht haben.*
5. *Brechen Sie ab für ein paar Sekunden – bis das Schweigen peinlich wird. Erst dann kann der Kritisierte nachfühlen, welche Gefühle bei Ihnen hinter der Kritik stehen.*
   Zweite Hälfte der Kritik:
6. *Reichen Sie dem andern die Hand, oder zeigen Sie ihm durch eine andere ,Kontaktaufnahme', daß Sie ehrlich auf seiner Seite stehen.*
7. *Bringen Sie ihnen ins Bewußtsein, wie sehr Sie sie schätzen.*
8. *Betonen Sie, daß Sie von ihnen viel halten, aber nicht von ihrer Leistung in dieser speziellen Situation.*
9. *Denken Sie daran: Wenn die Kritik vorbei ist, ist sie vorbei.*" 190)

Gerade dem letzten Punkt sollten Sie starke Beachtung schenken. Denken Sie doch einmal daran, wie es Ihnen ergehen würde, wenn *Sie* kritisiert würden und wenn dann diese Kritik immer wieder – wenn auch nur in Andeutungen – auftauchte.

11.7 Erfolgspotentiale erkennen und nutzen

Viel wichtiger als krampfhaft nach Dingen zu suchen, die kritikwürdig sind, ist die *Suche nach guten Leistungen,* die man loben kann, denn in diesen Leistungen liegen Erfolgspotentiale. Das betrifft natürlich nicht nur die eigenen Leistungen, sondern auch die Leistungen der Mitarbeiter. Denn wenn Sie Mitarbeiter führen, die Erfolge aufweisen, dann wird man vor allem Sie als erfolgreich bezeichnet.

Um Erfolge sichtbar zu machen, bedient man sich heute sogar bestimmter Organisationsformen. Man gründet *Quality-Circles* und *Profit-Centers.* Wie in vielen anderen Bereichen, so leistet man auch in dieser Beziehung in Japan Erstaunliches, wie aus folgendem Beispiel hervorgeht: ,,Alle Betriebsangehörigen sind in Arbeitsgruppen von etwa zehn Personen zusammengefaßt, auf japanisch Ka genannt. Diese Organisationseinheiten werden bei neuen, ihr eigenes Arbeitsgebiet betreffenden Problem- und Fragenstellungen von sich aus oder auf Anweisung aktiv. Bei der Erarbeitung von Vorschlägen sind sie weitgehend autonom, beachten jedoch selbstverständlich die langfristigen Planungen der Firmenleitung, die wiederum auf staatlichen Prognosen und Ratschlägen fußen, und bleiben in Kontakt mit den Vorgesetzten." 191) Nun kann man sich nicht unbedingt an allen japanischen Beispielen erfolgreicher Zusammenarbeit orientieren, denn ,,das Gruppenbewußtsein der Mitarbeiter, verbunden mit dem Senioritätsprinzip ist der Hintergrund für einen Führungsstil, der als kollektives Management oder auch ‚bottom-up' Management bezeichnet worden ist." 192) Das bedeutet eben, daß es nichts Ungewöhnliches ist, daß der Aktionsanstoß von der *unteren Ebene* ausgeht.

Eigentlich gibt es für jeden Vorgesetzten eine gängige Faustregel, der er nur zu folgen brauchte, wenn er Erfolgspotentiale schaffen und nutzen will, und die lautet: *,,Laß jeden seine Höchstform erreichen! Erwisch ihn, wenn er's gut macht!"* 193) Das hört sich sehr simpel an, doch die Wirkung kann gewaltig sein, wenn es um Führungserfolge geht.

11.8 Zusammenarbeit pflegen

Wenn von Zusammenarbeit die Rede ist, von guter Zusammenarbeit, dann hat man meistens auch die Vorstellung von einem angenehmen *Betriebsklima.* Dabei steht aber eigentlich das *gute Gelingen* der Arbeit im Vordergrund, was natürlich auch zum guten Klima beiträgt. Manchmal wird aber eines übersehen: ,,Arbeit im Team erfordert vor allem eine sinnvolle Verteilung der Aufgaben." 194) Auch auf die Zielsetzung oder besser *,Zielvereinbarung'* kommt es an. ,,Zielvereinbarungen sichern zielgerichtetes Handeln und verstärken die Zusammenarbeit." 195)

Und noch eines ist wichtig: ,,Führung und Zusammenarbeit in der Unternehmung können nicht optimal gedeihen, wenn das Wesen der Unternehmung den Beteiligten fremd bleibt." 196)

Um die Zusammenarbeit fördern zu können, haben sich manche Unternehmen zum *kooperativen Führungsstil* entschlossen. Ob er sich jemals in Tat und Wahrheit durchsetzen wird, bleibt vorerst noch offen und scheint nicht zuletzt auch von den Konjunkturverhältnissen abhängig zu sein. Trotzdem sollte jeder, der führt, wissen, worum es sich handelt. Wenigstens die Kernsätze der kooperativen Führung sollte man zur Kenntnis nehmen 197).

Menschlich bleiben, das ist im Grunde genommen der oberste Grundsatz guter Zusammenarbeit. Selbst, wenn man Mitarbeiter ihrer Unfähigkeit wegen entlassen muß, sollte man es versuchen. ,,Seien Sie nicht grausam, wenn Sie jemanden feuern. Denken Sie sich einen Grund aus, der wahr ist und es ihm trotzdem erlaubt, seine Selbstachtung zu wahren." 198)

Kernsätze der kooperativen Führung

Ziele
Wir wollen den Erfolg für unser Unternehmen. Erfolg ist nur durch zielgerechtes Handeln erreichbar.
Jeder muß die Ziele seines Handelns kennen und sich für ihre Verwirklichung einsetzen.
○ Ziele festlegen – Anfang der gemeinsamen Arbeit.

Delegation
Wir wollen an der Lösung der betrieblichen Aufgaben mitarbeiten, jeder an seinem Platz.
Jeder soll möglichst selbständig arbeiten und entscheiden. Aber auch Verantwortung tragen.
○ Verantwortung übertragen – Herausforderung für uns alle.

Information
Wir wollen offene und partnerschaftliche Zusammenarbeit.
Das setzt bei Arbeitsteilung und Delegation ausreichende Information voraus.
○ Informieren – Voraussetzung für erfolgreiche Zusammenarbeit

Entscheidung
Wir wollen klare, verbindliche und zielgerichtete Entscheidungen. Das verlangt Koordination und Zusammenarbeit unter Mitwirkung aller, die sachliche Beiträge leisten können.
○ Entscheidung treffen – Zusammenarbeit sicherstellen.

Kontrolle
Wir wollen den selbständig handelnden, eigenverantwortlichen Mitarbeiter.
Zur Ergebnisbewertung ist Kontrolle notwendig. Sie ist Information und Hilfe zugleich.
○ Kontrollieren – Ergebnisbewertung und Hilfe.

Beurteilung
Wir wollen jeden Mitarbeiter seinen Fähigkeiten entsprechend einsetzen.
Das setzt Beurteilung voraus. Hierauf bauen auch Anerkennung und Kritik auf.
○ Beurteilen – Anerkennung und Kritik.

Fördern
Wir wollen leistungsfähige und leistungswillige Mitarbeiter.
Dazu gehören Förderung und Unterstützung, wo immer es möglich ist.
○ Fördern und helfen – Leistungskraft stärken.

12 ERFOLGREICHE ARTIKULATION

Da wir miteinander leben, müssen wir uns verständlich machen, besser noch, *verständigen*, denn das macht sogleich deutlich, daß Kommunikation nicht als Einbahnstraße gesehen werden darf. „Die Fähigkeit, effizient zu kommunizieren, ist eine Kunst, die jeder braucht. Klare, effektive Kommunikation schafft erfolgreiche Verbindungen, sowohl im privaten als auch im geschäftlichen Leben." 199) Was wir sagen und wie wir uns äußern, das hat oft genug Einfluß auf Erfolg oder Mißerfolg, ganz gleich, ob wir uns dabei nur unserer persönlichen Fähigkeiten oder auch komplizierter Medien bedienen. Und gerade, weil es heute so viele Artikulationsmöglichkeiten gibt, gerade, weil es heute kein Problem mehr ist, auf elektronischem Wege unwahrscheinliche Lautstärken und enorme Vervielfältigung zu erzielen, ist es schwierig, sich bemerkbar zu machen, gehört, gelesen, verstanden zu werden. Ein Grund mehr dafür, über erfolgreiche Artikulation nachzudenken.

12.1 Ihre Sprache als wichtiges Persönlichkeitsmerkmal

Es gibt Kommunikationsspezialisten, die behaupten, daß die Sprache wie ein *Steckbrief* sei oder wie Fingerabdrücke, die ganz sichere Schlüsse zulassen. Sie sagen, daß die Art des Sprechens vor allem über zwei Bereiche Auskunft gibt: „Der eine Bereich sagt etwas über die Selbstbehauptung des Menschen. Hier wird aufgedeckt, ob der Sprecher sich sicher fühlt, ob er von seiner Sache überzeugt ist, ob er nach Selbstbestätigung sucht oder ob er sich behaupten will. Der zweite Bereich deckt die Unsicherheit des Sprechers auf." 200) Als Bemessungskriterium dienen in diesem Zusammenhang bestimmte Ausdrücke und ihre Häufung. Füllwörter z.B. oder Redensarten und Ungenauigkeiten (irgendwie, ich würde meinen, überhaupt, gewissermaßen usw.) verraten Unsicherheit. Wer sich durchsetzen will, braucht eher Wörter wie: ausgezeichnet, selbstverständlich, grundsätzlich usw.

Nun, es gibt einfachere Kriterien, die Ihre Sprache zum Persönlichkeitsmerkmal machen. Ohnehin läßt sich das, was vorher bemerkt wurde, auch nur im Zusammenhang beurteilen, und so kommt dem *Zusammenhang* Ihres Sprechens mehrfache Bedeutung zu. Es geht nämlich nicht allein darum, wie einzelne Ausdrücke im Zusammenhang zu bewerten sind, sondern vor allem um den Zusammenhang selbst. Das, was Sie sagen, muß Hand und Fuß haben, Sinn ergeben, *zusammenhängend verständlich* sein.

Wenn wir von *Sprachpflege* sprechen, dann meinen wir das im weitesten Sinne. Es geht nicht nur um die Erweiterung des Wortschatzes und um die aktive Anwendung der treffendsten Worte. Es geht auch um die akustische Verständlichkeit, also vor allem um die *deutliche Aussprache*.

Lassen Sie Ihre Sprache nicht verkommen. Riskieren Sie es, über längere Zeit ein Tonband laufen zu lassen, das alles aufnimmt, was Sie reden. Lassen Sie das Band immer wieder laufen, so lange, bis Sie fast vergessen, daß ein Band läuft, denn nur, wenn Sie nicht mehr daran denken, daß Ihre Stimme registriert wird, bekommen Sie den richtigen Eindruck von Ihrer *Alltagssprache*. Hören Sie sich an, was Sie sagen, und meistens wird es nicht einmal nötig sein, Sie zur Kritik zu ermahnen. Sie werden sofort erkennen, was besser werden muß. Sie werden merken, daß Sie aus Ihrer Stimme mehr machen können, daß Sie über einen viel größeren Sprachschatz verfügen als über den, den Sie aktiv einsetzen. Fast jeder wird zugeben müssen, daß es ihm an Sprachdisziplin mangelt und kaum jemand wird nicht bereit sein, etwas für seine Sprache zu tun, denn *die eigene Sprache ist ein Teil der eigenen Persönlichkeit*. Es geht also um uns selbst.

12.1.1 Die Macht des Wortes

Welche Bedeutung Worte haben oder wie wichtig ein einziges Wort ist, wird klar, wenn wir folgendes zur Kenntnis nehmen: ,,Durch das Wort werden die Dinge erst geboren, denn durch das Wort werden sie erst voneinander geschieden, gegeneinander abgegrenzt, und treten denkbar, vorstellbar, sagbar, bezeichenbar in die Welt.'' 201) Man braucht aber gar nicht philosophisch zu werden, um Wert und Macht der Worte zu belegen. Der Alltag steckt voller Beispiele.

Verkäufer z.B. könnten uns manches über *Wortwahl* und *Wortwirkung* sagen. Gute Verkäufer z.B. wissen, daß es Worte gibt, die zum Verkaufserfolg beitragen. Ganz einfache Worte, denn es sind nicht die Superlative, die überzeugen, nicht kühne Behauptungen, die sympathisch wirken.

Sagen Sie oft genug: ,,Das mache ich gern.'' Verwenden Sie *positive* Worte wie sorgfältig, zuverlässig, gewissenhaft. Bringen Sie *aktivierende Verben* in Ihre Sätze. Vermeiden Sie *passiv wirkende Substantive*. Ung-Endungen sind besonders gefährlich.

Es reicht aber nicht aus, über wirksame Worte zu verfügen, denn Worte wirken meistens in Sätzen. ,,Ganz allgemein gelten Sätze mit 10 bis 13 Wörtern als sehr gut erfaßbar, mit 14 bis 18 als leicht verständlich, mit 19 bis 25 noch als einigermaßen tragbar, mit 25 bis 30 als schwer verständlich und mit über 30 als kaum zumutbar.'' 202) So, und nun zählen Sie die Worte des letzten Satzes, dann wissen Sie genau, wie Sie es nicht machen sollten.

12.1.2 Wortwahl und Sprachpflege

Sorgen Sie dafür, daß Ihnen zur rechten Zeit das richtige Wort einfällt. Für jeden Sachverhalt und jedes Ding gibt es besonders *treffende* Worte. Machen Sie einen Versuch. Denken Sie an das Wort ‚Gehen'. Damit bezeichnen Sie eine Fortbewegungsart. Aber es gibt eine Reihe verschiedener Fortbewegungsarten, die zwischen ‚schleichen' und ‚rasen' liegen. Wenn Sie sich etwas Mühe geben, sollte es Ihnen gelingen, sofort 10 bis 20 Bezeichnungen für die verschiedenen Arten der Bewegung zu finden.

Nicht jeder, der liest, erweitert dadurch schon seinen Wortschatz. Es kommt darauf an, *was* man liest, und darum sollte man sich nicht scheuen, auch mal *Synonymwörterbücher* in die Hand zu nehmen, um zu treffenderen Worten zu kommen. Dafür könnte man auf Modewörter verzichten (‚Leistungsträger' und neuerdings ‚Hoffnungsträger' sind zwei Prachtexemplare verbalen Unfugs). Überlassen Sie das denen, die glauben, modische Aktualität könne Persönlichkeitsdefizite aufbessern.

Es kommt aber nicht nur darauf an, *was* man sagt, sondern auch darauf, *wie* man es sagt. Nietzsche formulierte es einmal so: „Das Verständliche an der Sprache ist nicht das Wort selber, sondern Ton, Stärke, Modulation, Tempo, mit dem eine Reihe von Worten gesprochen wird – kurz, die Musik hinter den Worten, die Leidenschaft hinter dieser Musik, die Person hinter dieser Leidenschaft: alles, was nicht geschrieben werden kann." 203)

Sprachpflege ist also auch *Persönlichkeitspflege* und umgekehrt. Auch deshalb kann es nicht schaden, wenn Sie Ihre Sprache kontrollieren, Sprechübungen machen, mit dem Tonband kontrollieren, ob Sie Endungen klar aussprechen, Silben nicht verschlucken, nuscheln, zu hektisch oder zu langsam sprechen. Das ist besonders dann wichtig, wenn Sie glauben, durch Reden Einfluß gewinnen zu können.

12.1.3 Redekunst als Einflußfaktor

Schon in der Antike gab es gewaltige Redner. Besonders Demosthenes könnte jedem Redner, der Wirkung erzielen will, Vorbild sein. Demosthenes – so heißt es – war sprachbehindert, aber er ging an den Strand, nahm Kieselsteine in den Mund und versuchte, trotz dieser noch stärkeren Behinderung die Brandung deutlich zu übertönen. Sein großer Konkurrent war Aeschines. Wenn der sprach, sagten die Zuhörer: „Welch wunderbare Rede." Aber wenn Demosthenes redete, schrien sie: „Laßt uns gegen Philipp ziehen!"

Dieses Beispiel sagt eigentlich alles. Es kommt nämlich nicht darauf an, daß man eine schöne Rede hält, die bewundert wird, sondern darauf, daß die Rede *Wirkung* erzielt, ihren *Zweck* erfüllt und den eigenen *Einfluß* verstärkt.

12.1.3.1 Redevorbereitung

Ohne Fakten geht es nicht, denn Reden leben nicht nur von ihrem Vortrag, sondern auch von ihrem *Inhalt*. Es kommt allerdings nicht auf die Menge der Fakten an, denn es ist besser, wichtige Fakten klar darzustellen als eine Fülle von Fakten zu bieten, in der die wichtigsten Fakten untergehen.

1. *„Stellen Sie sich auf Ihre Hörer ein.*
2. *Prüfen Sie, ob der Inhalt Ihrer Rede den Interessen Ihrer Hörer entspricht oder ob er ihnen zuwiderläuft, und versuchen Sie – selbst bei gegenläufigen Interessen – eine Brücke zu bauen.*
3. *Treten Sie bestimmt und sicher vor Ihre Hörer.*
4. *Sehen Sie Ihre Hörer an. Weichen Sie auf keinen Fall ihren Blicken aus. Schauen Sie nicht nur auf eine Stelle. Lassen Sie Ihren Blick, bevor Sie mit der Rede beginnen, kurz durch den Saal schweifen, als wollten Sie sich versichern, ob alle bereit sind, Ihre Rede aufzunehmen.*
5. *Beginnen Sie erst, wenn unter den Zuhörern Ruhe eingetreten ist.*
6. *Gebrauchen Sie eine klare und deutliche Anrede, der eine sekundenlange Pause (je nach Bedarf etwas länger) folgen sollte.*
7. *Sprechen Sie deutlich, nicht zu schnell und auf keinen Fall eintönig.*
8. *Beobachten Sie Ihr Publikum schon während der ersten Sätze genau.*
9. *Merken Sie, daß in einem Teil des Saales weniger Aufmerksamkeit herrscht als in einem anderen, so wenden Sie Ihren Blick diesem Saalteil zu, als ob Sie speziell zu diesen Leuten sprächen.*
10. *Erkennen Sie, daß eine allgemeine Müdigkeit eintritt, dann werden Sie zuerst mit Ihrer Stimme etwas leiser, um sie dann plötzlich zu steigern (aber nicht so laut, daß man merkt, daß Sie die Hörer aufrütteln wollen).*
11. *Wenn Sie merken, daß die gerade gesprochenen Worte Anklang finden, dann versuchen Sie, das gerade angeschlagene Thema noch zu untermauern. Auf diese Weise können Sie die Zustimmung der Hörerschaft deutlich herausfordern.*
12. *Versuchen Sie, an solchen Stellen immer das Ziel Ihrer Rede in den Vordergrund zu stellen, richten Sie sich auf das, was Ihre Rede erreichen soll, dann werden Sie in diesen Augenblicken der Hochstimmung auch Zustimmung für Ihre Anliegen gewinnen.*
13. *Wenn Sie sich dadurch in besonderen Schwung reden, dann lassen Sie sich aber auch in einer solchen Phase nicht aus der Ruhe bringen.*

14. *Auch provozierende Zwischenrufe sollten Sie nie von dem Ziel Ihrer Rede ablenken.*
15. *Lassen Sie sich auf keinen Fall während Ihrer Rede auf Diskussionen ein, auch wenn verschiedene Hörer das lautstark verlangen. Sagen Sie diesen Leuten, daß Sie sich am Ende der Rede jeder Diskussion stellen werden. Dann bleibt Ihnen auch genügend Zeit, sich auf diese Diskussion einzustellen, und viele Fragen werden durch die Weiterführung Ihrer Rede meistens noch vorweggenommen, so daß sie in der Diskussion kaum noch eine Rolle spielen.*
16. *Sprechen Sie gerade in kritischen Situationen überzeugend, sicher und mit Nachdruck.*
17. *Versuchen Sie, unangenehme Passagen, die sich nicht vermeiden lassen, mit angenehmen Worten zu überdecken, mischen Sie populäre Beispiele ein, betonen Sie, daß Sie nur aus der Erkenntnis des Notwendigen auf diese Sache zu sprechen kommen.*
18. *Ziehen Sie keine Schlußfolgerungen, die Sie nicht rational erklären können, selbst, wenn Sie zu bemerken glauben, daß die Hörerschaft nach solchen Schlußfolgerungen verlangt.*
19. *Lassen Sie niemanden merken, daß die Rede Sie anstrengt oder daß Sie an einer Stelle Ihrer Rede müde oder unsicher werden.*
20. *Verlassen Sie das Rednerpult mit herzlichem Dank. Lassen Sie sich nicht – selbst, wenn die Versuchung groß ist – lange feiern oder mit Beifall überschütten. Gehen Sie auf dem Höhepunkt der Zustimmung und nicht, wenn die Zustimmung zu verblassen beginnt."* 204)

Das alles erfaßt man nicht mit einemmal. Darum muß man regelrecht *trainieren*, wenn man ein guter Redner werden will.

12.1.3.2 Rhetorisches Training

Wenn Sie nur wenig Redetalent haben, sollten Sie mit ganz kurzen Ausführungen beginnen. Kurze *Tischreden* oder *Trinksprüche* sind dazu besonders geeignet. Solche Sachen können Sie auswendig lernen, und trotzdem hört es sich lebendig an, wenn Sie z.B. sagen: ,,Meine Damen und Herren! Erlauben Sie, daß ich für uns alle spreche und mein Glas erhebe, um unseren liebenswürdigen Gastgebern herzlich für diesen schönen Abend zu danken." 205)

Eine Kleinigkeit, aber man wird es positiv bewerten, Sie vielleicht sogar für wortgewandt halten, wenn Sie so einen Satz ganz selbstverständlich vortragen. Niemand wird merken, daß Sie ihn geübt haben und daß es Ihnen zuerst schwergefallen ist, fließend zu sprechen.

Sie brauchen sich also von Anfang an nicht auf lange Reden zu konzentrieren. Wenn so etwas von Ihnen verlangt wird, sollten Sie längst vorbereitet sein, sollten gelernt haben, Formlosigkeit zu vermeiden, sollten wissen, daß in jedem Satz *Redetechnik* und *Redekunst* stecken kann.

Sie wissen, daß geübte Redner nicht ablesen. Trotzdem werden Reden geschrieben, aber die werden dann im wahrsten Sinne des Wortes einstudiert. Dazu gehört Geduld, denn die Kunst, frei und wirksam zu formulieren, lernt man nicht von heute auf morgen.

Vielleicht werden Sie zuerst manches *auswendig* lernen müssen. Später kommen Sie bestimmt mit *Stichworten* aus, am besten an den Rand des Manuskripts geschrieben, damit Sie den Verlauf der Rede kontrollieren können.

Prüfen Sie auch die *Gewalt* und den *Klang* Ihrer Stimme. Versuchen Sie, eine *klare Umgangssprache* zu führen, denn dann wird Ihre Stimme während Ihrer Reden nicht geziert klingen.

Wenn Sie ein echtes Redetalent sind, brauchen Sie natürlich weniger Training, aber auch das hat nicht nur Vorteile. Sie sollten sich dann nämlich vor allem an eines halten: ,,Reden Sie nicht bei jeder Gelegenheit, sondern nur, wenn Sie von Ihrer Rede Wirkung erwarten können. Auch dann, wenn es wirklich darauf ankommt, andere zu überzeugen. Lassen Sie sich auf keinen Fall die Rolle des ‚Festredners vom Dienst' aufdrängen. Erwecken Sie immer den Eindruck, daß Sie nur reden, wenn Sie tatsächlich etwas zu sagen haben.'' 206)

12.1.4 Erfolgreich verhandeln

Ohne zu verhandeln wäre ein friedliches Zusammenleben nicht möglich. Das sollte uns auch daran erinnern, daß es nicht der oberste Zweck einer Verhandlung sein kann, den eigenen Standpunkt mit allen Mitteln durchzudrücken. Vielmehr sollten Verhandlungen zu Ergebnissen führen, mit denen alle, die an der Verhandlung beteiligt waren, deshalb zufrieden sind, weil sie davon überzeugt sind, daß die Verhandlung *Vorteile* hatte. Andere zu überfahren, das kann sich bitter rächen. Wenn man andere zu etwas zwingen kann, braucht man nicht zu verhandeln. Das wird allerdings oft gemacht, um den Schein zu wahren, und manchmal hat das sogar Sinn, z.B. wenn die Gegenseite dabei wenigstens ihr Gesicht wahren kann.

Mitunter wird gegen *Kompromisse* polemisiert. Das Wort vom ‚faulen Kompromiß' fälllt viel zu oft. Kompromisse haben manches für sich, denn ein Kompromiß bringt

Einigung, und das ist meistens besser als Konfrontation. Das macht aber eine klare Verhandlungslinie, Strategie und Taktik nicht überflüssig.

Erfahrene Verhandler stellen jeder Verhandlung folgende *Kernsätze* voran:
● Jeder Zufall will geplant sein
● Ich will verhandeln
● Ich kann verhandeln
● Ich kann gut verhandeln 207).

Erfahrene Verhandler wissen auch, wie man sich während einer Verhandlung verhalten muß, und darum beherzigen sie folgendes:
● Es ist besser, weniger zu sagen als zuviel
● Präsentieren Sie Ihre wichtigsten Aussagen klar und prägnant
● Kurze Sätze sind leichter verständlich als lange 208).

Klar sollte Ihnen sein, daß niemand an einer Verhandlung mit dem Vorsatz, sich zu streiten, teilnehmen darf. Eine Verhandlung ist *kein Streitgespräch,* auch keine Gelegenheit, Überheblichkeit zu demonstrieren.

In einer Verhandlung ist man fair und anständig. Glauben Sie niemandem, der behauptet, es hätte Vorteile, andere zu überspielen oder hereinzulegen. Versuchen Sie lieber, so schnell wie möglich herauszufinden, in welchen Punkten zwischen Ihnen und Ihren Verhandlungspartnern *Einigkeit* besteht. Über diese Punkte braucht man sich nicht auseinanderzusetzen. Im Gegenteil, sie sollen zur Plattform für weitere Einigung werden.

Wenn Sie Einwände gegen den Standpunkt Ihrer Partner haben, bringen Sie *begründete Bedenken* vor. Verzichten Sie auf Überheblichkeit. Hören Sie zu und lassen Sie sich nicht irritieren, selbst, wenn Sie bemerken, daß man Sie absichtlich so plaziert, daß Sie in die Sonne blicken müssen. Bitten Sie einfach höflich um einen anderen Platz, dann wird man weitere Tricks kaum versuchen.
Nehmen Sie sich stets genügend Zeit, um *gründlich* verhandeln zu können, aber halten Sie sich nicht länger als nötig auf, wenn alle Verhandlungspunkte geklärt sind, denn dann sollte man alle Kraft darauf richten, um die *Verhandlungsergebnisse zu realisieren.*

12.1.5 Erfolgreich telefonieren

Nicht immer verhandeln wir persönlich. Manchmal sind wir gezwungen, Medien zu benutzen. Vor allem das Telefon, das aber noch viele andere Funktionen erfüllt.

Darum sollten wir uns mit unseren *Telefoniergewohnheiten* befassen, denn nur, wenn wir die kennen, können wir die Effizienz unserer Telefonate verbessern. Also versuchen Sie zuerst, folgende Fragen zu beantworten:

- *„sind Sie eigentlich ganz sicher, daß Sie sofort den Hörer abnehmen, wenn es klingelt (oder wenigstens nach dem zweiten Klingeln)?*
- *bemühen Sie sich, deutlich, verständlich und nicht zu schnell zu sprechen?*
- *halten Sie die Telefonmuschel so, daß Abstand und Richtung zum Munde stimmen?*
- *rauchen Sie beim Telefonieren oder legen Sie die Zigarette oder Pfeife fort, wenn es klingelt?*
- *verbinden Sie sofort weiter, wenn der Anruf nicht für Sie, sondern für einen Kollegen bestimmt ist?*
- *üben Sie Nebenbeschäftigungen beim Telefonieren aus?*
- *sorgen Sie dafür, daß es keinen Lärm oder markante Geräusche in Ihrer Umgebung gibt, wenn Sie telefonieren?*
- *ist Ihr Schreibzeug beim Telefonieren greifbar?*
- *können Sie gut zuhören?*
- *begrüßen Sie den Geschäftspartner freundlich?*
- *bleiben Sie auch bei unangenehmen Telefonaten beherrscht?*
- *bereiten Sie sich auf wichtige Telefonate vor?*
- *haben Sie Ihre Unterlagen zur Hand, wenn Sie ein Telefonat führen wollen?*
- *haben Sie sich daran gewöhnt, schwierige Wörter zu buchstabieren?*
- *fragen Sie danach, ob Sie etwas ausrichten können, wenn der gewünschte Gesprächspartner nicht erreichbar ist?*
- *vermeiden Sie es, zu unangenehmen Zeiten anzurufen, z.B. morgens früh, während der Mittagspause usw.?*
- *können Sie kurzgefaßte Gespräche führen, ohne unhöflich zu wirken und doch alles, was nötig ist, sagen?*
- *denken Sie vor dem Telefonieren auch daran, was das Telefongespräch kosten könnte?"* 209)

Wenn Sie über diese Fragen nachdenken und die Konsequenzen aus Ihren Überlegungen ziehen, werden Sie gewiß erfolgreicher telefonieren als bisher. Denken Sie vor allem daran, daß es *nur Ihre Stimme* ist, die auf den Telefonpartner einwirkt. Darum ist es bei vielen Anliegen, die am Telefon erörtert werden, besonders wichtig, zuerst eine *günstige Plattform* zu schaffen. Wenn es angebracht ist, Gemeinsamkeiten betonen, Freundschaften durchblicken lassen, Verpflichtungen oder Dank nicht unausgesprochen lassen usw. So wird das Telefonieren zu einer ganz persönlichen Angelegenheit, auch, wenn es um nicht private Dinge geht.

12.1.6 Erfolgreich schreiben

Ohne Zweifel gehört der Begriff Textverarbeitung heute zu den Modeworten. Auch das Wort Systemkorrespondenz ist ‚in'. Journalisten tippen Ihre Texte bildschirmlesbar ein, und daraus entsteht bereits die später verwendbare Druckvorlage. Das ist im Zeitalter der Elektronik alles möglich. Aber haben die Produzenten solcher Anlagen auch daran gedacht, daß die Fähigkeiten des Menschen ihre Grenzen haben? Oder nehmen sie bewußt hin, daß dem Leser weniger Inhaltsqualität geboten wird? Denn irgendwo muß sich doch der Bildschirmjournalist von solchen Publikationen unterscheiden, die sorgfältig aufbereitet werden, die längeres Nachdenken und sorgfältiges Redigieren erlauben.

Es hat tatsächlich den Anschein, daß auch die geschriebene Sprache im Alltagsverkehr einer immer stärkeren Verwahrlosung entgegengeht, und hier liegt für manchen eine *Chance*. Denn immer noch wird es Leute geben, die einen ordentlich geschriebenen Satz schätzen, die individuelle Korrespondenz zu würdigen wissen oder die gewillt sind, für einen wirksamen Werbetext gutes Geld zu bezahlen.

Wenn man sich vorstellt, daß bei einer Umfrage in den USA manche Befragte nicht einmal mehr in der Lage waren, den Text auf einer neu erschienenen Briefmarke zu lesen, dann wird klar, daß man sich nicht damit zufrieden geben darf, daß es möglich ist, die Reproduktion unserer Gedanken wohlfeilen Maschinen zu überlassen. Wir können nicht nur das reproduzieren, was gescheite Menschen einmal formuliert haben und das dann immer wiederholt wird, bis es vollkommen abgedroschen ist. Und wer glaubt, sich auf die geistigen Schreibleistungen anderer verlassen zu können, wird am Ende als leere Hülse bekannt werden, deren Eigenkreativität gar nicht existiert.

Persönlicher Stil wird – auch wenn es ums Schreiben geht – auch in Zukunft geschätzt werden, trotz Kommunikationsvermassung.

12.1.6.1 Persönliche Korrespondenz

Wenn Sie wirklich wissen wollen, was unser Geschreibsel heute wert ist, dann schauen Sie in alte Privatkorrespondenzen. Es braucht nicht gerade *Goethe* oder *Bismarck* zu sein, deren Privatbriefe Sie studieren. Sogar Briefe halbwegs gebildeter Bürger lassen erkennen, daß man dem geschriebenen Wort früher weit mehr Respekt entgegenbrachte, lassen ahnen, daß man in der Lage war, mit Tinte, Feder und Papier persönliche Nähe zu simulieren.

‚Schreib mal wieder!' Das ist ein Werbeslogan der Post, und er sollte nicht nur befolgt werden, um der Post zu besseren Umsätzen zu verhelfen. Denken Sie doch einmal darüber nach, wie vielen Urlaubsbekanntschaften Sie zu schreiben versprochen haben. Und wer davon hat tatsächlich einen Brief von Ihnen erhalten? Wie oft hätten Sie sich bei Leuten in Erinnerung bringen können, die bereit gewesen wären, Ihnen irgendwann einen Dienst zu erweisen? Wie viele gute Kontakte sind eingeschlafen, weil es Ihnen zuviel war, ein paar Zeilen zu schreiben?

Sie sehen, es kommt zwar auch darauf an, *was und wie man schreibt,* doch weit wichtiger ist es, daß man sich *überhaupt* daran erinnert, daß Briefe ein sehr gutes Kontaktmittel sind, daß man tatsächlich die *private Korrespondenz aktiviert.*

12.1.6.2 Texten und Geschäftserfolg

Es wurde schon erwähnt, daß Sie sich von dem Wort Textverarbeitung nicht irritieren lassen sollen. Denn eines steht fest: ,,Der Kern der Textverarbeitung ist der Text; die Verarbeitung dient nur der Herstellung." 210) Textautomaten, die miserable Texte verarbeiten, bringen mehr Schaden als Nutzen. Also geht es am Ende auch heute noch darum, *bessere Texte* zu formulieren. Das gilt gerade dort, wo Texte miteinander *konkurrieren,* und das wird besonders augenfällig, wenn es um Werbetexte geht. Denken Sie doch daran, welche enormen Summen notwendig sind, um Werbetexte zu streuen, wieviel eine Anzeige in großen Publikationen kostet oder die Streuung eines Fernsehspots.

Gute Werbetexter wird man immer suchen. Darum sollten Sie sich mit den Grundlagen des Werbetextens befassen und zuerst die Meinung eines altgedienten Werbetexters zur Kenntnis nehmen, der einmal bemerkte: ,,Werbetexte bestehen zu 40 % aus gesundem Menschenverstand, zu 40 % aus Geschäftssinn und zu 20 % aus Schreibtechnik.

Aber was sollten Sie noch beherzigen, wenn Sie gute Texte schreiben wollen? Da gibt es manches, doch vielleicht kann Ihnen die folgende Zusammenfassung schon ein Stück weiterhelfen:

,,1. Werbetexter schreiben meistens für Leute, die sie noch nie gesehen haben, und *diese Leute haben sich vielleicht für das, was der Text vermitteln will, noch nie interessiert. Und doch kann ein Texter erreichen, daß diese Leute etwas tun, woran sie nie gedacht haben.*
2. Texter warten nicht auf Inspirationen. Denn zum Texten braucht man weniger Inspirationen als handfeste Fakten. So etwa Fakten über die Umworbenen, über das eigene Unternehmen, über den Markt, über die Ware, die Umwelt, die Konkurrenten usw. Diese Fakten regen an, und Inspiration stellt sich oft genug beim Studium der

Fakten ein. Fakten führen zu sachbezogenen Ideen. Darum sollte ein Texter zuerst nach Fakten suchen.

3. Es ist nützlich, alle Fakten aufzulisten. Stellt man bei Durchsicht der Liste fest, daß wesentliche Fakten fehlen, muß man weitersuchen. Denn Fakten zeigen meistens nicht nur, was man schreiben sollte, sie zeigen manchmal sogar, wie man schreiben soll.

4. Die Faktensuche bringt auch Aufschluß über die Zielgruppen. Man muß ja wissen, wie die Menschen leben, die man umwirbt, welche Bedürfnisse sie haben, welche Interessen, Ziele, Sorgen, Freuden usw. Man kann auch etwas über das Vokabular der Umworbenen erfahren oder über die Sprachgewohnheiten, und dann wird man sich nicht so leicht im Ton vergreifen.

5. Erinnern sollte man sich daran, daß ein Texter in erster Linie so schreiben muß, daß ein Text gelesen wird. Nach Bewunderung sollte man nicht streben, denn Werbetexte sind keine Literatur. Werbetexten ist ganz einfach Gebrauchsschriftstellerei, bei der es darum geht, zweckbezogen Leserkreise zu aktivieren und zu beeinflussen.

6. Der Texter darf auch nicht daran vorbeisehen, daß der Prozeß des Erlernens und Begreifens langsam vonstatten geht und sich weiter verlangsamt, wenn der Text Verwirrung stiftet. Darum muß der Texter darüber nachdenken, wie seine Leser reagieren, wenn sie mit dem Text konfrontiert werden.

7. Auf der einen Seite steht der Texter, auf der anderen Seite die Zielgruppe. So geht es noch nicht. Erst, wenn der Texter begriffen hat, daß er sich auf die Seite seiner Leser stellen muß, um sie dann auf seine Seite hinüber zu begleiten, wird sein Text Erfolg erwarten können.

8. Dem Leser ist meistens nur ein Bruchteil von dem bekannt, was der Texter vermitteln will. Man kann aber auch davon ausgehen, daß dem Leser doch etwas von dem bekannt ist, was der Texter vermitteln muß. Darum muß der Texter herausfinden, was bekannt sein könnte. So kann er den Leser vom Bekannten zum Neuen führen.

9. Es wäre gut, wenn man jeden Leser einzeln ansprechen könnte, doch das ist meistens nicht möglich. Das sollte den Texter aber nicht dazu verleiten, zu glauben, er schreibe für die Masse. Er sollte versuchen, eine gemeinsame Plattform für seine Leser zu finden, so daß sich noch jeder angesprochen fühlt.

10. Selbstbewunderung ist der Feind des Texters. Er schreibt ja nicht für sich, sondern für eine ganz bestimmte Zielgruppe. Und auch von dieser Zielgruppe soll er keine Bewunderung erwarten, sondern ganz einfach so schreiben, daß die Umworbenen der von ihm formulierten Botschaft im positiven Sinne folgen." 211)

Fragt man sich, warum bestimmte Werbetexte *mehr Erfolg* haben als andere, dann gibt es eine weitgehende Erklärung, die als *Anregung* dienen soll: „Wenn man das, was ein Produkt bietet, in Übereinstimmung bringt mit dem, was der Kunde wünscht, dann kommt der Text den Vorstellungen des Kunden am ehesten entgegen." 212) Wer textet, sollte aber auch noch folgendes bedenken: „Wenn der Empfänger einer Information nicht in der Lage ist, die Information zu verstehen, dann bleibt die Information ohne die beabsichtigte Wirkung." 213) Also heißt es, *deutlich und verständlich* schreiben. Und noch eines sollte nicht vergessen werden: „Sie können die besten Worte, die Ihnen zur Verfügung stehen, verwenden, um Ihr Angebot herauszustellen. Es gibt nur eine Grenze, die Wahrheit." 214)

Und weil es auch hier um die *Wahrheit* geht, muß gesagt werden, daß alle theoretischen Hinweise nur von beschränktem Nutzen sind, wenn es ums Texten geht, denn *Texten kann man nur durch Texten lernen.* Also schreiben, schreiben, schreiben, denn begabte Texter fallen nicht gerade vom Himmel.

12.6.1.3 Erfolgreich publizieren

Schreiben, schreiben, schreiben, so kann man auch hier weiterfahren. Nur selten werden Erstlingswerke publiziert, und mancher ist erst nach bitteren Erfahrungen zum vielgelesenen Autor geworden.

Wer publizieren will, sollte daran denken, daß der eigene Anspruch am eigenen Können gemessen werden sollte. Trotzdem gelingt vielen, die brillant schreiben, nie eine Veröffentlichung. Wahrscheinlich wäre unsere Literatur viel reicher, wenn die Lektoren der großen Verlage mehr Zeit und Geduld hätten, um nach neuen Talenten zu suchen, wenn sie zudem nicht gezwungen wären, an den wirtschaftlichen Erfolg einer Veröffentlichung zu denken. Oft können Manuskripte aber auch nicht veröffentlicht werden, weil sie erst gar nicht den Weg zum Verlag finden.

Wer publizieren will, muß *anderen* erlauben, sein Manuskript zu *beurteilen.* Davor scheut mancher zurück. Viele fürchten die Enttäuschung, die eine Ablehnung hervorruft. Doch da muß man durch, wenn man publizieren will, und manchmal erfährt man erst durch Kritik, wo man steht, merkt, daß man noch manches tun muß, um erfolgreich publizieren zu können.

Aber selbst diejenigen, die Kritik nicht scheuen, kommen oft nicht weiter. Ihnen fehlt es an Verbindungen, und hier sei ganz offen gesagt, daß mancher Autor nicht zum Erfolg gekommen wäre, wenn nicht *persönliche Verbindungen* eine erste Veröffentlichung ermöglicht hätten. Also Verlagsadressen sammeln, die Namen der Lektoren herausfinden, persönliche Gespräche suchen, hart werden und nicht verzweifeln, wenn ein Manuskript zurückkommt, das ungelesen scheint. Nachsetzen, besser machen. Es gibt so viele Verlage, es gibt so viele Publikationen.

Jeder, der *interessant genug* schreibt, hat eine Chance, gelesen zu werden, nur muß man manchmal seinen *Weg* ändern. Mancher, der davon geträumt hat, ein berühmter Romancier zu werden, hat schließlich herausgefunden, daß man ihn als Fachschriftsteller akzeptiert. Mancher, der einflußreicher Journalist werden wollte, kam schließlich darauf, daß der Posten eines Werkschriftleiters viel reizvoller sein kann, nicht so hektisch und auch recht gut bezahlt.

Aber muß man das Schreiben überhaupt zum Beruf erheben? Bestsellerautoren sind selten, und im Grunde genommen wird Schriftstellerei schlecht bezahlt, zumal die meisten Autoren von der verkauften Auflage abhängig sind und in der Ungewißheit leben müssen, daß nicht jedes geschriebene Manuskript veröffentlicht wird.

Wer wirklich gerne schreibt, wird es auch neben einem anderen Beruf nicht lassen können, wird sein Schreibtalent nicht nur nutzen, um etwas hinzuverdienen zu können, wird es einsetzen, *um die eigene Karriere zu fördern.* Darum gibt es so viele Fachartikel von erfolgreichen Berufsleuten. Sie wollen sich über ihren Wirkungsbereich hinaus bekanntmachen, wollen zeigen, was sie können, Wirkung erzielen, die ihrer Karriere hilft. Das ist zu empfehlen, auch wenn der Lohn des Schreibens selbst meistens nicht im Verhältnis zum geistigen Aufwand steht.

12.2 Gestik und Mimik

Wenn man von erfolgreicher Artikulation spricht, dann darf man auch Gestik und Mimik nicht vergessen, sollte sogar an den *ersten Eindruck* denken, an *Temperament* und *Körpersprache.*

Es ist offenbar, daß wir uns nicht nur durch Worte äußern: ,,Das strahlende Lächeln drückt für jeden verständlich Freude aus; die verdrehten Augen oder die Grimasse nach einem Telefonat machen unmißverständlich deutlich, was über den Gesprächsteilnehmer am anderen Ende der Leitung gedacht wird; die hängenden Schultern, der schleppende Gang signalisieren genauso jedem verständlich je nach Situation einen Zustand des Abgekämpftseins, der Niedergeschlagenheit, der Hoffnungslosigkeit, und wenn uns ein Mensch begegnet, der wie auf Wolken schwebend daherkommt, wissen wir einfach, selbst, wenn es der oder die Betreffende vehement abstreitet, daß da jemand sicherlich verliebt ist." 215)

Natürlich kommt es nicht nur auf Ihre Gestik und Mimik an, die Sie selbstverständlich unter Kontrolle haben sollten. Genau so wichtig ist es, die *Körpersprache anderer* lesen zu können. Wenn z.B. ein Verhandlungspartner die Arme verschränkt, können

Sie Ablehnung wittern, schaut er abrupt zur Seite, macht sich Unmut breit, lehnt er sich demonstrativ zurück, geht er innerlich auf Distanz, schaut er zu Boden, will er sich Ihnen verschließen, fährt er mit der Hand zum Kinn, könnte das Nachdenklichkeit andeuten, aber all das kann nur im Zusammenhang mit seinen Worten und anderen Körperäußerungen gewertet werden. Allgemein ist man der Ansicht, daß Körperäußerungen weniger in der Lage sind, zu lügen, als Worte. Da muß man selbst sein Temperament zu zügeln wissen, um sich nicht zu verraten, wenn man etwas verbergen will. Das ist sehr schwierig, zumal fast niemand auf Gestik verzichten kann, wenn er etwas überzeugend schildern will. Oder glauben Sie, auf Gestik verzichten zu können? ,,Versuchen Sie dann bitte einmal, eine Wendeltreppe ausschließlich mit Worten zu beschreiben." 216) Welches Ergebnis Sie auch erzielen, fest steht, daß Sie *Gestik und Mimik eher sparsam als übertrieben einsetzen* sollten. Andauerndes Gestikulieren nimmt Ihnen nämlich die Möglichkeit, wichtige Dinge durch Gestik und Mimik hervorzuheben.

13 ENTSCHEIDEN ALS ERFOLGSKOMPONENTE

Die Schlagzeile hätte natürlich auch lauten können: ,,Entscheiden als Grundlage des Mißerfolges." Das wird zu oft verdrängt, davon will niemand etwas wissen, denn es klingt negativ, aber es ist ausgesprochen falsch, den möglichen negativen Effekt von Entscheidungen zu ignorieren.

Es ist gar nicht so selten, daß wir in einer Zeitung Sätze wie den folgenden lesen: ,,Zudem verzichten die Banken auf 8 Millionen Franken an Forderungen und geben einen Kredit für Neuinvestitionen." 217) War das eine *richtige* Entscheidung? Das wird erst die Zukunft zeigen. Fest steht aber, daß zu der Zeit, als die 8 Millionen Franken an Forderungen aufliefen, eine Reihe falscher Entscheidungen getroffen wurde, denn es gibt kaum eine andere, plausible Erklärung dafür, wie es sonst zu dem geschäftlichen Mißerfolg hätte kommen können.

Wer die Geschichte des deutschen Bergbaus nach 1945 verfolgt, wird auf viele *unverständliche Entscheidungen* treffen, und was die Agrarpolitik betrifft, so begegnet man ganz *abenteuerlichen Entscheidungen,* die bis zur Gegenwart reichen, die rational eigentlich gar nicht gerechtfertigt werden können und die nur möglich sind, weil es dem Steuerzahler an Mitteln fehlt, die fragliche Verwendung seiner Zahlungen abzublocken.

Was während der vergangenen Jahre an Fehlinvestitionen sichtbar wurde, kann sich gewiß mit den Investitionsversäumnissen messen, die in den gleichen Zeitraum fallen; und die Zahl der Pleiten, die während der letzten Jahre enorm gestiegen ist, kann hauptsächlich als Bestätigung dafür gewertet werden, daß die *Entscheidungsfähigkeit im Management* verbesserungsbedürftig ist. Gelegenheit dazu gäbe es wie nie zuvor, denn nie zuvor hat es so viele *Entscheidungshilfen* gegeben. Nie war ein besserer Rückgriff auf aktuelle Informationen möglich, und nie standen schnellere Kommunikationsmittel zur Verfügung. Also mangelt es an persönlichen Fähigkeiten, und die kann man aufbessern. Und das ist um so nötiger, weil – um das einmal klarzustellen – Entscheidungsprozesse trotz aller technischer Hilfen *schwierig* sind.

13.1 Die Schwierigkeit von Entscheidungsprozessen

Geschäftserfolge hängen nicht nur von großen Entscheidungen ab. Darum kann man der Auffassung, daß es wichtige und weniger wichtige Entscheidungen gibt, Zweifel entgegen bringen. Man sollte *alle Entscheidungen ernst nehmen.*

„Es wird häufig darüber gestritten, ob es besser sei, Entscheidungen in einer Gruppe oder allein zu treffen. Tatsächlich ist diese Frage zu undifferenziert. Was heißt hier ‚besser'? Es kommt auf das Kriterium an. Denkbare *Kriterien* sind:

- Qualität der Entscheidung,
- Akzeptanz der Entscheidung bei den Betroffenen,
- Durchsetzung der getroffenen Entscheidung bei unerwarteten Widerständen,
- Zufriedenheit der Entscheidenden mit der Entscheidung,
- Zufriedenheit der Betroffenen mit der Entscheidung,
- Zeitdauer bis zum Fällen der Entscheidung,
- Zeitbedarf für die Entscheidung,
- Weiterqualifikation der am Entscheidungsprozeß Beteiligten durch das Vorgehen bei der Entscheidung und
- Übereinstimmung bei der Art des Entscheidungsvorgehens mit übergeordneten Normen oder Wertvorstellungen." 218)

Zu den ganz besonderen Schwierigkeiten gehört es aber, zwischen verschiedenen *Alternativen* zu wählen, und dabei hilft neben Abwägen und Vergleichen oft die *Erfahrung*. Darum sollte man bei der Entscheidungsfindung auf Erfahrungswerte nicht verzichten.

13.2 Entscheidungstechniken

Fragt man sich, warum manche Entscheidung nicht zum gewünschten Erfolg führte, dann kann sich herausstellen, daß einer oder mehrere folgender Fehler gemacht wurden:

„- es werden sogenannte einsame Entscheidungen getroffen
- es wird stark emotional entschieden
- es wird nicht immer systematisch vorgegangen
- es wird eine Lieblingsalternative gestützt
- es werden nur positive Seiten der Alternative gesehen und mögliche Risiken oft nicht bedacht
- es werden Vermutungen, heimliche Wünsche, Unterstellungen anstelle von richtigen bzw. fehlenden Informationen verwendet
- es werden übereilte Erfahrungsreaktionen durchgeführt
- man versucht oft, Fakten hinzubiegen
- es wird sehr impulsiv entschieden." 219)

153

Dem kann man wirkungsvoll entgegentreten, indem man die Entscheidungsfindung systematisiert. Dabei sollte man sich nicht an komplizierte Entscheidungsmodelle halten. Gilt die Entscheidung z.b. einer Problemlösung, so empfiehlt sich einfaches, systematisches Vorgehen in folgender Form:

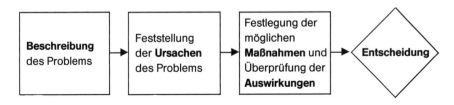

220)

Etwas ausführlicher betrachtet, könnte man auch zu folgender Entscheidungsanalyse kommen:

„*1. Klare Definition der Entscheidungssache (Thema);*
2. Festlegung der Zielsetzung, – (,Was will ich genau erreichen? Welche Mittel stehen dafür zur Verfügung?');
3. Entwickeln der Alternativen anhand der Zielsetzungen (soweit nicht schon vorhanden);
4. Werten der Informationen der einzelnen Alternativen im Hinblick auf Muß- und Wunsch-Zielsetzungen. (,Wird das Muß erreicht? Wenn nicht, fällt die Alternative aus. Welche Information erfüllt die entsprechende Wunsch-Zielsetzung am besten? Wie verhalten sich die Informationen der anderen Alternativen relativ dazu?');
5. Bestimmung der nachteiligen Auswirkungen durch Bewerten nach Wahrschein-lichkeit – Tragweite; wo immer möglich, auch Bewerten der Kosten zur Verhinderung oder Minderung;
6. Endgültige Entscheidung treffen.“ 221)

Sie können sich aber auch ein *Modell* zum Vorbild nehmen, das sich bei der Urteilsfindung einsetzen läßt und das folgendermaßen aussieht:

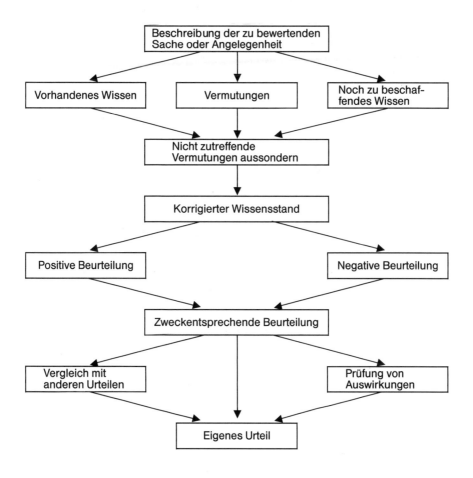

222)

Und nun kommt das Wesentliche: ,,Welcher Technik Sie sich auch bedienen, das ist nicht die Hauptsache. Viel wichtiger ist es, daß Sie überhaupt versuchen, eine *Systematik* in den Entscheidungsprozeß zu bringen, nach *Fakten* urteilen und nicht den für Sie bequemsten Weg suchen." Nie sollten Sie vergessen, daß entscheiden auch *verantworten* heißt.

13.3 Entscheidungskompetenz

Seitdem von kooperativem Führungsstil gesprochen wird, weiß man auch, daß diese Führungsart die rechtzeitige Beteiligung der von der Entscheidung Betroffenen an dem Entscheidungsvorgang erfordert. Mehr kollektive und weniger Alleinentscheidung also. Aber davon sollte man sich nicht zu sehr verwirren lassen, denn die Praxis zeigt, daß selbst die sogenannte ‚einsame Entscheidung‘ nicht ausgestorben ist. Auch das hat seinen Grund. Entscheidung verlangt nämlich Kompetenz. Einfaches ‚Nur-mitreden-wollen‘ legitimiert noch nicht zur Teilnahme am Entscheidungsprozeß. Selbst dort, wo die Mitbestimmung gesetzlich verankert ist, hat man keine Garantie für besonders hohe Entscheidungsqualität. Das entscheidet sich immer noch von Fall zu Fall, und dabei spielt eben die *tatsächliche* und nicht nur die juristische Entscheidungskompetenz eine Rolle.

Jeder, der entscheiden will oder entscheiden muß, sollte zuerst dafür sorgen, daß die nötige Entscheidungskompetenz vorliegt, sollte sich nicht darauf verlassen, ‚kraft seines Amtes‘ entscheiden zu können, sollte sich daran erinnern, daß Entscheidungen mit *Verantwortung* verbunden sein können. Weitgehende Verantwortung mitunter. Diese Verantwortung ist aber auch oft der Grund dafür, daß mancher sich gern vor Entscheidungen drücken möchte. Doch wer so eingestellt ist, der sollte niemals zum Manager erhoben werden.

Wer Erfolg haben will, muß *entscheidungsfreudig* sein, aber Entscheidungen keineswegs leichten Herzens fällen. Wer gewissenhaft ist, wird auch kein Amt übernehmen, das seine Entscheidungskompetenz überfordert. Das gibt es häufiger als angenommen wird. Man braucht nur an den Begriff Ämterhäufung zu denken. Wer allerdings in der Ämterhäufung seinen Erfolg sieht, sollte wenigstens so ehrenhaft sein und seine Kompetenz auszuweiten versuchen, denn anderenfalls muß man vielleicht mit dem Image eines ganz gewöhnlichen ‚Pöstchenjägers‘ leben.

14 ERFOLGS- UND KARRIEREPLANUNG

An dieser Stelle werden wohl kaum noch Zweifel daran bestehen, daß es möglich ist, selbst zur Stärkung der persönlichen Position beizutragen. Ob man nun von Persönlichkeitstraining spricht oder nur einfach an die Verbesserung persönlicher Fähigkeiten denkt, das ist nicht so wichtig. Entscheidender ist es zu erkennen, daß Berufs- und Geschäftserfolg nicht nur von der Persönlichkeitsstärkung abhängen, sondern daß es immer noch darauf ankommt, diese Stärkung in Erfolg umzumünzen. Das bedarf eines Konzeptes, und zwar eines ganz *persönlichen Konzeptes,* denn da helfen keine von außen herangetragenen Rezepte, keine mystischen Theorien und auch kein sektirerisches Verhalten. Sie selbst müssen Ihr Konzept zusammenstellen, und es muß ganz auf Sie zugeschnitten sein. Das bedingt aber, daß Sie genau wissen, wohin Ihr Weg führen soll.

14.1 Was wollen Sie wirklich?

Vielleicht sind Sie jetzt ein wenig verwirrt. Möglicherweise haben Sie während des Lesens so viele Anregungen gefunden, daß immer wieder neue Wünsche und Zweifel wach wurden. Es hat bestimmt neue Ideen gegeben. In Verbindung mit diesem oder jenem Kapitel haben Sie sich vielleicht etwas ausgedacht und dann wieder verworfen. Es ist auch gar nicht unwahrscheinlich, daß Sie feststellten, daß Sie sich gar nicht um eine Änderung des jetzigen Zustandes bemühen sollten. Vielleicht ist Ihnen klar geworden, daß Sie es so, wie es jetzt ist, haben wollen, daß Sie es sich so eigentlich immer gewünscht haben. Nun, daran ist nichts auszusetzen. Mehr noch, es ist erfreulich. Denn nichts geht über Zufriedenheit – wenn man wirklich zufrieden ist.

Nehmen wir aber einmal an, Sie glauben, mehr aus Ihrem Leben machen zu können. Sind Sie sich dann auch klar darüber, daß es *Einsatz* erfordern würde? Vielleicht sogar vorübergehende Entbehrungen und größere *Anstrengungen* auf lange Sicht. Ist es das, was Sie wollen, wenn der Lohn für Ihre Mühe nicht ausbleibt?

Angenommen, Sie scheuen keinen Einsatz und sind gewillt, mehr zu leisten als im Augenblick, dann ist das zwar entscheidend, wenn Sie vorwärtskommen wollen, doch Sie werden umgehend vor weitere Fragen gestellt, und dabei müssen Sie auch eine Antwort darauf geben, ob Sie abhängig oder selbständig arbeiten wollen.

14.1.1 Selbständigkeit oder Abhängigkeit?

Wenn Sie diese Frage beantworten wollen, müssen Sie zuerst herausfinden, ob Sie für eine selbständige Arbeit geeignet sind, ob Sie in der Lage sind, ein eigenes Geschäft zu betreiben oder ob Sie Ihr Naturell daran hindert. Machen Sie sofort einen kleinen Test, indem Sie versuchen, folgende Fragen ehrlich zu beantworten:

1. Sind Sie ein Selbststarter?
2. Mögen Sie Leute?
3. Können Sie führen?
4. Können Sie Verantwortung übernehmen?
5. Sind Sie ein guter Organisator?
6. Sind Sie ein harter Arbeiter?
7. Stehen Sie fest zu Ihrem Wort?
8. Können Sie tatsächlich Entscheidungen fällen?
9. Versuchen Sie, Ihre Entscheidungen durchzusetzen?
10. Sind Sie gesund? 223)

Wenn Sie alle diese Fragen nicht ganz sicher mit ‚ja‘ beantworten können, dann sollten Sie es sich sehr überlegen, ob Sie eine unternehmerische, selbständige Arbeit anstreben oder nicht.

Angenommen, Sie halten sich für sehr geeignet, dann stürzen sogleich neue Fragen auf Sie ein:
– welches Geschäft will ich betreiben?
– wie könnte man das Geschäft benennen?
– will ich alleine arbeiten oder mit einem Partner?
– was müßte der Partner können?
– müßte der Partner Kapital mitbringen?
– welches Kapital müßte insgesamt bei der Gründung zur Verfügung stehen?
– braucht man weitere Mitarbeiter?
– welche Qualifikationen müßten die Mitarbeiter haben?
– welche behördlichen Genehmigungen sind einzuholen?
– wären schon Kundengruppen vorhanden?
– an welchen Kundenkreis müßte man sich überhaupt wenden?
– welche Grundlagen sind für die Preispolitik maßgebend?
– müßte geworben werden?
– wie müßte geworben werden?
– welche Verkaufswege sind einzuschlagen?
– welche steuerlichen Voraussetzungen sind zu beachten?
– sollte man Versicherungen eingehen? usw. usw.

Sie könnten fast endlos weiterfragen, und am Ende würden Sie *nicht alle Fragen beantworten* können und feststellen, daß Sie vor einem beträchtlichen Wagnis stehen. Dann erst werden Sie erkennen, ob Sie tatsächlich zum Unternehmer geeignet sind oder ob Ihre Fähigkeiten sich besser im Angestelltenverhältnis verwerten lassen. Aber auch dabei sollte man nicht an den Realitäten vorbeisehen.

Wenn Sie beispielsweise eine Stellung im AT-Bereich (außer-Tarif-Bereich) anstreben, eine gut bezahlte Position, dann sollten Sie sich auch Gedanken darüber machen, warum Sie in einer solchen Position ein gutes Gehalt erwarten könnten. Dabei können Sie folgende Faktoren der Gehaltsfestsetzung berücksichtigen:

Gruppe I: Personenbezogene Merkmale	Gruppe II: Positionsbezogene Merkmale	Gruppe III: Unternehmensbe- zogene Merkmale	Gruppe IV: Marktbezogene Merkmale
Ausbildung Lebensalter Berufserfahrung Tätigkeitsdauer im Unternehmen und in der Position Geschlecht Individuelle Leistung	Funktion Hierarchischer Rang	Unternehmens- größe Konzern- abhängigkeit Vergütungsniveau Branche Territoriale Lage Ertragssituation	Angebot und Nachfrage auf dem Arbeitsmarkt Konjunkturelle Lage

Gehalt

224)

Sie sehen, es kommt nicht nur auf die Fähigkeiten an, die Sie mitbringen, sondern auch auf das Unternehmen, Angebot und Nachfrage und auch auf die Konjunkturlage. Also ist ein Stellenwechsel mit Aufstiegsabsichten auch nicht ganz risikofrei.

14.1.2 Sicherheit oder Risiko

Wer jedes Risiko scheut, dem könnte man vielleicht mit gutem Gewissen eine Beamtenlaufbahn empfehlen, aber auch da kann es um den Aufstieg gehen, und der ist eben nicht immer nur mit dem Ableisten einer bestimmten Dienstzeit verbunden.

Erfolgs- und Karriereplanung

Auch Beamte können Karrieren machen, die *qualifikations-* oder *persönlichkeitsabhängig* sind. Einsatz kann also auch gefordert werden, doch das Risiko, bereits Erreichtes zu verlieren, ist verhältnismäßig gering. Anders als beim Angestellten, anders als beim Manager der privaten Wirtschaft, anders als beim selbständigen Geschäftsmann oder Freiberufler.

Geht ein Geschäftsmann Risiken ein, so können diese durch die *Gewinnerwartung* gerechtfertigt werden. Doch auch jemand, der eine Karriere im Angestelltenverhältnis anstrebt, muß mit Risiken rechnen, denen andererseits ein Vorteil gegenüberstehen sollte, der das Risiko rechtfertigt. Trotzdem sind die meisten eher bereit, einen Stellenwechsel anzustreben als ein eigenes Geschäft zu gründen. Mancher hat es sogar zur Taktik erhoben, seine Karriere hauptsächlich durch *Stellenwechsel* positiv zu beeinflussen, und das wird nicht nur abfällig beurteilt: ,,Wenn jemand alle zwei bis drei Jahre seinen Arbeitgeber wechselt, dann hat er sicherlich einige Vorteile, die für dieses häufige Wechseln sprechen:

● Er klettert in der Hierarchie eine Stufe höher
● Er verdient mehr Geld
● Er bekommt eine bessere Position
● Er erhält mehr Verantwortung
● Er wertet seinen Aufstieg als Anerkennung.

Das ist zweifellos alles richtig. Und wir haben nicht einmal erwähnt, daß ein neues Büro, eine qualifizierte Sekretärin, möglicherweise ein Dienstwagen und andere Privilegien mit diesem Aufstieg verbunden sind. Wer alle zwei bis drei Jahre seinen Arbeitgeber wechselt, wird zweifellos immer irgendwelche finanziellen Vorteile heraushandeln können. Aber ist das allein der Sinn einer Karriere?'' 225) Nun, diese Frage sollten Sie sich jetzt noch einmal stellen und dabei bedenken, daß es ganz allein auf das ankommen sollte, *was Sie wirklich wollen.*

Stellen Sie sich etwa vor, Ihre Sicherheit wäre am größten, wenn Sie in Ihrer augenblicklichen Position blieben? Wenn Sie Ihren Aufstieg am jetzigen Arbeitsplatz abwarten oder ihn in benachbarten Bereichen anstrebten? Längst werden Sie erkannt haben, daß auch darin keine absolute Sicherheit liegt. Die nächste Rationalisierungsmaßnahme könnte Ihre Pläne schon zunichte machen, könnte vielleicht Ihren Arbeitsplatz oder die ganze Abteilung hinwegfegen, und selbst das Ihnen sicher scheinende Unternehmen könnte plötzlich vor dem Konkurs stehen. Das ist mehr als einmal vorgekommen. Am Ende werden Sie begreifen, daß Sie sich *nur auf sich selbst verlassen* können und daß Sie fast immer *Risiken in Kauf nehmen* müssen, daß Sie diesen Risiken nur gelassen entgegen sehen können, *wenn Sie sich selbst viel zutrauen.*

14.1.3 Mut, Kraft, Wille, Selbstbewußtsein

Ob Sie nun selbständig werden wollen oder eine Karriere in einem Unternehmen anstreben, immer sollte die Karriereplanung mit einem *Plan zur Förderung der eigenen Fähigkeiten* verbunden sein.

Daß Sie dieses Buch bis zu diesem Satz gelesen haben, ist gewiß ein gutes Zeichen, aber das Ende dieses Buches darf für Sie nur das Ende der Startphase sein. Jetzt soll es ja erst richtig losgehen, jetzt sollen Sie die Anregungen aufnehmen und alles in die Tat umsetzen, was Ihnen auf dem Weg nach oben nützlich sein kann. Jetzt müssen Sie all Ihre Kraft zusammennehmen, denn ,,heute, das ist der erste Tag vom Rest Ihres Lebens." 226) *Aktivieren* Sie Ihren *Mut, aktivieren* Sie Ihren *Willen, aktivieren* Sie Ihr *Selbstbewußtsein,* aber bleiben Sie dabei auf dem Boden der Tatsachen. Überschätzen Sie Ihre Fähigkeiten nicht, finden Sie lieber heraus, welche Fähigkeiten Sie noch verbessern können oder müssen, um bestimmte Ziele zu erreichen.

Setzen Sie sich *reale Ziele.* Träumen Sie nicht von Luftschlössern und klammern Sie sich nicht an das, was andere Ihnen vorgaukeln, ohne es beweisen zu können. Und denken Sie daran, daß derjenige, der sehr hoch hinaus will, auch sehr tief fallen kann, und das ohne Schaden zu überleben, will auch gelernt sein.

Noch einmal: ,,*Was wollen Sie wirklich?"* Erst, wenn Sie darauf eine klare Antwort geben können, ist es möglich, die Richtung zu bestimmen, Ziele zu setzen und zu planen.

14.2 Welchen Wert haben verlockende Angebote?

Gerade, wenn man sich in einer guten Position befindet, sollte man verlockende Angebote besonders *kritisch* prüfen. Geld lockt, aber maßgebend ist doch, was vom angebotenen Gehalt am Ende übrig bleibt. Besonders schwierig ist es, Positionen im Ausland zu beurteilen. Ein nominell hoch erscheinendes Gehalt kann viel kleiner werden, wenn sich die Lebenskosten im Arbeitsland als besonders hoch erweisen, die gesundheitliche Betreuung kann eine Rolle spielen und auch die Wohnkosten und Wohnverhältnisse. Bei Verheirateten kann der Status der Ehefrau, die sich nicht in jedem Land so frei bewegen kann wie in Mitteleuropa, oder die Schulausbildung der Kinder zu denken geben. Auch ein Einkommensverlust ist zu beachten, wenn die Ehefrau vorher selbst berufstätig war und ihre Arbeit im Ausland nicht mehr aufnehmen kann. Selbst mit Ausländerfeindlichkeit muß gerechnet werden. Und dann kann es noch eine Reihe beruflicher Risiken wie die folgenden geben:

„● größere Verantwortung
● größere Arbeitsbelastung
● schwierigere Arbeitsbedingungen
● Abhängigkeit von einheimischen Mitarbeitern." 227)

Wenn man das alles auf sich nimmt, wäre noch zu prüfen, ob es Familienzuschüsse gibt, Trennungsgeld, Umzugskosten, besonderen Versicherungsschutz, Erhaltung von Wohnung oder Wohneigentum im Heimatland usw. Schließlich muß man noch an steuerliche Bestimmungen denken, die sowohl günstiger als auch ungünstiger sein können.

Betrachtet man ein verlockendes Angebot auf diese oder ähnliche Weise, dann wird es *realistischer* erscheinen und die Entscheidung, sich darum zu bewerben, erleichtern.

Inlandsangebote sollte man ebenso kritisch bewerten und klar sollte man sich auch darüber sein, daß Geld nicht alles ist, was als Entschädigung für eine gute Leistung geboten werden sollte. Ob man mit seiner Arbeit und dem, was dabei herauskommt, *zufrieden* ist, kann auch sehr stark von folgenden Faktoren abhängen: „Erfolg, Anerkennung für erbrachte Leistungen, die Arbeit selbst, Verantwortung und beruflicher Aufstieg." 228) Ob man das alles in der *gegenwärtigen* Position hat, weiß man meistens. Ob die *neue* Position auch das bietet, bleibt meistens vorerst unbekannt. Auch das ist bei der Karriereplanung zu berücksichtigen und es macht sichtbar, daß wir immer wieder Risiken begegnen und diese *Risiken nicht scheuen* dürfen, wenn wir wirklich weiterkommen wollen.

14.3 Was können Sie in die Waagschale legen?

Spätestens, wenn Sie sich um eine Position bewerben, müssen Sie Farbe bekennen. Was können Sie bieten? Denken Sie gut darüber nach, denn mindestens über folgendes wird man Auskunft wünschen: *Ausbildung, berufliche Erfahrung, Werdegang, fachliche Voraussetzungen, persönliche Neigungen und Eigenschaften, Engagement in außerberuflichen Dingen, Kontakte, Weiterbildungsverhalten, Erwartungen.*

Wie Sie das nun in Ihrer Bewerbung und beim Vorstellungsgespräch *präsentieren,* bleibt immer Ihre Sache, denn „die Art und Weise, wie man Bewerbungsunterlagen aussagefähig ausbauen sollte, ist in der Regel nicht bekannt." 229) Welche Vorschläge Sie auch finden, allgemein laufen sie auf ein kurzes Bewerbungsschreiben hinaus, auf Paßbilder, Zeugnisse, Anerkennungsnachweise, Weiterbildungslisten, Veröffentlichungen und Referenzen. Vor allem kommt es darauf an, daß die Unterlagen *sauber* und ordentlich sind, leicht zu überblicken und nicht umständlich. Sie sollten auch *reproduzierbar* sein, denn in Krisenzeiten muß man manchmal eine Reihe von Bewerbungen auf den Weg bringen, um Erfolg zu haben, und dabei erleichtern saubere Kopien das Prozedere.

Nun geht es bei der Karriereplanung nicht nur darum, eine Position zu bekommen. Ebenso wichtig ist es, eine Position zu *behalten,* und auch dabei müssen Sie einiges einbringen. Vor allem müßten Sie aufmerksam auf alles achten, was um Sie herum vorgeht, um Ihre neue Umgebung schnell begreifen zu können. Das ist besonders wichtig, wenn Sie Führungsaufgaben haben, Vorgesetzter sind und für die Leistungen anderer mitverantwortlich. Nehmen Sie sich nie vor, alles sofort umzukrempeln, alles besser zu machen, denen mal zu zeigen, wie effizient man arbeiten kann. Denken Sie lieber darüber nach, ob man es im Grunde genommen nicht viel besser macht als Sie es gewohnt sind, denn dann müssen Sie sich an den neuen Standard anpassen. Das gilt auch, wenn Sie im Unternehmen, in dem Sie arbeiten, aufsteigen wollen, wenn Sie in andere Abteilungen versetzt werden oder andere Aufgaben übernehmen.

Haben Sie in einem Betrieb Fuß gefaßt und streben dort eine Karriere an, dann scheuen Sie sich nicht zu fragen, welche Aufgaben Sie *zusätzlich* übernehmen könnten, wenn Sie Ihre Pflichten bereits voll erfüllen. Schaffen Sie sich durch *zusätzlich erworbenes Wissen* einen guten *Vorsprung* und machen Sie *Vorschläge,* wenn Sie glauben, daß man dafür ein offenes Ohr hat. Bleiben Sie *freundlich* zu jedermann und versuchen Sie nie, auf Kosten anderer voranzukommen. Auf keinen Fall dürfen Sie Leistungen anderer als die eigenen ausgeben. Selbst, wenn Sie sich dazu berechtigt fühlen, werden Sie bald merken, daß andere wissen, daß die erzielten Ergebnisse nicht von Ihnen oder Ihnen allein stammen. Schaffen Sie sich dadurch Verbündete, daß man sich *auf Sie verlassen* kann und zeigen Sie sich immer bereit, *etwas mehr zu tun als man von Ihnen erwartet.* Wenn Sie nämlich Karriere machen wollen, dann müssen Sie alles auf dieses Ziel ausrichten. Vorausgesetzt, Sie wollen wirklich Karriere machen, denn in unserer Welt gibt es noch viele andere interessante Dinge, und mancher wird durch eine Prachtkarriere auch nicht glücklicher.

Das alles wurde natürlich nicht nur für Männer geschrieben, sondern für Frauen gleichermaßen. Vielleicht müssen sich aber Frauen in der noch immer von Männern dominierten Arbeitswelt immer wieder eines sagen: „Der Beruf ist uns wichtig, wir wollen unsere Leistungsfähigkeit unter Beweis stellen, unser Können steht dem der Männer nichts nach, wir fordern keine Sonderstellung für uns. Und Frauen müssen endlich die Bereitschaft zeigen, andere Frauen beruflich zu fördern." 230)

15 DURCH NEUE GESCHÄFTSAKTIVITÄTEN ZU NEUEN ERFOLGEN

Im „Consultant", einem seit mehr als 25 Jahren erfolgreichen Beratungsbrief, konnte man im November 1989 folgenden Satz lesen: „Zukunft ist und wird Thema Nummer 1 bleiben. Ein Grund bildet das Jahr 2000. Die sich anbahnende Euro-Euphorie könnte die Menschen zukunftsfreudiger machen." 231) Nun, was Europa und die EG betrifft, so gibt es nicht nur Euphorie, sondern auch Skepsis, und die ist angebracht. Den Trend zu einem geschlosseneren Europa kann aber auch Skepsis nicht verhindern, und im Augenblick scheint es sogar, als könne sich Europa künftig über alles Heutige hinaus im traditionellen Sinne verstehen. Auch das spricht dafür, daß man sich mit der Zukunft befassen und nach Zukunftschancen suchen sollte. Fest steht nämlich, daß es neue Chancen geben wird, aber nur für diejenigen, die neue Chancen auch erkennen, und die in der Lage sind, diese Chance zu nutzen. Das soll allerdings nicht zu Spekulationen verleiten, denn Spekulanten gibt es schon genug, und sie tragen herzlich wenig dazu bei, wenn es darum geht, reale Werte zu schaffen. Abgesehen davon wird man aber bereit sein müssen, Risiken einzugehen, und viele dieser Risiken werden im Bereich der Markterschließung, aber auch im Bereich von Forschung und Entwicklung liegen.

Nun ist es ja nicht neu, daß Unternehmer bereit sind, Risiken zu tragen, wenn es um Forschung und Entwicklung geht. „Rund 62% aller Forschungs- und Entwicklungsausgaben finanziert die Industrie." 232) Dieser Prozentsatz wird sich in Zukunft noch erhöhen müssen, denn wenn man sich dem freien Wettbewerb verschrieben hat, sollte man nicht sofort nach dem Staat rufen, wenn neue Aufgaben stärkere Investitionen erfordern. Andererseits sollte man aber auch auf staatliche Hilfen zurückgreifen, wovon noch die Rede sein wird. Besonders Klein- und Mittelbetriebe sollten davon Gebrauch machen, denn sie sind bisher benachteiligt worden, wenn es um Subventionen ging. Dabei sind es gerade die mittelständischen Unternehmen, aus denen viele große Geschäftsideen kommen. Nicht zu vergessen ist auch, daß die Mehrzahl der in der Bundesrepublik Beschäftigten eben nicht in Großunternehmen arbeiten.

Alle Zukunftsaussichten sollen aber keinen Geschäftsmann oder den, der es werden will – dazu verleiten, in hektische Aktivitäten zu verfallen. Denn wenn man sein Geschäft aktivieren will, dann sollte man es besonnen tun. Das ist sicherer und bringt am Ende auch mehr ein. Aus diesem Grund werden die folgenden Ausführungen in aller Kürze – aber systematisch und chronologisch – ein schrittweises Vorgehen empfehlen, das Risiken zwar nicht ausschließen, ihren Umfang aber erheblich vermindern kann.

15.1 Zuerst sollte man gründlich nachdenken

Neue Aktivitäten müssen nicht mit neuen Produkten oder Diensten zusammenhängen. Wenn man z.B. die Werbung aktiviert, um damit ein lange bestehendes Sortiment erfolgreicher zu verkaufen, dann ist das bestimmt eine neue Aktivität, und ähnliche Beispiele gibt es auch aus anderen Betriebsbereichen. In der Praxis ist aber die Versuchung groß, dann, wenn man etwas macht auch gleich etwas ganz Neues zu machen. Und das ist dann der Punkt, an dem gründliches Nachdenken meistens angebracht ist.

Zuerst sollte man sich einmal fragen, *warum* es überhaupt notwendig ist, etwas Neues zu machen, und diese Frage sollte man ganz klar beantworten. Ist das eigene Angebot wirklich so rückständig, daß unbedingt etwas Neues sein muß? Oder hat die Konkurrenz etwas Neues herausgebracht, das einfach dazu zwingt, sich dem neuen Trend anzuschließen? Vielleicht hat sich auch das *Käuferverhalten* zu Ungunsten des bisherigen Angebots entwickelt. Vielleicht hat auch eine Krise das bisherige Angebot stark gebeutelt. Oder ziehen die bisherigen Angebote keine Käuferschichten in dem Maße an, daß Gewinne realisiert werden können? Vielleicht zwingt auch die Preispolitik der Konkurrenz zum Handeln? Es kann aber auch die stärkere Umweltsensibilität sein, welche die Chancen der bisherigen Produkte beschneidet. Und in diesem Zusammenhang muß man dann auch an die Umwelt- und an die Wirtschaftspolitik denken.

Das alles kann in den Überlegungen auftauchen, aber man wird auch an eines denken müssen: Vielleicht versprechen *Sie* sich von einer Neuerung ganz einfach *bessere Geschäfte,* einen *höheren Gewinn,* ein *besseres Image,* die *Sicherung Ihres Betriebes* oder irgendeinen anderen *Vorteil.* Gerade das sollte Sie aber dazu bringen, Ihre Aktivierungspläne noch genauer zu durchleuchten.

15.1.1 Informieren, analysieren

Nicht nur der gewinnversprechende Anreiz ist als treibende Kraft eher skeptisch zu sehen. Es gibt noch weitere Gründe, die gerade bei Neuerungen zu beachten sind, und unter diesen Gründen ist einer besonders wichtig: „Die Überschätzung der Überzeugungskraft technischer Neuerungen und die Unterschätzung der durch Neuerungen hervorgerufenen Widerstände, die durch den missionarischen Eifer noch verstärkt werden, erzeugen erhöhte Störpotentiale." 233)

Lassen Sie sich auch dies eine Warnung sein und fragen Sie sich deshalb, ob Ihre Geschäftsaktivierung unbedingt mit einer Neuerung verbunden sein muß. Andererseits liegen gerade in der Innovation große Chancen – aber auch große Risiken.

Denken Sie doch zuerst einmal darüber nach, aus welchem Unternehmensteil *erfolgversprechende* Innovationen kommen könnten. Haben einzelne Mitarbeiter, Führungskräfte oder ganze Gruppen bereits Innovationen angeregt oder sogar konkrete Vorschläge gemacht? Haben diese Vorschläge etwas mit Ihren bisherigen Angeboten zu tun? Enthalten diese Vorschläge spekulative Elemente? Können Sie sich für die entsprechenden Neuerungen überhaupt einen Markt vorstellen? Oder gibt es sogar eine offensichtliche Marktlücke? Vielleicht ist die Neuerung sogar geeignet, um ein veraltetes Produkt Ihres Sortimentes abzulösen? Oder stellen sich der Neuerung ernstliche Hindernisse in den Weg, wie etwa Personal- oder Finanzmangel? Sind die Produktionsanlagen dafür geeignet oder sind Neuanschaffungen oder sogar Neubauten notwendig? Möglicherweise arbeitet auch die Konkurrenz im Augenblick an denselben Neuerungen, und ist das ein Grund zur Eile oder sollte man deshalb ganz auf ein solches Projekt verzichten? Es ist allerdings auch möglich, daß die Innovation gerade zur rechten Zeit kommt, um brachliegende Produktionskapazitäten zu nutzen. Und dann sollten Sie noch überlegen, wie Ihre Mitarbeiter über Ihr Neuerungsvorhaben denken, aber darüber hinaus spielt es auch eine Rolle, wie das betriebliche Umfeld und die breite Öffentlichkeit über Ihre Neuerung denkt.

15.1.2 Gesellschaftspolitische und rechtliche Überlegungen

Eines steht wohl inzwischen fest: „Die öffentliche Meinung entscheidet im Extremfalle sogar, ob und wie stark ein Produkt abgesetzt werden kann." 234) Sie brauchen sich nur daran zu erinnern, daß es gesetzliche Absatzbeschränkungen gibt (z.B. bei Arzneimitteln oder Waffen) und daß Gesetze in der Regel den Volkswillen repräsentieren sollen. Aber es geht ja noch viel weiter, und deshalb sollte sich jeder Unternehmer folgendes sagen: „Unser Unternehmen – wie jedes andere auch – kann nur so lange existieren, wie es ihm die Öffentlichkeit erlaubt. Es existiert, weil die Öffentlichkeit noch nicht entschieden hat, daß ein Bestand unmöglich ist." 235) So ist es tatsächlich, und dafür gibt es Beweise. Denken Sie nur an ‚Nukem' oder richten Sie Ihren Blick auf Wackersdorf. Glauben Sie wirklich, daß man dieses Projekt so einfach hätte fallenlassen, wenn es sich der ungeteilten Zustimmung der ganzen Nation erfreut hätte? Aber so dramatisch braucht man es gar nicht zu sehen. Sie brauchen nur daran zu denken, daß schon mancher Betrieb geschlossen wurde, weil die Kontrollen des Ordnungsamtes auf Dinge stießen, die zwangsläufig zu einer Schließung führten.

Es kommt aber nicht nur auf die Umweltsensibilität an. Mitunter – und gerade, wenn es um neue Geschäftsaktivitäten geht – sollte man sich an bewährte Rechtsnormen erinnern, diese auch berücksichtigen und wenn es geht nutzen.

Fragen Sie sich also, ob Sie Ihre Neuerung rechtlich sichern können. Vielleicht ist Ihre Innovation sogar patentfähig oder es empfiehlt sich eine Gebrauchsmusteranmeldung. Wissen Sie eigentlich, ob sich andere vor Ihnen die gleiche oder ähnliche Neuerungen haben schützen lassen? Könnten Sie eventuell Lizenzverträge abschließen? Stehen der Aktivierung Verträge mit anderen entgegen (z.B. Gebietsaufteilungen)? Gibt es geheime Absprachen (z.B. mit Konkurrenten), die man nicht einfach ignorieren kann? Möglicherweise ist auch mit Klagen von Konkurrenten zu rechnen, die damit den Aktivierungsprozeß aufhalten oder eine Neuerung blockieren wollen, bis sie ihre eigene Position verbessert haben.

Auch arbeitsrechtliche Konsequenzen könnten sichtbar werden, wenn die Neuerung ungewöhnliche Arbeitszeiten oder den Umgang mit Stoffen erfordert, die gefährlich sind. Manchmal sind Aktivierungen aber auch mit Entlassungen verbunden (z.B. bei Automatisierung), und wenn es dabei auch nicht immer zu arbeitsrechtlichen Konflikten kommt, so muß man mindestens mit einer Imagegefährdung rechnen. Kann man nach solchen Überlegungen noch zu dem Vorhaben stehen? Auch das ist eine Sache des Abwägens.

15.2 Man muß genau wissen, was man will

Zuerst war da vielleicht nur eine verschwommene Idee. Vielleicht hat man auch krampfhaft nach einer Idee gesucht? Gab es für die Suche einen Grund? Waren mangelnde Attraktivität der Angebote oder gar rückläufige Verkaufszahlen der Grund für die Ideensuche?

Vielleicht kam die Idee auch von Außen, sie ist womöglich auf einen Einfall eines Einzelgängers zurückzuführen, der wenig Einblick in die Praxis hat. Das sollte zur Vorsicht mahnen. Da taucht doch die Frage auf, ob sich die Idee überhaupt realisieren läßt. Was kostet aber die Verwirklichung der Idee, wie hoch sind Produktions- und Vertriebskosten? Hat man auch darüber schon nachgedacht?

Möglicherweise fehlt die Organisation, um eine solche Idee, auch wenn sie realisiert wird, zu verkaufen. Sie muß ja zu guten Verkaufsargumenten führen und kräftige Werbeaussagen ermöglichen. Aber wenn es scheint, daß der Markt eine solche Idee akzeptieren könnte, sollte man sich weitere Gedanken machen.

15.2.1 Keine Aktivierung ohne Zielsetzung

Natürlich ist es legitim, von großen Erfolgen zu träumen. Man sollte sie regelrecht vor sich sehen. „Denn ohne sich den beabsichtigten Erfolg mit glänzenden Resultaten vorstellen zu können, sind wohl nur wenige Menschen in der Lage, sich so stark zu motivieren, daß sie besondere Anstrengungen, Risiken und vielleicht auch Entbehrungen auf sich nehmen." 236) Es kommt allerdings sehr darauf an, daß man auf dem Boden der Tatsachen bleibt oder wenigstens schnell dorthin zurückfindet. Vor allem, damit man nicht über das Ziel hinausschießt, denn Ziele sollen realistisch sein.

In diesem Zusammenhang erhebt sich allerdings auch die Frage, ob es tatsächlich echte Ziele gibt, um derentwillen es sich lohnt, Mühen und Risiken auf sich zu nehmen, denn wenn man sich schon in dieser Frage etwas vormacht, ist jede Zielsetzung vergebens.

Woraus resultieren aber diese Ziele? Aus der allgemeinen Wirtschaftslage, aus dem Konkurrenzverhalten, aus dem Bedürfnis nach Unternehmenssicherung oder resultieren sie aus dem Streben nach Marktbeherrschung? Das sind ganz unterschiedliche Ansätze und darüber sollte man nachdenken.

Handelt es sich um zeitlich begrenzte Ziele oder um umsatzorientierte Ziele? Und wer ist eigentlich an der Zielsetzung beteiligt, wer wurde ins Vertrauen gezogen und wer hat die Zielsetzung am stärksten beeinflußt? Mit welcher Ansicht? Auch das könnte Aufschluß bringen.

Wer ist für die Zielerreichung und für die Zielüberwachung verantwortlich? Aber wie steht es überhaupt mit der Kompetenzverteilung?

15.2.2 Wer macht was?

Erfolgreiche Aktivierung setzt gute Führungskräfte und gute Mitarbeiter voraus. Vor allem sollte jeder seine Aufgaben kennen. Von Anfang an. Also muß schon jemand im Anfangsstadium mit den ersten organisatorischen Aufgaben betraut werden. Wird es dabei Schwierigkeiten geben, oder bei der Bestimmung der Kontrollorgane? Wer müßte über das Aktivierungsverfahren überhaupt voll *informiert* werden, und wer könnte – inner- wie außerbetrieblich – bei dem Aktivierungsvorhaben überhaupt eine Rolle spielen?

Wer kann und sollte *Entscheidungen treffen,* und was muß bereitgestellt werden, um überhaupt sichere Entscheidungen treffen zu können? Sollte man bei der Entscheidungsfindung außenstehende Berater hinzuziehen, und wie weit können die im Anfangsstadium zu betreffenden Entscheidungen gehen?

Gibt es im Unternehmen überhaupt kompetente Mitarbeiter, die zu den notwendigen Marktanalysen beitragen können? Oder kann man sich auf bereits durchgeführte Marktanalysen stützen? Vielleicht kann man sich auch preiswerter Sekundärmaterialien (z.B Statistiken, Fachartikel, Verbandsempfehlungen) bedienen. Mitunter wird es aber sogar notwendig sein, ein Marktforschungsinstitut einzuschalten. Aber was sollen die Marktforscher ermitteln? Kann man sie überhaupt *ins Vertrauen ziehen,* und wenn ja, welche genauen Vorgaben muß man machen? Wer soll zu den Marktforschern Kontakt halten?

Aber da müssen auch noch ganz andere Kontakte berücksichtigt werden. Vielleicht ist der Kontakt zu Regierungen, Ämtern oder Behörden wichtig. Vielleicht muß man sich an Parteien, Gewerkschaften, Kammern und Verbände wenden oder Meinungsbildner ansprechen und mit Medienvertretern verhandeln? Muß man da einen PR-Mann beauftragen oder kann das die Werbeabteilung im Hause erledigen? Vielleicht ist man dort zu stark mit Marketingaufgaben belastet? Vielleicht ist das Unternehmen aber auch so klein, daß es gar keine Werbeabteilung hat. Und alles kann der Chef auch nicht selbst machen. Man muß ja auch an den Verkauf denken, an Kontrollen und Nachbearbeitung, an Koordination und nicht zuletzt an die Produktion, wenn die Aktivierung mit einer *Angebotsaktivierung* verbunden ist.

15.3 Es kommt auf die Marktleistung an

Wenn Sie Ihre Geschäfte aktivieren wollen, dann sollten Sie davon ausgehen, daß dies nur in Verbindung mit einer *tatsächlichen* Leistung möglich ist. Es kann eine organisatorische Leistung sein, die über innerbetriebliche Strukturveränderungen zu einem positiveren Leistungs-Kosten-Verhältnis führt, aber am Ende müssen es doch *marktwirksame* Leistungen sein, und auch die organisatorischen Leistungen sollten drauf abzielen. Verbessert man das Leistungs-Kosten-Verhältnis, dann könnte man einen Teil der Ersparnisse an den Markt weitergeben und durch eine *absatzaktive Preispolitik* die Umsätze steigern. Andererseits könnte man auch das Geld in die Werbung stecken oder den Verkaufsstab durch ein stärker motivierendes Entgeltsystem zu neuen Aktivitäten anspornen.

In der Praxis spielen neben den organisatorischen Leistungen die Leistungen im Bereich der Angebote aber eine viel interessantere Rolle, und so muß man der Produkt- und Dienstleistungsgestaltung seine Aufmerksamkeit widmen, wenn Geschäftsaktivierung betrieben werden soll.

Wenn Sie sich aber entschließen, neue Produkte einzuführen oder die bisherigen Produkte *marktkonformer zu gestalten,* dann müssen Sie sich manche Frage stellen, bevor Sie auch nur eine Mark investieren. Fragen Sie sich vor allem, was Ihre heutigen und Ihre prospektiven Kunden von Ihren Produkten erwarten. Vergessen Sie aber auch nicht, danach zu fragen, was Ihr Unternehmen von den neuen Produkten erwartet. Denn die Schaffung eines neuen Produktes oder einer neuen Produktlinie gibt gleichzeitig Gelegenheit, auch für den *Produkthersteller* Vorteile herauszuarbeiten, die über den erhofften Gewinn beim Absatz der Produkte hinausgehen (z.B. kostengünstigere Herstellung, weniger Reklamationen).

Natürlich muß die Produktidee geprüft werden, denn oft kommt es darauf an, daß ein neues Produkt *tatsächlich* neuartig ist. Fragen Sie sich auch, ob das neue Produkt zu Ihren anderen Produkten paßt, denn „Produktentscheidungen sind gleichzeitig Programmentscheidungen. Sie tangieren das quantitative und/oder qualitative Produktprogramm." 237) Und da Sie mit der Aktivierung Ihrer Geschäfte nicht Schiffsbruch erleiden und keine Fehlinvestition riskieren wollen, werden Sie sich, wenn neue Produkte Kern der Aktivierung sind, auch dazu entschließen, auf die Qualität der Produkte zu achten. Dabei können Sie sich an folgende Leitsätze halten:

„1. Die Qualität der Produkte eines Unternehmens bestimmt dessen Image und den für Kaufentschlüsse notwendigen Vertrauensvorschuß der Interessenten.

2. Die Firmenleitung definiert die Qualitätspolitik des Unternehmens und sorgt für ihre Verwirklichung.

3. Am Qualitätsgeschehen sind alle Abteilungen beteiligt.

4. Systematische Qualitätsplanung ist die Voraussetzung erfolgreicher und wirtschaftlicher Verwirklichung der Qualitätsziele.

5. Fertigung und Markteinführung unausgereifter Produkte verursachen unvertretbare hohe Kosten und Imageverlust.

6. Qualität kann man nicht in ein Produkt hineinprüfen; sie muß hineinkonzipert, -konstuiert und -produziert werden.
7. Guter Informationsfluß zwischen allen am Qualitätskreis Beteiligten verhütet Fehlentscheidungen.
8. Produktprüfung ist gut. Prozeßüberwachung ist besser, beides sinnvoll kombiniert am besten.
9. Qualitätssicherung des Zulieferers ist besser, beherrschte Fertigung am besten.
10. Richtig verstandene Selbstprüfung am Arbeitsplatz vermeidet Ausschluß und Fehlerfolgskosten.
11. Um die Wirksamkeit qualitätsrelevanter Maßnahmen zu quantifizieren, müssen Qualitätskosten definiert, erfaßt und analysiert werden.
12. Notwendigkeit und Wirksamkeit aller qualitätsrelevanten Aktivitäten müssen ständig überprüft und den sich ändernden Gegebenheiten angepaßt werden." 238)

Hohe Ansprüche werfen natürlich die Frage auf, ob die Marktleistung überhaupt im eigenen Unternehmen gestaltet werden kann. Vielleicht müssen fremde Designer oder Techniker herangezogen werden. Vielleicht muß man Lizenzen nehmen oder sogar die Fertigung vergeben. Das alles will überlegt sein, denn es kommt auch sehr darauf an, daß die *Entwicklungskapazität* des Unternehmens ausreicht.

Bereiten Sie sich darauf vor, daß Sie sogar Detailfragen beantworten müssen, die Format, Größe, Gewicht, Nutzung, Handhabung, Wartung und Lagerung betreffen können. Es geht ja schließlich darum, Ihr Produkt möglichst an die *Idealvorstellungen der Kundschaft heranzubringen*. Und auch diese Idealvorstellung muß man zuerst einmal kennen.

Eine Schlüsselfrage ist aber die Folgende: Ist die Marktleistung servicebedürftig, und muß man für die gesamte Lebensdauer der Neuerung einen gut funktionierenden Service garantieren? Muß vielleicht sogar ein neues Servicenetz aufgebaut werden? Wenn sich das als notwendig erweist und man dazu nicht in der Lage ist, sollte man wohl besser das ganze Aktivierungprojekt vergessen und zuerst nach neuen Aktivierungsansätzen suchen.

Zieht ein Angebot Dienstleistungen nach sich, dann muß man auch daran denken (z.B. Beschaffung von Ersatz, Ausarbeitung oder Beschaffung von Software, Einarbeitung und Schulung von Kundenpersonal).

Will man dem Unternehmen durch die Aktivierung auch ein neues Image geben, dann kommt es in solchen Fällen, in denen die Aktivierung auch neue Produkte vorsieht, sehr auf die *Präsentation* dieser Produkte an, vor allem auf ihre Verpackung. Diese muß nämlich weit über die Schutz- oder Portionierungsfunktion hinausgehen.

Denken Sie doch zuerst einmal darüber nach, welche Verpackungsleistung die Konkurrenz bietet. Vielleicht können Sie Ihre Produktverpackung produktharmonischer gestalten. Vielleicht können Sie auch umweltfreundlichere Verpackungsmaterialien verwenden und dies deutlich herausstellen. Natürlich müssen Sie die Verpackung auch dem Produktpreis angleichen. Und schließlich müssen Sie nicht nur den Preis für die Verpackung kalkulieren, nicht nur den Preis des Produktes oder den Preis für eventuell anfallende Dienstleistungen. Sie müssen darüber hinaus sehr genau wissen, was die *gesamte* Geschäftsaktivierung kosten wird. Denn irgendwie müssen Sie Ihr Vorhaben ja finanzieren.

15.4 Geschäftsaktivierung kostet zuerst einmal Geld

Wie gerade erwähnt, sollten Sie zuerst einmal wissen, welche Kapitalmenge Sie benötigen, um Ihr Vorhaben realisieren zu können. Was können Sie wohl von der veranschlagten Summe an Eigenmitteln aufbringen? Oder sollten Sie gar nicht mit Eigenmitteln arbeiten? Wenn Sie das wollen, dann stellt sich allerdings auch die Frage, ob Ihr neues Programm (oder wenigstens Ihr neues Produkt) so vielversprechend ist, daß die Kreditbeschaffung keine Schwierigkeiten macht. Oder wären Sie sogar bereit, zur Durchsetzung Ihres Aktivierungsvorhabens andere Unternehmensteile zu belasten (z.B. durch Hypotheken) oder Unternehmenswerte zugunsten der Aktivierung zu verkaufen? Manchmal kann eine Neuerung so wichtig sein, daß sogar eine Kapitalerhöhung diskutiert wird, und mancher nimmt Venture Capital in Anspruch.

Vielleicht kann man aber auch mit Bundes- oder Landesmitteln rechnen. Darum sollte man sich rechtzeitig informieren. Große Unternehmen sind damit meistens schnell bei der Hand. Aber auch der Mittelstand hat Chancen, und darum ist das Studium betreffender Informationsbroschüren nicht unnütz.

So gibt es etwa eine Broschüre mit dem Titel: *Die ERP-Programme und der Mittelstand, oder auch Förderungsmaßnahmen für mittelständische Unternehmen, freie Berufe und Existenzgründer.* Solche und ähnliche Schriften, kann man bei der *Pressestelle des Bundesministeriums für Wirtschaft, Postfach 140260, 5300 Bonn 1,* beziehen.

Aber auch die Landesregierungen geben interessante Informationen heraus. In Niedersachsen gibt es z.b. eine *Förderung von Forschungs- und Entwicklungsvorhaben auf dem Gebiet der Produkt- und Verfahrensinnovation.* Das Merkblatt für die Gestaltung von Anträgen für Zuwendungen auf Kostenbasis kann man beim *Niedersächsischen Wirtschaftsministerium (Referat Technologiepolitik), Friedrichswall 1, 3000 Hannover,* anfordern.

Das Bayerische Staatsministerium für Wirtschaft gibt u.a. drei interessante Faltblätter heraus (Bayerisches Innovationsförderungsprogramm, Bayerisches Technologie-Beratungsprogramm, Bayerisches Technologie-Einführungsprogramm), die über Mittelstandshilfe Auskunft geben. Zu beziehen sind sie beim *Bayerischen Staatministerium für Wirtschaft und Verkehr, Postfach, 8000 München 22.*

Eine ganze Reihe von Broschüren gibt auch das Land Baden-Württemberg heraus. Dort gibt es sogar zwei Adressen, an die man sich wenden kann. Allgemeine Informationen bezieht man durch das *Ministerium für Wirtschaft, Mittelstand und Technologie, Postfach 103451, 7000 Stuttgart 10.* Geht es mehr um die finanzielle Gewerbeförderung, wende man sich (vor allem in Bezug auf die LKB-Sonderdrucke, die aktuelle Auskünfte vermitteln) an die *Landeskreditbank Baden-Württemberg, Postfach 4049, 7500 Karlsruhe 1.*

Eine besonders interessante Broschüre heißt: *„Mittelstandsförderung des Saarlandes".* Interessant nicht nur für Unternehmen, die im Saarland ansässig sind. Bekommen kann man die Broschüre beim *Ministerium für Wirtschaft des Saarlandes (Abt. Mittelstand), Hardenbergstraße 8, 6000 Saarbrücken.*

Wer sich für die *Richtlinien für die Bewilligung von Mitteln des Landes Hessen zur Unterstützung von Innovationsvorhaben der mittelständischen Wirtschaft auf dem Gebiet der Umweltschutztechnologien* interessiert, kann sie bei der *Hessischen Landesentwicklungs- und Treuhandgesellschaft, Abraham-Lincoln-Straße 38, 6200 Wiesbaden,* anfordern. Obwohl die Landesregierung von Hessen betont, bei der Subventionierung traditionell zurückhaltend zu sein, gibt es auch dort einige interessante Möglichkeiten.

Aufschlußreich ist auch die Broschüre *Wirtschaftsförderung 88/89,* zu beziehen bei der *Pressestelle des Ministeriums für Wirtschaft und Verkehr von Rheinland-Pfalz, Bauhofstraße 4, 6500 Mainz 1.* Und ähnliche Broschüren gibt es auch in den anderen Bundesländern sowie in den Stadtstaaten Hamburg und Bremen oder in Berlin.

Nun sollte man sich allerdings nicht auf staatliche Hilfen verlassen. Darum wäre es günstig, auch andere Verbindungen zu suchen, denn es gibt Personen und Institutionen, die bei der Beschaffung günstiger Kredite helfen können. Aber gerade hier bietet sich auch ein weites Feld für unseriöse Geschäftspraktiken.

Wichtig ist es, einen Verantwortlichen für die Finanzierung des Projektes zu bestimmen und auch bestimmte Finanzierungsperioden, Abrechnungszeiten und Kontrollsysteme festzulegen. Zu überlegen wäre auch, ob man eine Risikoversicherung abschließen kann.

Wer investiert, der sollte sich auch Gedanken darüber machen, zu welchem Zeitpunkt sich die Investitionen amortisieren sollten. Und klar sollte man sich von vornherein auch darüber sein, daß die neue finanzielle Belastung den Betrieb oder einzelne Unternehmensbereiche nicht gefährden darf.

15.5 Die Aktivierung des Marketing

Die besten Angebote nützen wenig, wenn sie vom Markt nicht aufgenommen werden. Es ist nämlich nicht nur wichtig, daß man eine gute Marktleistung bieten kann, sondern auch, daß es — mindestens in der Zielgruppe — bekannt ist, daß eine gute Marktleistung angeboten wird. Um dies zu gewährleisten, setzt man die Mittel des Marketing ein.

Viele Unternehmen betreiben ständig Marketing, und in vielen Unternehmungen gibt es gut funktionierende Marketingabteilungen. Dort, wo das nicht der Fall ist, sollte man wenigstens einen bewährten Marketingberater hinzuziehen, wenn es um die Aktivierung der Geschäfte, speziell um die Aktivierung des Marketing geht. Es wird nämlich notwendig sein, eine zweckentsprechende Marktsegmentierung vorzunehmen und eine Marketingkonzeption zu erarbeiten. Danach muß man den Marketingetat festsetzten und man kommt auch an Marketingplänen nicht vorbei.

Natürlich wird man das *Absatzziel* festsetzen und vielleicht auch *Absatzquoten*. Man wird bestimmte *Absatzwege* festlegen und auch die *Absatzmethode* bestimmen. Dabei muß man die bisherigen Aktivitäten im Markt berücksichtigen und vielleicht sogar einen Testmarkt suchen.

Schließlich muß die gesamte Marketingkampagne koordiniert werden. Ein Zeitpunkt für den Kampagnenbeginn ist festzulegen, und ein Verantwortlicher für die

Kampagnenüberwachung ist zu bestimmen, der auch die entsprechenden Erfolgskontrollen durchführt.

Natürlich beinhaltet das Marketing auch Fragen der Preisgestaltung, und so muß man Überlegungen zur Preishöhe, zu Zahlungsweisen, zur Rabatt- oder Konditionspolitik anstellen. Auch die Distribution, also die physische Übertragung des Angebotes, spielt beim Marketing eine Rolle, aber ganz im Vordergrund wird meistens die *Marktbearbeitung* durch *Werbung* und *Verkauf* stehen. Dabei sollte man Werbung als absatzvorbereitende Maßnahme sehen, während der Verkauf als Maßnahme der Absatzdurchführung zu werten ist. Also sollte man auch zuerst über das Thema Werbung nachdenken.

15.5.1 Dynamisch werben

Wenn hier empfohlen wird, dynamisch zu werben, dann ist damit nicht hektische Werbebetriebsamkeit gemeint, sondern eine Werbung, die sowohl vom Schwung der anderen Marketingaktivitäten lebt, andererseits diese anderen Aktivitäten auch wieder in Schwung versetzt.

Auch in der Werbung gilt der Grundsatz: Erst denken, dann handeln. Darum ist es fast unumgänglich, daß man sich bei jeder Werbeaktion − und mag sie auch mit noch so hochtrabenden Ideen oder Ansprüchen verbunden sein − zuerst einmal ganz simple Fragen stellt:

1. Was ist es, wofür geworben wird?
2. Wer soll umworben werden?
3. Wo soll geworben werden?
4. Wann soll geworben werden?

Erst dann, wenn es auf diese Fragen ganz klare Antworten gibt, kann man sich andere Fragen stellen, wie z.B. die folgenden:

a) Welche Werbebotschaft soll verbreitet werden?
b) Welche Werbemittel sollen benutzt werden?
c) Wie soll die Werbebotschaft gestaltet werden?
d) Wie soll die Werbebotschaft an die Zielgruppe gelangen?

Hat man auch zu diesen Fragen entsprechende Antworten gefunden, kann es weitergehen. Jetzt sollte man nach den Kosten fragen, die Budgethöhe festsetzen, Werbegesamtpläne und Werbedetailpläne aufstellen. Dabei wird man vielleicht auf den Gedanken kommen, daß es vielleicht besser gewesen wäre, sich von vornherein mit einer Werbeagentur in Verbindung zu setzen. Oft ist das aber gar nicht notwendig, doch das kommt sehr auf die tatsächlichen eigenen Fähigkeiten an. Es reicht nämlich nicht aus, eine gute Werbeidee zu haben. Man muß sie auch *umsetzen* können.

Mitunter muß man ohnehin auf Spezialisten zurückgreifen. Wenn es z.B. um Messen geht, wird man sich mit Standbaufirmen auseinandersetzen müssen, Standplätze frühzeitig bestellen, Genehmigungen einholen, aber auch um eine gute Mannschaft besorgt sein, die den Stand während der Messe besetzt. Das zeigt schon, wie vielseitig die Werbung sein kann, und da hier kein Werbefachkurs abgehalten wird, muß manches offenbleiben. Unbedingt erinnert werden muß aber noch daran, daß man heute nicht mehr allein Absatzwerbung betreiben kann. Werbung um öffentliches Vertrauen tritt immer mehr hervor, denn die Sensibilität des gesellschaftlichen Umfeldes wirkt sich zunehmend auf das Geschäftsleben aus.

Werbung um öffentliches Vertrauen beginnt bereits im Betrieb, denn zuerst müssen die Mitarbeiter hinter dem neuen Kurs stehen. Nicht nur, weil sie mit betrieblichen Aufgaben betraut werden müssen, die Einfluß auf den Erfolg des neuen Kurses haben, sondern auch, weil sie als *Kontaktpersonen* zum Umfeld enorm wichtig sind. Erst, wenn die Mitarbeiter überzeugt wurden, sollte man sich die Frage stellen, ob Aktionen in der näheren Umgebung durchgeführt werden müssen, um Goodwill zu schaffen. Dann erst kann man sich mit der breiten Öffentlichkeit befassen.

Viele Unternehmen haben bereits erfahren, wie wichtig gute Kontakte zur Presse sind, gut Kontakte zu Behörden, Gewerkschaften usw. Mancher hat erlebt, daß sich *Offenheit* bezahlt macht und das Verschleierungstaktiken böse Folgen haben können. Auch das sollte man bedenken, wenn man darangeht, die Geschäftsaktivierung durch Werbung zu unterstützen.

15.5.2 Erfolgreich verkaufen

Gute Absatzvorbereitung allein garantiert noch keine guten Geschäfte, denn erst die Absatzdurchführung, also der Verkauf, beweist, daß alle Mühen nicht umsonst waren. Aber auch hier gibt es noch eine Ausnahme, denn abgerechnet wird erst ‚unter dem Strich', wie man so schön sagt. Man kann nämlich auch bei guten Umsätzen Verluste machen, und daran sei hier kurz erinnert. Denn selbst, wenn die Kalkulation vor dem Verkaufsakt noch stimmte, können zu hohe Verkaufskosten (z.B. durch unangemessen hohe Provisionen) ein annehmbares Ergebnis verderben.

Auch, wenn Sie bereits mit Erfolg verkauft haben, sollten Sie sich die Frage stellen, ob Sie während oder nach der Aktivierungsperiode genauso verkaufen können. Sehr schnell werden Sie dann herausfinden, daß Sie auch im Verkaufsbereich einiges aktivieren können.

Gibt es in Ihrem Unternehemen eigentlich eine gut funktionierende Verkaufsorganisation? Selbst, wenn Sie dazu spontan ‚ja' sagen – oder gerade dann – sollten Sie weiterfragen. Etwa danach, ob Ihre Verkaufsorganisation personell geeignet ist, um mit Ihren Aktivierungsbemühungen Schritt zu halten. Da kommt es schon auf die Fähigkeit der *Verkaufsführung* an.

Wie schätzen Sie die Leistung Ihrer Verkaufsorganisation im Vergleich mit konkurrierenden Verkaufsorganisationen ein? Läßt Sie der Vergleich nicht daran denken, Ihre Verkaufskräfte besser zu schulen? „In der Überflußgesellschaft, in der wir leben, sind Verkaufsseminare en vogue." 239) Aber das sollte Sie noch nicht dazu verleiten, Ihre Verkaufsmitarbeiter an Verkaufsseminaren teilnehmen zu lassen. Maßgebend ist der tatsächliche Trainingsbedarf.

Vertiefen Sie sich auch in verkaufsstrategische oder verkaufstaktische Überlegungen. Haben Sie die richtige Verkaufsmethode gewählt? Sollte man Direktverkauf betreiben oder Groß- und Einzelhändler einschalten? Soll man mit Reisenden oder mit freien Handelsvertetern arbeiten? Könnte man das Verkaufsgebiet zweckmäßiger aufteilen oder müßte man auch über neue Entlohnungs-, Provisions- oder Prämiensysteme nachdenken? Vielleicht sollten Sie die Maßnahmen der Verkaufsförderung verstärken, denn kürzlich konnte man lesen: „Auf dem Gebiet der Verkaufsförderung wird viel geschehen, und es bieten sich dem große Möglichkeiten, der hierbei mitzieht." 240) Aber selbst solche Hinweise in der Fachpresse sollten Sie nicht dazu verleiten, etwas Unüberlegtes zu tun. Fragen Sie zuerst einmal weiter. Stellen Sie sich Fragen, die Ihr Unternehmen und ganz speziell *Ihre* Verkaufsbemühungen betreffen.

Fragen Sie sich z.B. ob *Wettbewerbe* den Verkauf günstig beeinflussen können oder ob dasselbe durch bessere *Kontrollen* erreicht werden kann. Fragen Sie sich, wie der Innendienst verkaufsfördernd eingreifen kann. Fragen Sie sich, ob Sie die Verkaufsadministration verbessern können oder ob ein besseres Berichtswesen die Führung der Verkaufsorganisation erleichtern würde. Vielleicht sollten Sie auch selbst einmal Verkaufsseminare besuchen, denn dort erfahren Sie nicht nur manches, was nützlich sein könnte, sondern Sie können auch mit anderen über deren Erfahrung reden.

15.6 Aktivierungserfolge müssen meßbar sein

Erfolge kann man nicht herbeireden, und wo es keinen Erfolg gibt, sollte man sich auch nichts vormachen. Also muß der Erfolg gemessen werden, um ihn realistisch beurteilen zu können. Nach welchen Kriterien soll man aber urteilen?

Fragen Sie sich zuerst einmal, ob Ihr Aktivierungsprogramm im Unternehmen wirklich akzeptiert wurde. War das nicht der Fall, dann haben Sie im Falle eines Mißerfolges wenigstens *einen* unter möglichen anderen Gründen, der den Fehlschlag erklären kann.

Wichtig ist es vor allem, daß Sie sich über die eingesetzten Mittel im klaren sind, denn nur so können Sie feststellen, ob die *Ertragsschwelle* bereits überschritten wurde oder ob Sie noch immer mit Verlust arbeiten.

Fragen Sie sich auch, ob der richtige Markt zum richtigen Zeitpunkt gewählt wurde und ob Sie die richtigen Zielgruppen tatsächlich erreichen konnten. Analysieren Sie, wie Ihre Kunden, die Groß- und Einzelhändler Ihre Produkte beurteilen und prüfen Sie alle Reklamationen, denn gerade dadurch können Sie auf Erfolgshemmer stoßen.

Gibt es erfolgreiche Einzelaktionen oder ganz spezifische Mittel oder Maßnahmen, die sichtbaren Gewinn brachten? Kann man damit nicht verstärkt arbeiten, um auch der Gesamtaktion mehr Auftrieb zu geben? Vielleicht müßten auch aus Erfolgen und Fehlschlägen *personelle* Konseqenzen gezogen werden.

Wie hat das Preis-Leistungs-Verhältnis die Gesamtaktion beeinflußt? Welchen Einfluß hatten Konkurrenzprodukte und Konkurrenzaktivitäten? Sieht es so aus, als befände man sich noch immer in einer Einführungs- oder Übergangsphase? Auf welche Schwachstellen ist dieser Zustand zurückzuführen?

Wurde das *vorher* gesteckte Ziel *tatsächlich* erreicht? Wurden die vorgegebenen Umsätze erzielt, wurden die vorveranschlagten Kosten nicht überschritten? Wurden Nachinvestitionen nötig? Wie stellen sich die Verantwortlichen zu den erzielten Ergebnissen? Wie sehen Geschäftsinhaber oder Aktionäre den Erfolg oder Mißerfolg?

Die aus solchen oder ähnlichen Fragen resultierenden Ergebnisse müssen genau analysiert werden. Dann erst sollte man entscheiden, ob es Modifikationen geben muß. Dann erst kann man beurteilen, ob die Gesamtaktion zu neuen Gewinnen und besseren Zukunftsaussichten geführt hat. Zu hoch gesteckte Erwartungen können eher zu Enttäuschungen führen, und das verweist auf die Tatsache, daß Erfolge schon im richtigen Ansatz begründet liegen. Darin liegt aber auch der Sinn dieses Kapitels, in dem sich Fragen über Fragen häufen. Gezielte Fragen sind nämlich wertvoller als pauschale Antworten. Und wenn es um Ihren Geschäftserfolg geht, dann sollten Sie keiner Frage ausweichen. Jeder Neuanfang, jede Aktivierung, jede Einzelaktion und manchmal sogar unwichtig erscheinende Details sind bedenkenswert. Nur so können Geschäftserfolge mit vernünftigem Risiko erzielt werden. Alles andere tendiert bereits zur Spekulation.

16 DIE FRAGE NACH DEM TIEFEREN SINN

Lassen Sie uns hier noch einmal zusammenfassen, worum es eigentlich geht, warum es nützlich war, daß Sie dieses Buch gelesen haben. Auch, wenn Sie davon schon überzeugt sind, ist eine kurze Repetition angebracht.

Erinnern Sie sich bitte daran, daß in der Einleitung zu diesem Buch kurz der Begriff Selbstverwirklichung auftauchte, verbunden mit der Bemerkung, daß mancher vergißt, daß Selbstverwirklichung auch Selbstkontrolle heißen muß. Wahrscheinlich stehen Sie jetzt dem Begriff Selbstverwirklichung noch realistischer gegenüber. Wahrscheinlich sind Sie darauf gekommen, daß die eigene Wirklichkeit immer existiert. Sie selbst, mit all Ihren Vor- und Nachteilen, sind immer da. Sie brauchen sich nicht erst zu verwirklichen. Sie existieren. Also geht es nur darum, mit dem eigenen Ich fertigzuwerden, aus dem eigenen Ich mehr zu machen oder sich mit dem zufrieden zu geben, was das eigene Ich im Augenblick bietet. Hier wird Ihre Entscheidung verlangt.
Was Sie *wirklich* wollen, ist wichtig, aber Sie dürfen nicht vergessen, daß Wollen und Können in engem Zusammenhang stehen, und Können hängt dann wieder von den eigenen Möglichkeiten und Fähigkeiten ab.

Wahrscheinlich haben Sie, während Sie dieses Buch lasen, mehr als sonst über Ihre Fähigkeiten nachgedacht. Vielleicht schätzen Sie jetzt Ihre Möglichkeiten realistischer ein, und damit erhalten Ihre Bemühungen schon einen tieferen Sinn. Nun wissen Sie besser als zuvor, wo Ihre Grenzen liegen, aber Sie wissen auch, wie Sie diese *Grenzen hinausschieben* können und welcher Mittel Sie sich dabei bedienen müssen.

Sie wissen, daß es nicht nur darauf ankommt, mit sich selbst gut umgehen zu können. Auch mit *anderen* sollte man gut umgehen können, denn sie sind nicht nur mitentscheidend, wenn es um Erfolg oder Mißerfolg geht. Auch über Persönlichkeitsentfaltung und Selbstmanagement wissen Sie jetzt mehr, und mit Angst und Streß werden Sie auch besser umgehen können. Sie können Anregungen folgen, die der geistigen und körperlichen Kräftigung dienen, sehen die Rolle der Motivation klarer und haben einiges dazugelernt, was das Führungsverhalten und die bessere Kommunikation betrifft.

Das *Wissen* um all diese Dinge nützt aber nur wenig. Sinn der Sache ist, die vielen Anregungen wirklich *aufzugreifen,* anzuwenden oder wenigstens zu erproben. Wenn man sich dazu entschließen kann, muß man allerdings auf manchen Müßiggang verzichten. Das ist nicht einfach, denn auch dem Nichtstun kann man hohen persönlichen Wert beimessen, doch auch darüber entscheiden nur Sie. Denn wenn Sie sich fragen, worin der tiefere Sinn Ihres Strebens liegt, dann werden Sie am Ende herausfinden, daß es um Ihre Zufriedenheit geht. Und wenn Sie geschäftliche oder berufliche Erfolge erreichen wollen, um zufriedener zu werden, dann muß Ihnen auch klar sein, daß Sie dafür viel einsetzen müssen. Dann kann nicht mehr von Selbstverwirklichung, dann muß von *Selbstvervollkommnung* die Rede sein.

Literaturverzeichnis

1 Höhn, Reinhard, Selbstverwirklichung und Selbstkontrolle, in: management heute, Bad Harzburg 8/1982, S. 5
2 Speck, Erich, Charakter und Karriere, in: IO Management-Zeitschrift, Zürich 1985/1, S. 118
3 Scheuch, Erwin K., Auch die Bundesrepublik braucht Eliten, in: Schimmelpfeng Revue, Frankfurt 28/1981, S. 23
4 Spiegel, B., Was heisst Führung der eigenen Person?, in: Verkauf und Marketing, 1/1982, Heerbrugg, S. 5
5 Hoyos, Carl, Graf, Erfolg, in: Management Wissen, Würzburg 11/1983, S. 55
6 Klingspon-März, Ingo, Das Räderwerk der Macht, in: Management Wissen, Würzburg 3/1983, S. 88
7 Biallowons, Horst, Management: Tendenz lustlos, in: aktions Report 18/1985, S. 34
8 Guilford, J.P., Persönlichkeit, Weinheim 1964, S. 94 ff
9 Schönpflug, W. und Schönpflug, U., Psychologie, München/Wien/Baltimore 1983, S. 3 ff
10 Schönpflug, W., und Schönpflug, U., a.a.O., S. 10
11 Legewie, H., und Ehlers, W., Knaurs moderne Psychologie, München/Zürich 1972, S. 198
12 Guilford, J.P., a.a.O., S. 94
13 Hilgard, E.R., Introduction to Psychology, New York 1962, S. 28
14 Hofstätter, P.R. (Hrsg.), Psychologie von A – Z, Frankfurt 1964, S. 17
15 Affemann, Rudolf, Führung – Führungspersönlichkeit – Persönlichkeitsbildung, in: Mensch und Arbeitswelt, Stuttgart 3/1980
16 Feyler, Günther, 140 Checklisten, 3. Aufl. München 1984, S. 34
17 Affemann, Rudolf, Führen durch Persönlichkeit, Landsberg 1983, S. 37
18 Zander, Ernst, Schwalbe, Heinz, 99 TT, Zürich 1984, S. 14
19 Autorenteam, Das 99 Tage Training, Hamburg 1980, S. 52.1
20 Kirschner, Josef, Die Kunst, ein Egoist zu sein, München 1984, S. 18 ff
21 Schirm, Rolf W., Der Zeittypentest, in: Capital, Köln 8/1983, S. 72
22 Legewie, Heiner, und Ehlers, Wolfram, Knaurs moderne Psychologie München/Zürich 1972, S. 198
23 Hoyos, Carl, Graf, Erfolg, in: Management Wissen, Würzburg 11/1983, S. 56
24 Rubinstein, Hilary, Das Kopfkissenbuch für Schlaflose, Reinbek 1976, S. 135
25 Bremeier, Eberhard, Jenschede, Gerhard, Pfeiffer, Eberhard, Wege zur Führungsspitze, Berlin 1982, S. 12 f
26 Kirschner, Josef, Hilf Dir selbst, sonst hilft Dir keiner, München 1984, S. 20
27 Hull, Raymond, Alles ist erreichbar, Reinbek 1978, S. 197
28 Lang, Karl, Die Wirtschaft im Spannungsfeld zwischen Wirtschaftlichkeit und Menschlichkeit, in: Beiträge aus Wissenschaft und Praxis, Stuttgart 4/1985, S. 15

29 Schwalbe, Heinz, Zander, Ernst, Schneller, besser, mehr verkaufen, Heidelberg 1986, S. 63 ff

30 Schwalbe, Heinz, Zander, Ernst, Vertrauen ist besser, Zürich 1984, S. 34

31 Schwalbe, Heinz, Marketingpraxis für Klein- und Mittelbetriebe, Freiburg 1985 (3. Aufl.), S. 184

32 Autorenteam, Das 99 Tage Training, Hamburg 1980, S. 47.3

33 Höhn, Reinhard, Die Chance zum starken Mann, in: Management heute, Bad Harzburg 10/1985, S. 5

34 Wick, Karsten D., Die Persönlichkeit des Managers bestimmt den Unternehmenserfolg, in: IO Management Zeitschrift, Zürich 1985/1, S. 24

35 Höhn, Reinhard, Der Mitarbeiter als beratender Unternehmer, in: Management heute, Bad Harzburg 9/1982, S. 5

36 Autorenteam, Das 99 Tage Training, Hamburg 1980, S. 44.2

37 Zander, Ernst, Schwalbe, Heinz, 99 TT, Zürich 1984, S. 23

38 Autorenteam, Führung und Zusammenarbeit, Hamburg 1983, S. 21/2

39 Marden, Swett, Wille und Erfolg, Stuttgart und Berlin 1912, S. 103 f

40 Zander, Ernst, Schwalbe, Heinz, 99 TT, Zürich 1984, S. 21

41 Schwalbe, Heinz, Zander, Ernst, Schneller, besser, mehr verkaufen, Heidelberg 1986, S. 126

42 Detroy, Erich N., Abschlusstechniken beherrschen und gekonnt einsetzen, 2. Aufl. Zürich 1982, S. 92

43 Ebeling, Peter, 100 Tips für Verkäufer, München 1980, S. 65

44 Schwalbe, Heinz, Zander, Ernst, Schneller, besser, mehr verkaufen, Heidelberg 1986, S. 133

45 Schwalbe, Heinz, Zander, Ernst, Schneller, besser, mehr verkaufen, Heidelberg 1986, S. 137

46 De Veusser, Daniel, Management Informatie-Systemen, Band 1, Antwerpen 1973, S. 42

47 Correll, Werner, Verkaufspsychologie, Kettwig 1974, S. 21

48 Müller-Golchert, Wolfgang, Selbststeuerung und Selbstmanagement, in: Management heue, Bad Harzburg 10/1984, S. 15

49 Helfrecht, Manfred, Ein verlorenes Jahr, in: Frankfurter Allgemeine Zeitung (Blick durch die Wirtschaft), Frankfurt 28.12.1983

50 Autorenteam, Das 99 Tage Training, Hamburg 1980, S. 29.4

51 Seiwert, Lothar J., Zielwirksam arbeiten, in: Management und Seminar, Bad Wörishofen 4/1983, S. 34

52 Autorenteam, Das 99 Tage Training, Hamburg 1980, S. 28.2

53 Braun, Walter H., Der überhäufte Schreibtisch: Ein Krankheitsbild, in: Management heute, Bad Harzburg 12/1982, S. 11

54 Manekeller, Wolfgang, Ordnung – eine Tugend und ihre Kehrseite, in: P-Kurier, Zürich 1/1979, S. 12

55 Gogoll, Gräber, Hiesler, Persönliche Arbeitstechnik, Frankfurt 1979, S. 8

56 W.B., Woher die Zeit nehmen?, in: Blätter für Vorgesetzte, Wiesbaden 6/1983, S. 2

57 Zander, Ernst, Schwalbe, Heinz, 99 TT, Zürich 1984, S. 60

Literaturverzeichnis

58 Wagner, Hardy, Persönliche Arbeitstechniken, Speyer 1983/84, S. 26
59 Ashkenas, Ronald N., Schaffner, Robert H., Eine gigantische Zeitverschwendung, in: bilanz, Zürich 2/1983, S. 95
60 Schwalbe, Heinz, Die Werbekosten der Einzelhandelsbetriebe, Köln 1968, S. 25 ff
61 Hanselmann, Oskar, Sich selbst begeistern, Zürich 1945, S. 7
62 Holzach, Robert, Kann unsere Zeit auf eine Elite verzichten?, in: Management heute, Bad Harzburg 9/1979, S. 5
63 Fischer, Hans-Peter, Selbstentwicklungskonzept durch Fördergespräche, in: Das neue Erfolgs- und Karrierehandbuch für Selbständige und Führungskräfte, München 12/1985, S. 487
64 de Bono, Edward, The five-day course in thinking, Harmondsworth 1978, S. 7
65 Meyers Konversationslexikon Band 4, Leipzig 1886, S. 677
66 Peale, Norman Vincent, The Power of Positive Thinking, Kingswood 1977, S. 15
67 Lauster, Peter, Selbstbewusstsein kann man lernen, München 1974, S. 135
68 Ohne Verfasser, Lesen ist für mich Spass, keine Anstrengung, in: Die Zeit, Hamburg 14.4.1980, S. 41
69 Rahmann, Helmut, Unser Leben sinnvoll gestalten, Freiburg/Basel/Wien 1982, S. 47
70 Ott, Ernst, Vom Spielen zum Lernen, Reinbek 1973, S. 1 ff
71 Beyer, Günther, Creatives Lernen, Düsseldorf/Wien 1982, S. 45
72 Hunziker, Hans W., Achtung, nur so schenkt man Ihnen Gehör, in: Werbung-Publicité, Zürich 2/1983, S. 44 f
73 Eysenck, H.-J., Know Your Own I.Q., Harmondsworth 1979, S. 25
74 Zimmer, Carl, Hindernis Intelligenz, in: Frankfurter Allgemeine Zeitung (Blick durch die Wirtschaft), Frankfurt 21.5.1981
75 Helfrecht, Manfred, Schaffen Sie sich Ihre persönliche Wissens-Bank, in: Marketing-Journal, Hamburg 1/1983, S. 34
76 Vontobel, Werner, Die lange Durststrecke zwischen Idee und Produkt, in: Tages-Anzeiger, Zürich 8.11.1983, S. 9
77 Zander, Ernst, Schwalbe, Heinz, 99 TT, Zürich 1984, S. 12
78 Schwalbe, Heinz, Marketingpraxis für Klein- und Mittelbetriebe, 4. Aufl., Freiburg 1986, S. 19
79 Höner van Gogh, Arthur, Der Consultant, Dietikon (ZH) 11/1985, S. 9
80 Mang, Rudolf, von Plüskow, Hans-Joachim, Schardt, Barbara, So nutzen Sie Ihre Stärke, in: Capital, Köln 8/1983, S. 80
81 Raudsepp, Eugene, Yeager, Joseph C., How to Sell New Ideas, Englewood Cliffs 1981, S. 14
82 Glover, John A., Becoming a More Creative Person, Englewood Cliffs 1980, S. 4 f
83 Andreas, Ernst, Kreativität, eine Forderung an Schule und Wirtschaft, in: Management heute, Bad Harzburg 9/1979, S. 1
84 Nimmergut, Jörg, Kreativitätsschule, München 1972, S. 5 ff
85 Postman, Neil, Wir amüsieren uns zu Tode, Frankfurt 1985, S. 110

86 Autorenteam, Das 99 Tage Training, Hamburg 1980, S. 43.2 f

87 Hess, Walter, Kreative Unternehmer – warum so erfolgreich?, in: IO Management Zeitschrift, Zürich 2/1985, S. 53

88 Effert, Detlef, Die fünfte Kreativitätsbilanz der Hammer Bank Spadeka e.G., in: Management heute, Bad Harzburg 5/1983, S. 5

89 G.K., Nicht jede Gruppe ist ein Team, in: Blätter für Vorgesetzte, Wiesbaden 2/1984, S. 4

90 Selter, Thomas, zitiert in: Ihre Regie bestimmt das Ergebnis, Impulse 6/1982, S. 149

91 Geschka, H., Introduction und Use of Idea-Generating Methods, in: research management 3/1978, S. 25

92 Höhn, Reinhard, Von der Innovationstheorie zur Seifenblasen-Kreativität, in: Management heute, Bad Harzburg 11/1978, S. 32

93 Zander, Ernst, Reineke, Wolfgang, Innovations-Organisation, in: Verkauf und Marketing, Heerbrugg 1/1982, S. 29

94 Schwalbe, Heinz, Marketingpraxis für Klein- und Mittelbetriebe 3. Aufl., Freiburg 1985, S. 49 f

95 Seidel, Thomas, Kohn, Leopold, So lassen sich Forschungs- und Entwicklungsprojekte besser bewerten, in: IO Management Zeitschrift, Zürich 1/1985, S. 29

96 Bickel, Georg W., Angebots-Innovation, in: Verkauf und Marketing, Heerbrugg 12/1981, S. 29

97 Borner, Silvio, Ueberleben organisieren, in: Wirtschaftswoche, Düsseldorf 44/1984, S. 114

98 Borkel, Wolfgang, Weniger Verwalter und mehr Gestalter, in: Management Wissen, Würzburg 11/1982, S. 41

99 Thomke, Ernst, In der Umsetzung von der Produktidee zur Marktreife liegt ein entscheidender Erfolgsfaktor, in: IO Management-Zeitschrift, Zürich 2/1985, S. 62

100 Gottschall, Dietmar, Lernen an der gemeinsamen Aufgabe, in: Manager Magazin, Hamburg 9/1984, S. 20

101 Ohne Verfasser, Kassieren Sie Entwicklungshilfe, in: Impulse, Köln 8/1984, S. 98

102 Huber, Günther M., Anti-Angst-Training, München 1975, S. 8

103 Huber, Günther M., a.a.O., S. 73

104 ohne Autor, Managerkonflikte – Managerleiden, in: Management Wissen, Würzburg 11/1982, S. 24

105 ohne Autor, Managerkonflikte – Managerleiden, in: Management Wissen, Würzburg 11/1982, S. 24

106 Steppenhain, Carl G., Mut zur Angst, in: Management Wissen, Würzburg 11/1982, S. 22

107 Schoonmaker, Alan N., Angst im Beruf, Heidelberg 1975, S. 38

108 Ebeling, Peter (Hrsg.), Maximen des Erfolgs, Wiesbaden 1983, S. 75

109 Arnold, Wilhelm, Eysenck, Hans-Jürgen, Meili, Richard (Hrsg.), Lexikon der Psychologie, Band 3, Zürich 1979, S. 298

110 Schoonmaker, Alan N., Angst im Beruf, Heidelberg 1975, S. 206 f

Literaturverzeichnis

111 Wielowski-Düscher, C.D., Zuversicht als Brücke zum Morgen, in: Management Wissen, Würzburg 9/1983, S. 46

112 Huber, Günther M., Anti-Angst-Training, München 1975, S. 139

113 ohne Autor, Das Friebe-Alpha-Training, in: Zürichsee-Zeitung v. 2.7.1981, S. 8

114 Benson, Herbert, Allen, Robert L., Wie wirkt Stress?, in: Harvard manager, York 1983/II, S. 62

115 Stemme, Fritz, Fluchen ist nur ein Ersatz, in: Die Welt, Nr. 91, Hamburg 18.4.1980, S. 22

116 Birkenbihl, Vera F., Freude durch Stress, München 1979, S. 12

117 Myrtek, M., Das Gerede vom ‚Stress': Eine Gefahr für die Gesundheit, in: Psychologie heute, Weinheim 3/1981, S. 76

118 Karcher, Helmut, Ueberbelastung – eine Ausrede?, in: Die Welt, Hamburg v. 23.4.1980

119 Gottschall, Dietmar, Stress, die Plage des Jahrhunderts, in: Manager Magazin, Hamburg 8/1983, S. 114

120 Geller, Luise, Was ist Stress? in: Technische Rundschau Nr. 36, Bern 4.9.1979

121 Kaufmann, Dieter, Wege aus dem Stress, in: Management Wissen, Würzburg 11/1982, S. 34

122 Beyer, Günther, Stress muss nicht sein. Worum es geht, was können wir tun?, in: IO Management Zeitschrift, Zürich 2/1983, S. 79

123 Eichstädt, Kai D., Mang, Rudolf, Wie Sie Stress überwinden, in: Capital 3/1982, Bonn, S. 223

124 Karmaus, Wilfried, Müller, Verena, Schienstock, Gerd, Stress in der Arbeitswelt, Köln 1979, S. 215

125 Stutz, Paulus, Wer bei seinen Mitarbeitern Stress abbaut, fördert Kreativität und Leistung, in: IO Management-Zeitschrift, Zürich 1979, Nr. 7/8

126 Sontheimer, Kurt, aus: Leistungsdruck und Leistungsglück, Vortrag vor dem Bremer Tabak-Kollegium

127 Bloomfield, Harold H., Cain, Michael Peter, Jaffe, Dennis T., Kory, Robert B., TM. Discovering inner Energy and Overcoming Stress, New York 1975, S. 1

128 Axt, Peter, Minuten-Training für die eigene Leistung, in: Management Wissen, Würzburg 11/1983, S. 37

129 Lindemann, Hannes, Ueberleben im Stress, Autogenes Training, Zürich 1982, S. 116

130 Lindemann, Hannes, a.a.O., S. 155

131 Ohne Autor, Stichwort Philosophie Zen, in: Management Wissen, Würzburg 11/1982, S. 35

132 Birkenbihl, Vera F., Freude durch Stress, München 1979, S. 91

133 Axt, Peter, Minuten-Training für die eigene Leistung, in: Management Wissen, Würzburg 11/1983, S. 36

134 Peter, Burkhard, Geissler, Alida, Meditation, München 1978, S. 38

135 Carrington, Patricia, Das grosse Buch der Meditation, Zürich 1985, S. 99

136 Leuner, Hanscarl, Katathymes Bilderleben, 3. Aufl., Stuttgart 1982, S. 3

137 Ohne Autor, Das Sandmännchen kommt, in: Brückenbauer, Zürich 13.10.1978

138 Rubinstein, Hilary, Das Kopfkissenbuch für Schlaflose, Reinbek 1976, S. 21

139 Schönpflug, Wolfgang, Schönpflug, Ute, Psychologie, München/Wien/Baltimore 1983, S. 264

140 Haldimann, Urs, Fit for Fighting, in: bilanz, Zürich 2/1983, S. 43

141 Zander, Ernst, Schwalbe, Heinz, 99 TT, Zürich 1984, S. 79

142 Schönholzer, Gottfried, Fitness aus ärztlicher Sicht, Vortrag für die Gesellschaft zur Förderung der Fitness, Zug

143 Ohne Autor, So trimmen Sie sich krank, in: Time, New York 21.8.1978

144 Ohne Autor, Ohne Schweiss kein Preis, in: Management Wissen, Würzburg 11/1982, S. 96

145 Zander, Ernst, Schwalbe, Heinz, 99 TT, Zürich 1984, S. 78

146 Hütwohl, Gerhard, Wandern tut immer gut, in: Frankfurter Allgemeine Zeitung (Blick durch die Wirtschaft), Frankfurt 26.8.83

147 Sonntag, Werner, Laufen als Psychohygiene, in: Schimmelpfeng Review, Frankfurt 27/1981, S. 84

148 Mc Laren, Donald, BTM, Harmondsworth 1984, S. 8

149 Sieveking, Nicolas, Anchor, Kenneth N., Körperkontrolle durch passives Wollen, in: Psychologie heute, Weinheim Januar 1983, S. 33

150 Schmidt, Walter, Ergonomie, in: Management Wissen, Würzburg 7/1984, S. 30

151 Müri, Peter, Ist der Mitarbeiter nach 45 noch entwicklungsfähig?, in: IO Management-Zeitschrift, Zürich 7/8/1980, S. 348

152 Meister, Robert, Gesundheit als Trauma, in: Manager Magazin, Hamburg 8/1980, S. 105

153 Ohne Autor, Ohne Schweiss kein Preis, in: Management Wissen, Würzburg 11/1982, S. 94

154 Von Scheidt, Jürgen, Fasten, in: Psychologie heute, Weinheim April 1984, S. 25

155 Hilgard, Ernest R., Introduction to Psychology, New York 1962, S. 124

156 Schönpflug, Wolfgang, Schönpflug, Ute, Psychologie, München/Wien/Balitmore 1983, S. 376

157 Maslow, Abraham, Motivation and Personality, New York 1954

158 Schönpflug, Wolfgang, Schönpflug, Ute, Psychologie, München/Wien/Baltimore 1983, S. 219

159 Schönpflug, Wolfgang, Schönpflug, Ute, a.a.O. S. 323

160 Hilgard, Ernest R., Introduction to Psychology, New York 1962, S. 147

161 Freudenberger, A.J., Richelson, Geraldine, Mit dem Erfolg leben, München 1983, S. 234

162 Birkenbihl, Vera F., Erfolgreich motivieren, in: Tägliche Betriebspraxis, 6.Jg., Heft 3, Freiburg 1983, S. 18 (12D)

163 Autorenteam, Führung und Zusammenarbeit, Hamburg 1983, S. 10/22

164 Hofstätter, P.R. (Hrsg.), Psychologie von A – Z, Frankfurt 1964, S. 182

165 Biallowons, Horst, Management: Tendenz lustlos, in: aktions Report 18/1985, S. 35

Literaturverzeichnis

166 Gottschall, Dietmar, Kehrtwende zum Privaten, in: Manager Magazin, Hamburg 11/1982, S. 160

167 Affemann, Rudolf, Führen durch Persönlichkeit, Landsberg 1983, S. 9

168 Haberfellner, Reinhard, Ist Führung lehr- und lernbar?, in: IO Management-Zeitschrift, Zürich 3/1981, S. 143 f

169 Zander, Ernst, Führung in den 80er Jahren, Heidelberg 1980, S. 15

170 Blanchard, Kenneth, Jonson, Spencer, Der 01 Minuten Manager, Zürich 1985, S. 65

171 Hofstätter, Helmut, Führung, eine Quelle von Leiden, in: Management Wissen, Würzburg 3/1983, S. 21

172 Wunder, Rolf, Zutrauen veredelt, in: Management Wissen, Würzburg 11/1982, S. 14

173 Zander, Ernst, Führung in den 80er Jahren, Heidelberg 1980, S. 32

174 Correll, Werner, Individuelle Führung nach Mass, in: Management Wissen, Würzburg 2/1983, S. 30

175 Henes-Karnahl, Beate, Management by empathy, in: Management Wissen, Würzburg 2/1983, S. 11

176 Reinke-Dieker, Heinrich, Führungstraining verliert Ansehen, in: Frankfurter Allgemeine Zeitung (Blick durch die Wirtschaft), Frankfurt 5.12.1985

177 Kitzmann, Arnold, Kommunikation als Führungsaufgabe, in: Management heute, Bad Harzburg 5/1983, S. 32

178 Schmidt, Rainer, Den anderen besser verstehen, in: Management Wissen, Würzburg 9/1983, S. 32

179 Petersen, Dominik, Das Mitarbeitergespräch, Gedanken über ein wichtiges Führungsinstrument, in: Schimmelpfeng Review, Frankfurt 28/1981, S. 50

180 Zander, Ernst, Taschenbuch für betriebliches Informationswesen, 2. Aufl., Heidelberg 1975, S. 67 f

181 Jung, Michael, Kommunikationstraining, in: Personal, München 7/1984, S. 275

182 Köhl, Karl, Keine Scheu, die Zügel aus der Hand zu geben, in: Congress + Seminar, Bad Wörishofen 7/1982, S. 20

183 Borkel, Wolfgang, Polemik – wie man ihr am besten begegnet, in: Management Wissen, Würzburg 9/1983, S. 62

184 Schubert, Günter, Schubert, Ursula, Arbeitswelt im Umbruch, in: Management, Stuttgart 1972, S. 35

185 Ohne Autor, Konflikte sind lösbar, in: Blätter für Vorgesetzte, Wiesbaden 7/1985, S. 5

186 Ohne Autor, Mensch ärgere Dich nicht, in: Wirtschaftswoche, Düsseldorf 5/1981, S. 42

187 Mildner, Jutta, Die Jeder-gewinnt-Methode, in: BWM, Wiesbaden 15/16/1983, S. 11

188 Leicher, Rolf, Bessere Leistung durch richtige Kritik, in: Personal, München 3/1983, S. 105

189 Ruhleder, Rolf H., Die Sünden des Chefs im Kritikgespräch, in: Management Wissen, Würzburg 3/1983, S. 71

190 Blanchard, Kenneth, Jonson, Spencer, Der 01 Minuten Manager, Zürich 1985, S. 61

191 Borkel, Wolfgang, Erfolgspotentiale erkennen, aufbauen und nutzen, in: Management heute, Bad Harzburg 5/1983, S. 14

192 Keller, Reinhard, Kulturelle und wirtschaftliche Eigenarten Japans, in: Gaugler/Zander (Hrsg.), Haben uns die Japaner überholt?, Heidelberg 1981, S. 41

193 Blanchard, Kenneth, Jonson, Spencer, Der 01 Minuten Manager, Zürich 1985, S. 41

194 Kirsten, Rainer E., Müller-Schwarz, Joachim, Gruppentraining, Reinbek 1985, S. 45

195 Ohne Autor, Zusammenarbeit herstellen, in: Organisator, Zürich 5/1983, S. 56

196 Autorenteam, Führung und Zusammenarbeit, Hamburg 1982, S. 2/1

197 Glaubrecht, Helmut, Leitlinien für die Führung und Zusammenarbeit der Mitarbeiter, in: Zander/Töpfer (Hrsg.), Personalführung in einer Unternehmensgruppe, Frankfurt 1982, S. 37

198 Townsend, Robert, Hoch lebe die Organisation, München/Zürich 1970, S. 78 f

199 Bowman, Joel P., Branchaw, Bernadine P., Successful Communication in Business, New York 1980, S. XI

200 Posé, Ulf D., Sprache ist ein indiskreter Steckbrief, in: Management Wissen, Würzburg 11/1983, S. 58

201 Gmelin, Otto, ohne Titel, in: Ueber die Sprache (Sammlung Dietrich), Bremen 1966, S. 16

202 Hartwig, Heinz, Wirksames Werbetexten, München 1983, S. 148

203 Nietzsche, Friedrich, ohne Titel, in: Weller, Maximilian, Die besten Regeln der Rhetorik, Wien/Düsseldorf 1969, S. 57

204 Schwalbe, Heinz, Zander, Ernst, Vertrauen ist besser, Zürich 1984, S. 113 f

205 Autorenteam, Das 99 Tage Training, Hamburg 1980, S. 70/2

206 Zander, Ernst, Schwalbe, Heinz, 99 TT, Zürich 1984, S. 53

207 Theato, E., Reineke, W., Konferenzen und Verhandlungen erfolgreich führen und gestalten, Heidelberg 1976, S. 14

208 Ebeling, Peter, 100 Tips für Verkäufer, München 1980, S. 65

209 Schwalbe, Heinz, Zander, Ernst, Vertrauen ist besser, Zürich 1984, S. 119 f

210 Manekeller, Wolfgang, Bessere Korrespondenz, Mannheim 1978, S. 72

211 Schwalbe, Heinz, Marketingpraxis für Klein- und Mittelbetriebe, 3. Aufl., Freiburg 1985, S. 106 f

212 Schwalbe, Heinz, Werbekompendium, Zürich 1972, S. 48

213 Schwalbe, Heinz, Marketingpraxis für Klein- und Mittelbetriebe, 3. Aufl., Freiburg 1985, S. 111

214 Schwalbe, Heinz, Kleines Vademekum für Drucksachenfreunde, Wetzikon/ZH 1980, S. 23

215 H.V., Körpersprache hilft führen, in: Blätter für Vorgesetzte, Wiesbaden 7/1985, S. 7

216 Franke, Edmund Udo, Durch Kundeneinwände mehr verkaufen, München 1978, S. 17

Literaturverzeichnis

217 TA, Maschinenfabrik Schweiter macht neuen Anfang, in: Tages-Anzeiger, Zürich 15./16. März 1986, S. 1

218 Rosenstiel, Lutz von, Entscheidungsprozesse und ihre Schwierigkeiten, in: Management Wissen, Würzburg 2/1983, S. 57

219 Autorenteam, Führung und Zusammenarbeit, Hamburg 1982, S. 23/10

220 Schubert, Günter, Schubert, Ursula, Riesenkönig, Helmut, Entscheidungen vorbereiten, Stuttgart 1971, S. 42

221 Kepner/Tregoe, Rationelles Management, Probleme lösen, Entscheidungen fällen, München 1973, S. 61 f

222 Autorenteam, Das 99 Tage Training, Hamburg 1980, S. 56/4

223 Smith, Randy Baca, Setting Up Shop, New York 1982, S. 5 f

224 Grätz, F., Grundprobleme der Vergütung leitender Angestellter, in: Personalwirtschaft (zit. nach Zander) 7/1978, S. 113

225 Wolff, Karl-Ernst, Product-Manager oder Produkt-Verwalter, in: Marketing Journal, Hamburg 1/1983, S. 53

226 Autorenteam, Das 99 Tage Training, Hamburg 1980, S. 4/3

227 Mutscheller, Ernst, Rund um den Globus Arbeitsrisiko minimieren, in: Management Wissen, Würzburg 2/1983, S. 19

228 Ohne Autor, Rechtzeitig an Entscheidungen beteiligt, in: Wirtschaftswoche, Düsseldorf, 16.6.78, S. 58

229 Bürkle, Hans, Laufbahnberatung, in: BWM, Wiesbaden 15/16 1983, S. 17

230 Henes-Karnahl, Beate: Kurs auf den Erfolg, Planegg/München 1989, S. 95

231 Höner-Van Gogh, Arthur: Aus der Welt des Marketing, in: Der Consultant, Dietikon 11/1989, S. 6

232 Baum, Werner: Mehr für die Forschung tun, in: Wirtschafts-Echo, Düsseldorf 22/1988, S. 8

233 Staudt, Erich: Innovationsdynamik und Innovationswiderstände, in: Staudt (Hrsg.), Das Management von Innovationen, Frankfurt 1986, S. 602

234 Schwalbe, Heinz, Zander, Ernst: Vertrauen ist besser, Wiesbaden 1989, S. 53

235 Schwalbe, Heinz: PR und Imagepflege, Zürich 1977, S. 27

236 Niemann Uwe, Schwalbe, Heinz: Absatzerfolge durch Innovationen, in: Schwalbe/Zander (Hrsg.), Der Verkaufsberater, Freiburg 3/1989, S. 24

237 Hünerberg, Reinhard: Produktpolitik, in: Managementwissen, Würzburg 11/1983, S. 28

238 Masing, Walter: Qualität ist entscheidender Produktionsfaktor, in: Refa-Nachrichten, Darmstadt 2/1983, S. 11

239 Arter, Matthyas: Und morgen sind wir alle bessere Verkäufer, in: Tages Anzeiger, Zürich, 6.11.1989, S. 33

240 Haisch, Gerd A.: Vom Schmuddelkind zum Lieblingsteddy, in: Schweizer Manager, Frauenfeld 9/1989, S. 16

Ratgeber, die wie gerufen kommen!

Verkehrsunfall – wie richtig verhalten?
von RA Joh.-Christian Weber und RA Hans-Dieter Marx.
ISBN: 3-8092-0485-4.
128 Seiten,   DM 19,80
Best.-Nr. 46.01

Richtig versichert von A – Z
von Wolfgang Leidigkeit und Friedrich Rohde.
ISBN: 3-8092-0484-6.
136 Seiten,   DM 19,80
Best.-Nr. 46.05

Todesfall – was tun?
von RA Gerhard Geckle.
ISBN: 3-8092-0486-2.
Ca. 100 Seiten,   DM 19,80
Best.-Nr. 72.08

Geld sicher anlegen – aber wie?
von René K. Grosjean.
ISBN: 3-8092-0488-9
Ca. 172 Seiten,   DM 19,80
Best.-Nr. 46.03

Ihre Rechte als Arbeitnehmer von A – Z
von Prof. Dr. jur. Karlheinz Dietz.
ISBN: 3-8092-0483-8.
136 Seiten,   DM 19,80
Best.-Nr. 46.02

Erfolgreicher Stellenwechsel
von Willi Meinders.
ISBN: 3-8092-0487-0.
Ca. 120 Seiten,   DM 19,80
Best.-Nr. 46.04